직관력은 어떻게 발휘되는가

직관

직관력은 어떻게 발휘되는가

intuition

엘프리다 뮐러 카인츠 · 크리스티네 죄닝 지음 | 강희진 옮김

타커스

조영탁 휴넷 대표

모리타 아키오 전 소니 회장이 워크맨을 개발할 때의 일이다. 모리타 회장이 "걸어 다니면서도 음악을 들을 수 있는 새로운 개념의 오디오"인 워크맨을 만들자고 했을 때 사내의 기술자, 마케터 그리고 외부 전문가는 "그런 제품은 팔릴 리가 없다"며 이구동성으로 반대했다. 그들의 판단 근거는 일반인을 상대로 진행한 시장조사 결과였다. 하지만 모리타 회장은 다음과 같이 말하면서 시장조사 결과를 받아들이지 않았다.

"고객들은 무엇이 가능한지 모른다. 헨리 포드가 사람들에게 무엇을 원하느냐고 물었다면 그들은 아마 '자동차가 아닌, 더 빠른 말'이라고 대답했을 것이다. 새로운 아이디어를 얻기 위해 시장조사를 하는 것은 어리석은 짓이다."

모리타 회장은 워크맨 개발을 강행했고, 결과적으로 수억 개의 워크맨을 판매함으로써 소니가 일약 세계 최고의 전자회사로 발돋움하는 계기를 만들었다. 직관이란 바로 이런 것이다. 논리적인 추론이나 과학적이고 합리적인 의사결정 과정을 거치지 않고도 최선의 선택을 하는 것, 결정적인 순간에 더 나은 결정을 하도록 이끌어주는 것이 바로 직관의 힘이다.

개인사든 기업 경영이든 우리의 일상은 수많은 의사결정들로 이루어져 있다. 그리고 의사결정의 적시성과 적합성에 따라 개인과 조직의 성패가 갈리는 만큼 의사결정은 대단히 중요하다. 의사결정의 일반적인 방법으로는 과학적이고 합리적인 방법에 의한 결정, 그리고 다수의 참여에 의한 결정이 있다. 그러나 신기하게도 인류 역사상 위대한 의사결정, 경영상의 획기적인 의사결정들은 오히려 이러한 두 가지 기준과는 합치되지 않는 것이 더 많다. 박정희 대통령의 경부고속도로 건설, 이병철 삼성 회장의 반도체 투자, 모리타 소니 회장의 워크맨 개발 결정 등이 그 예이다.

이들의 의사결정의 특징은 리더 혼자서, 과학적이고 합리적인 기법보다는 논리적으로 설명할 수 없는 힘인 직관에 이끌려서 했다는 것이다. 나는 농담 삼아서 이것을 '그분이 오셨다'고 말한다. 오늘날의 리더는 관리자의 역할에서 벗어나 변화와 혁신을 가장 선두에서 지휘하는 지휘자의 역할을 담당해야 한다는 점에서 리더의 직관력은 매우 중요하다.

직관력은 비단 경영자나 정책결정자에게만 필요한 자질이 아니다. 직장인이든 가정주부든 학생이든 우리는 누구나 자신의 인생을 경영해가는 경영자이다. 따라서 결정적 순간에 어떤 결정을 하느냐에 따라 인생을 원하는 방향으로 끌고 갈 수도 있고, 반대로 원치 않는 방향으로 끌려갈 수도 있다. 특히 결혼이나 직업 등의 중대한 사안을 결정할 때 혹은 심각한 위험신호를 파악할 때 직관력을 갖고 있다면 시행착오나 불필요한 낭비를 최소화함으로써 자신이 원하는 삶에 한 발 더 가까이 다가갈 수 있다.

하지만 직관의 힘과 중요성을 인지하고 받아들이고자 마음먹었더라도 두 가지 문제에 부딪히게 된다. 첫 번째는 직관을 어떻게 키울 것인지 방법론을 알기가 어렵다는 것이고, 두 번째는 앞서 소개한 모리타 회장의 사례처럼 다른 사람들을 납득시키기가 어렵다는 것이다. 많은 사람들이 직관의 힘과 중요성을 인지하면서도 의사결정 과정에서 직관에 따르지 못하는 이유가 바로 이것이다. 그렇다면 직관을 어떻게 키울 수 있을까? 그 구체적인 내용을 이 책이 설명한다.

우리는 흔히 직관이라고 할 때, 비범한 사람들만이 가진 번득이는 영감 혹은 천재성을 떠올린다. 하지만 이 책에서는 '직관적 지능'이라는 포괄적인 개념을 제시함으로써 우리 모두가 직관적 지능을 계발할 수 있는 무한한 잠재력을 갖고 있다고 말한다. 직관적 지능이란, 직관과 감정을 아우르는 개념으로, 개개인의 영적인 특성과 인성을 계발함으로써 더욱 장기적 안목과 우주적 시각으로 결정하고 행동하게 만드는 능력이다. 따라서 인생을 종합적으로 이해하고, 자신의 삶의 과제를 분명히 인식하며 목표를 성공적으로 이룰 수 있게 해주는, 삶의 지능으로 이해할 수 있다.

이 책에서는 저자가 수십 년간 상담한 수많은 사람들의 다양한 사례와 자가 테스트, 그리고 구체적인 행동지침과 훈련방법, 성공적인 삶에 이르는 13단계를 상세히 소개함으로써 직관적 지능을 계발할 수 있도록 유도한다. 그리고 마지막 부분에 직관적 지능을 계발했을 때 나타나는 변화를 알려줌으로써 직관에 따른 의사결정을 다른 사람들에게 납득시키기가 어렵다는 문제에 대한 해답도 자연스럽게 제시한다. 직관적 지능을 계발하면, 의사결정에 대한 확신과 내적 자유를 얻게 되고, 매력 있는 사람, 긍정적인 모범을 제시하는 사람이 된다는 것이다.

저자는 직관적 지능의 힘에 대해 다음과 같이 정리한다.

"직관적 지능을 기르는 것은 당겨놓았던 사이드브레이크를 푸는 것과 같다. 인간은 8기통 엔진을 장착하고도 두 개의 실린더밖에 활용하지 못하는 자동차와 같은데, 직관적 지능을 계발하면 여덟 개 모두를 사용할 수 있게 된다."

현재의 한계를 깨고, 장기적인 성공을 거두고 싶은 경영자와 자신의 인생을 창조적으로 경영하려는 사람들이라면 일독해볼 것을 권한다.

황래국 삼성경제연구소 수석연구원

"당신의 가슴과 직관이야말로 당신이 진정으로 원하는 것을 알고 있다. 직관을 따르는 용기를 가져라. 나머지는 다 부차적인 것이다."

"자신의 배짱, 운명, 인생 혹은 숙명이든 '그 무엇'에라도 믿음을 가져야 한다. 나의 믿음은 한 번도 나를 실망시킨 적이 없고 남들과는 다른 차이를 만들었다."

2005년 스티브 잡스가 스탠퍼드 졸업식에서 한 연설의 일부이다. 현재 모바일 혁명을 주도하고 있는 애플의 스티브 잡스는 직관의 힘을 강조하는 대표적인 인물이다. 스티브 잡스는 젊은 시절 동양 사상에 심취하여 구루를 찾아 인도를 여행하고, 일본 선승에게 영향을 받아 승려의 길을 가고자 했다. 이러한 동양적 깨달음과 체험을 바탕으로, 20대에 애플을 설립해 억만장자가 된 이후 현재까지 스티브 잡스는 자신의 경영 철학으로 '직관'을 가장 강조한다.

아이폰, 아이팟, 아이패드로 이어지는 스티브 잡스의 무한 혁신의 비밀이 첨단 이론이나 마케팅 기술이 아니라 동양의 사상과 직관에서 비롯되었다는 것은 꽤 흥미로운 사실이다. 하지만 레오나르도 다 빈치, 모차르트, 베토벤, 괴테, 아인슈타인 등 인류 역사상 위대한 업적을 이루어낸 대가들은 모두 고도로 발달한 영혼의 소유자이자 직관의 달인이었다는 것을 생각하면 그리 놀랄 일은 아니다. 고도로 발달한 직관은 창의성의 원천이자 천재성을 일깨우는 힘을 갖고 있기 때문이다. 일본 소프트뱅크의 CEO 손정의가 스티브 잡스를 21세기의 레오나르도 다빈치이자 모차르트라고 극찬한 이유가 바로 이것이다.

모바일 기기의 사용이 확대되고 디지털 공간에서의 활동이 일상화되면서 정보의 양이 폭발적으로 늘어나고 있다. 더욱 정밀한 분석 도구와 최첨단 이론이 쏟아지고 있지만, 불확실하고 방대한 정보들 속에서 자신에게 필요한 것을 취사선택하는 일은 쉽지 않고, 지식이나 논리적 사고만으로 문제를 해결하려고 하면 곧 한계에 부딪히게 된다. 이러한 현실적인 제약 속에서 올바른 선택을 하기 위해서는 다양한 경험과 능력이 필요하다. 그중에서도 가장 파워풀하고 설득력 있는 것이 바로 직관이다. 그렇다면 직관을 계발하기 위해서는 어떻게 해야 하는가?

앞서 스티브 잡스의 예에서 알 수 있듯이 직관은 영혼의 발달과 밀접한 관련이 있다. 즉, 직관을 계발하기 위해서는 먼저 정신세계에 대한 통찰과 자연의 법칙에 대한 이해, 그리고 자신의 내적인 성격을 계발하는 것이 전제되어야 한다는 것이다. 이 책은 이 모든 것에 대해 친절하고 구체적으로 설명해준다. 직관력을 기르기 위해서는 먼저 자기 자신을 분석하고 자신의 감정을 해석할 줄 알아야 한다. 직관은 머리가 아니라 가슴, 즉 내면의 목소리에 따르는 것이기 때문이다. 이 책에서는 결정적 순간에 직관을 활용하는 방법으로 숨은 동기 파악하기, 결단력 기르기, '열쇠 결정'과 그에 따른 연쇄작용 이해하기, 유혹 물리치기, 오성과 감정을 조화시키기, 장애물과 경고신호 구분하기 등의 구체적인 방법을 알려주고, 직관력을 기르기 위해 계발해야 할 성격적 특성 13단계를 설명해준다.

직관은 우리가 평생 간직하고 계발해나가야 하는 삶의 양식에 가깝다. 또한 직관을 계발하는 것은 단순한 의사결정 능력을 키우는 것 이상의 의미가 있다. 즉, 인생의 궁극적인 목표와 존재 이유를 찾고, 영혼을 성장시키는 것이다. 따라서 직관을 계발하면 자신 내부에 무한한 가능성이 존재함을 깨닫고, 자신에게 진정 옳은 길로 나아갈 수 있을 것이다. 이 책이 그 길의 단단한 초석이 되어줄 것이다.

항상 최고만을 고집하고, 전 세계 수억 명의 가슴을 설레게 하는 제품을 만들어내는 스티브 잡스의 목표는 "우주에 영향을 끼치는 사람"이 되는 것이었다. 그는 고도의 직관을 통해 자신의 삶의 목표와 과제를 분명히 인식하고, 가능성을 현실로 바꾸었다. 이것이 바로 직관의 진정한 힘이다. 이 책을 읽는 분들도 이성이나 논리적인 사고의 한계에서 벗어나 내면의 목소리에 귀 기울이고, 자연의 법칙을 받아들이는 훈련을 함으로써 자신의 잠재된 가능성을 구체적인 결과물로 구현해낼 수 있기를 바란다.

CONTENTS

제3부
직관적 지능 계발의 결과

머리말

지금 독자 여러분의 손에 놓인 이 책은 평범한 책이 아니다. 이 책은 여러분에게 삶의 비밀들을 보여주고, 여러 가지 일들이 일어나는 이유와 그 의미를 파악할 수 있는 능력을 줄 것이다. 이는 직관적 지능 계발의 바탕이 되는 능력이다.

만약 독자들이 성공으로 가는 손쉬운 길을 찾고 있다면 나는 도움을 줄 수 없다. 내가 가르쳐줄 수 있는 것은 성공적인 삶으로 가기 위한 굳건한 기초와 성공한 선배들이 이미 걸어간, 그리고 누구나 갈 수 있는 검증된 방법이다. 여기서 성공적인 삶이라고 할 때의 성공은 비단 사회적인 성공만을 의미하는 것은 아니다.

직관적 지능을 활용하여 인생의 목표를 파악하고 그 목표를 달성하는 것이 성공적인 삶이다.

직관적 지능은 단 몇 주 혹은 몇 달만에 계발하고 향상시킬 수 있는 것이 아니다. 직관적 지능을 계발하는 일은 우리가 평생 동안 안고 살아가야 하는 과제다. 이 과제를 잘 해결하기 위해서는 먼저 삶에 대해 충분히 이해해야 한다.

한 가지 비유를 들어보자. 만약 집을 짓고자 한다면 먼저 견고한 토대를 마련해야 한다. 그렇지 않으면 아무리 좋은 건축자재를 쓴다 하더라도 별 소용이 없을 테니 말이다. 많은 책들이 다양한 '건축자재'들을 소개하고 있다. 그러나 내가 지금 여러분에게 주고자 하는 것은 삶의 본질 위에 건축할 수 있는, 결국은 삶의 본질과 하나로 통합되는 자재다. 이 책은 여러분에게 여러 가지 삶의 비밀을 알려주고, '인생이라는 연극'에 대해 깊은 이해와 비전을 보여줄 것이다.

직관적 지능을 잘 활용하기 위해서는 먼저 자연의 법칙을 제대로 알아야 한다. 즉, 우리 삶을 인도하는 우주의 질서에 대해 알아야 한다는 말이다.

우리 주변에서 일어나는 모든 일들은 분명한 의미를 지닌다. 그 모든 일들은 결국 한 차원 높은 목표인 우주의 목표, 즉 '긍정적이고 선한 것으로의 발전'이라는 목표를 향한 것이다. 따라서 나는 여러분에게 다음과 같은 용기와 내적 확신을 주고자 한다. 즉, 기쁜 마음으로 자신의 영혼을 계발하고 나아가 전 우주를 발전시키려고 노력하는 데에서 삶의 의미를 찾으라는 것이다.

그렇게 하기 위해서는 인류가 수천 년 동안 지켜온 가치들을 내면화해야 한다. 그 가치들은 바로 안정감과 편안함, 그리고 사랑이다. 특히 사랑은 우주 안의 모든 에너지 중 가장 강한 에너지이자 세계를 구할 마지막 도구다.

독자 여러분의 이해를 돕고자 마지막으로 한 가지만 더 언급하고자 한다. '신'이라는 개념의 사용에 관한 것이다. 이 책에서 말하는 신은 종교를 초월한 존재다. 나는 신이 어떤 종교에도 속하지 않고, 모든 종교들 위에 있는 존재라고 생각한다. 유럽 문화의 바탕에는 기독교 신앙이 자리 잡고 있어서 우주 내에서 고차원적 권능을 지닌 존재를 가리킬 때 '신'이라는 단어를 사용하게 된 것뿐이다. 따라서 이 책을 읽는 여러분이 '신' 대신 다른 어떤 표현을 쓰더라도 상관없다.

인간은 완전히 객관적으로 사고할 수는 없다. 사람마다 지니고 있는 의식이 다르고, 인간 자체가 주관적이고 개별적인 존재이기 때문이다. 따라서 우리는 어떤 결정이 우리에게 도움이 되는지 방해가 되는지를 미리 판단할 수 없다. 어떤 결정을 실행에 옮기고 난 다음에야 그 결정의 옳고 그름을 알 수 있을 뿐이다.

그렇다면 우리에게 올바른 길을 가르쳐주는 것은 고차원의 권능과 상

위에 있는 어떤 법칙, 즉 자연의 법칙이라는 결론에 도달할 수밖에 없다. 나는 이러한 법칙과 조화를 이루며 살지 않는 한, 이 세상에서 진정한 성공과 행복을 얻을 수 없다고 생각한다.

나아가, 여러분에게 자신의 삶의 의미가 영적·정신적 발달에 있다고 믿는지, 자기 자신을 세계라는 오케스트라에서 없어서는 안 될 중요한 악기로 여기는지 등의 질문을 던져볼 것을 권한다. 어떤 오케스트라와 마찬가지로 세계라는 오케스트라에서도 각각의 악기를 조율하는 과정이 필요하다.

직관적 지능을 계발하는 방향으로 자신을 조율하라. 그러면 우주의 지혜로 들어가는 문이 열릴 것이다.

엘프리다 밀러-카인츠

이 표시는 독자들이 직접 해볼 훈련과제와 테스트를 뜻한다.
▶▶▶ 이 표시는 실제 사례를 의미한다.

제1부

직관적 지능이란
무엇인가?

이 책에서는
내적인 지식과 그것을 얻을 수 있는 방법에 대해 고민해보고자 한다.
직관은 무엇이고, 직관적 지능은 어떤 의미일까?
직관적 지능은 단지 직관이라는 개념을 대체할 새로운 단어에 불과할까?
직관과 지능 사이에는 어떠한 상관관계가 있을까?
직관적 지능은 직관보다는 훨씬 많은 의미를 내포하고 있다.
제1부에서는 직관적 지능의 의미와 범위를 이해하고 다른 개념들과
어떻게 다른지 구분해보고자 한다.
책을 읽어나가다 보면 직관적 지능의 전체적인 의미가
서서히 윤곽을 드러낼 것이다.

직관적 지능은
창조의 원천

지능이 높다 하더라도 그만큼의 의지력이 따라주지 않으면 아무 소용이 없다.
지능만으로는 양심 속 깊은 곳까지 파고들 수 없기 때문이다.

— 요제프 폰 아이헨도르프

지능은 순수한 정신 에너지이다

우리 주변과 우리 내면에 각각 어떤 에너지들이 작용하고 있는지를 한 번 생각해보자. 주먹으로 탁자를 내리칠 때 혹은 무거운 짐을 들어 올릴 때에 우리는 육체 에너지를 동원하게 된다. 그러나 어떤 것을 결정하거나 생각할 때, 어떤 것을 느끼거나 사랑할 때에는 이와 다른 종류의 에너지가 작용한다. 바로 정신 에너지다. 인간은 육체(물질적 에너지), 그리고 영혼과 정신(정신적 에너지)으로 이루어져 있다. 비물질적인 부분들, 즉 영혼과 정신은 인성을 형성한다.

한 병리학자가 지금까지 많은 사람들을 해부해왔지만 아직 영혼은 한 번도 본 적이 없다고 말한 적이 있다. 이 말을 듣고 영혼이 존재하지 않는

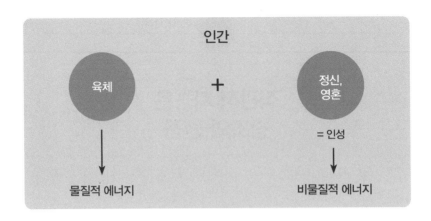

다는 결론을 내리는 것은 물질적으로만 사고한 결과 나타나는 오류이다. 직관적 지능을 알기 위해서는 비물질적 차원에서 접근해야 하며, 비물질적 차원 중에서도 지성보다는 '영혼으로 사고'해야 한다.

지능은 육체적·물질적인 에너지가 아니라 순수한 정신적 에너지이다. 즉, 지능은 인성의 일부, 좀 더 정확히 말하자면 인간 영혼의 일부라고 할 수 있다. 독일의 가장 권위 있는 백과사전인 브로크하우스는 "지능은 인성의 주된 부분을 표현하는 것"이라고 명시함으로써 이러한 관점을 뒷받침해준다. '지능'이라는 표제어 아래에는 다음과 같은 정의들도 함께 나와 있다.

- 다양하게 정의되는 정신적 능력의 복합체. 구체적인 혹은 추상적인 문제해결 능력만으로 국한되는 경우가 많음
- 추상적 사고, 이해, 기억, 그리고 창의력과 관련된 능력

사회학에서는 지능을 학력이나 문학적·예술적 소양이 높은 이들, 즉

지성인들에게서 찾아볼 수 있는 것으로 분류한다. 그리고 지성인은 "높은 수준의 정신적 교육을 받은 사람", 지성은 "오성(悟性, 사물에 대해 논리적으로 판단하고 이해하는 능력)을 통한 인식"이라고 정의한다. 브로크하우스 백과사전에는 이러한 지성인 계층을 '엘리트'라고 표현하고 있다.

이는 지식을 습득하면서 발달된 지능(intelligence), 즉 지성(intellect)에 기초하여 엘리트를 결정하는 견해로, 지능을 판단하는 매우 중요한 잣대인 마음의 수양과 우주의 지혜에 도달하는 일을 간과하는 것이다. 이 두 가지 잣대는 진정한 엘리트가 되기 위해서 꼭 갖추어야 할 덕목임에도 불구하고 말이다. 플라톤도 지능과 관련해 "인간은 지식만으로는 행복해질 수 없다"고 말한 바 있다.

그렇다면 지능이란 도대체 무엇인가? 그리고 거기에서 한 걸음 더 나아간 직관적 지능이란 또 무엇인가? 지성적 지능(지능지수, IQ), 감성적 지능(감성지수, EQ), 영적인 지능, 윤리적 지능, 심리적 지능 등 오늘날 지능이라는 개념을 정의하기 위한 다양한 시도가 이루어지고 있다.

지능검사를 통해 측정되는 소위 지능지수(IQ)는 지성적 지능만을 의미한다. 따라서 이러한 측정 방식에 관해 논란과 비판이 분분한 것은 놀라운 일이 아니다. 지능검사를 통해 측정되는 지능은 전체 지능의 극히 일부분에 지나지 않기 때문이다. 하버드대 교육학과 교수이자 심리학자인 하워드 가드너는 1983년《마음의 틀: 다중 지능 이론 *Frame of Mind: A Theory of Multiple Intelligences*》이라는 책을 통해서 IQ에 대한 기존의 견고한 고정관념을 뒤흔들어놓았다. 가드너는 다중지능이라는 개념을 내세움으로써 다양한 종류의 지능이 존재한다고 주장했다. 그는 인간이 지닌 매우 중요한 능력 중 하나로 내면적 지능(intrapersonal intelligence)을 꼽았다.

내면적 지능은 내부를 향하는 능력으로, 자기 자신과 타인을 이해하는 능력을 말한다. 가드너는 내면적 지능을 활용해 자기 자신을 이해할 수 있다고 본 것이다. 그의 이론에 따르면, 내면적 지능은 감정으로 가는 통로이며 감정을 투명하게 보여주는 매개체이다. 이 이론을 통해 가드너는 감성적 지능이라는 새로운 지능 모델의 초석을 마련했고, 이후 예일 대학의 심리학 교수 피터 샐로베이와 뉴햄프셔 대학의 존 메이어가 감성적 지능이라는 개념을 더욱 발전시켰다.

저명한 심리학자이자 감성지능의 창시자인 대니엘 골먼은 감성적 지능을 감정의 지능이라고 말했다. 그는 감성적 지능이란 마음이 지닌 힘과 능력이며, 좀 더 구체적으로 말하자면 다른 사람의 감정을 이해하고 공감하는 감정이입 능력과 그들을 배려하고 그들과 협동하며 사회적 유대감을 형성해나갈 수 있는 능력이라고 했다. 그가 말하는 감성적 지능에는 예의, 책임감, 주의력, 자제력 등도 포함된다.

또한 골먼은 "뛰어난 재능을 지닌 이들도 격정과 충동을 조절하지 못하여 실패할 수 있다. 자신의 감정을 조절하지 못할 경우 심리적 갈등이 생겨 집중력과 사고력이 저하될 수밖에 없다"고 한다.

위의 견해들을 참고로 우리는 지능이라는 개념을 두 가지로 구분하고자 한다. 첫 번째는 습득 가능한 지식, 논리적 사고, 그리고 이성 등과 관련된 지성적 지능이다. 그러나 계속해서 지성적 지능만으로 판단을 하다 보면 한계에 부딪히게 된다. 감정, 영감, '배에서 우러나오는 메시지', 감각적 인지와 창의력 등이 더해지지 않는다면 우리는 단지 이성의 측면에만 머물러 있으면서, 모든 것을 좌뇌로만 판단해버리게 될 것이다.

지성적 지능만으로는 복잡한 삶의 미로 속에서 쉽게 길을 잃어버리게 마련이다. 인생을 종합적으로 이해하고, 삶의 모든 분야에서 장기적인 성공을 거두며 행복해지기 위해서는 좀 더 포괄적인 지능을 갖춰야 한다. 이것이 바로 직관적 지능이다. 직관적 지능은 감정과 직관을 아우르는 것으로, 우리가 장기적 안목과 우주적 시각으로 결정하고 행동하게 만드는 것이다.

인간의 지능과 판단력은 신체의 건강상태와 두뇌의 기능수행 능력에 따라 크게 좌우되고, 인지능력·사고력·기억력은 삶의 방식에 영향을 받는다. 여기에서 말하는 삶의 방식이란 행동양식과 식습관을 합한 것을 의미한다.

세상에는 다양한 종류의 에너지가 존재한다. 인간의 두뇌가 물질적 에너지와 정신적 에너지 두 가지로 구성되어 있는 것과 마찬가지로 건강을 유지하기 위해 영양분을 섭취할 때도 물질적·정신적 영양분을 모두 골고루 섭취해야 한다.

유일무이한 신경망 조직인 두뇌는 천억 개 이상의 신경세포로 구성되어 있고, 인간의 모든 인지와 반응은 신경삭(神經索)을 거쳐 대뇌에 전달된다.

고도로 복잡한 연산을 해내는 컴퓨터의 수행능력도 인간 두뇌가 지닌 잠재능력과는 비교조차 할 수 없다. 하지만 두뇌를 최첨단 컴퓨터와 비교하면 몇 가지 공통점을 찾아볼 수 있다. 인간의 두뇌는 육체의 중앙조정장치이자 중앙제어장치라고 할 수 있다. 우리가 컴퓨터 드라이브에 정보를 저장하는 것과 마찬가지로 두뇌의 다양한 영역에 많은 정보를 저장했다가 나중에 이를 불러올 수 있다. 그런데 그 정보들은 원하지 않는 경우에도 인간의 사고와 감정에 영향을 끼치므로 주의가 필요하다.

주어진 저장 용량을 어떤 정보로 채울 것인지는 각자가 결정한다. 부정적 사고나 부담이 되는 정보들로 하드디스크를 채울 것인가, 아니면 긍정적이고 우리의 발전을 촉진하는 정보들로 채울 것인가는 각자가 선택하는 것이다. 하지만 한번 정보를 잘못 입력했다 하더라도 인간이 지닌 '사고(思考)의 소프트웨어'는 다행히 다시 최신 정보로 채울 수 있다. 즉, 언제든지 업데이트가 가능하므로 근심, 고통, 공포, 실패를 불러오던 예전의 프로그램을 언제든지 새롭고 유용한 프로그램으로 대체할 수 있다는 말이다.

저장된 정보 전체는 '지식망'이라 부르는데, 어떤 새로운 정보가 이 지식망에 들어올 경우, 그 지식망 내에 해당 분야에 대한 얼개(연결고리)가 이미 형성되어 있다면 그 정보는 기존의 정보에 쉽게 결합하여 그곳에 머무르게 된다. 그러나 그렇지 않은 경우에는 새로운 정보가 지식망을 통과해 버리거나 기억 속에 강하게 자리 잡지 못할 수도 있다. 한편, 관심사가 다양할수록 더 많은 분야의 정보들이 지식망 속에 자리 잡을 것이다. 그렇게 된다면 다양한 주제에 대한 해석과 감정이입 그리고 객관적인 판단이 가능할 것이다.

다양한 분야에 대해 결정을 할 때, 특히 직업적인 성공과 관련해 올바른 결정을 내리기 위해서는 반드시 적절한 정보와 지식을 갖추어야 한다. 그러나 결정 상황에 직면했을 때 정보나 지식보다 더 절실히 요구되는 것이 바로 지능을 구성하는 가장 중요한 부분인 직관이다.

직관은 내면에서 나오는 메시지이다

브로크하우스 백과사전은 "직관이란, 판단이나 추론 등의 의식적인 작용에 의존하지 않고 대상을 직접 파악하는 것"이라고 정의하고 있다. 철학자들은 직관을 오성을 통한 경험으로는 얻을 수 없는, 인식으로 가는 통로라고 규정한다. 플라톤은 "관념은 정신적 표출의 대상"이라고 했고, 아리스토텔레스는 "본질은 직관적으로만 파악할 수 있다"고 했으며, 데카르트는 "최고의 관념은 직관을 통해서만 경험할 수 있다"고 말했다. 프랑스의 철학자 앙리 베르그송은 "오성으로는 생(生)을 파악할 수 없다. 오성은 생을 그 자체의 틀 안으로 압박할 따름이다. 오성이 파악하는 대상의 세계는 허구이며, 참된 진실은 우리가 상황의 흐름에 동화될 때 우리를 향해 열릴 것이다"라고 기술하며 오성에서 직관으로 옮겨갈 것을 주장했다. 그는 직관을 상황의 흐름에 동화하는 것으로 보았던 것이다.

직관은 우리 내면에 존재하는 방향 제시자요, 삶이라는 배의 항법 장치다. 그러나 이 항법 장치는 항해자가 스위치를 켜놓을 때에만 작동한다는 사실을 잊어서는 안 된다. '스위치를 켜는 방법'에 대해서는 제2부에서 자세히 설명할 것이다.

영혼의 언어

내면의 목소리는 영혼의 언어다. 이 목소리는 조용하고 고요하며, 감정을 객관적으로 나타내주는 신호기의 역할을 한다. 이 목소리는 열광적이거나 들떠 있지 않다. '직관적'이라는 말은 '충동적'이라는 말과는 엄연히 다른 것이다! 내면의 목소리를 듣기 위해서는 진심으로 '귀 기울여' 그 목소리를 들을 수 있는 여력을 확보해야 한다. 내면의 목소리를 최대한 잘 듣기 위해서는 모든 생각과 감정, 희망과 기대를 잠재워야 하지만 그러한 이상적인 상태에 도달할 수 있는 사람은 현실적으로 매우 드물다. 다음과 같은 상황이 자신에게도 발생한 적이 있는지 한번 생각해보자.

▶▶ 아침부터 저녁까지 제대로 되는 일이 없다. 약속 한 건을 해결하고 다음 약속으로 옮겨가기 바쁘다. 현재 진행 중인 프로젝트는 월말까지 끝내야 한다. 가족, 스포츠, 취미생활도 소홀히 할 수 없다. 주가의 하락 때문에 걱정이 이만저만이 아닌데, 아들의 성적까지 신통치 않아 머리가 아플 지경이다. 이러한 상황에서 당신의 직관이 자리 잡을 공간은 대체 어디에 있을까? 계속해서 이런 식으로 '쳇바퀴'만 돌리고 있는데 어떻게 거기에서 빠져나올 것인가?

누구나 다른 일을 하던 중간에 '잠시 짬을 내어' 어떤 일을 해결하려고 할 때가 있을 것이다. 그러나 그 일이 정신력과 창의력을 발휘해야 하는 활동인 경우, 위와 같은 상황에서는 스스로에게 아이디어가 부족함을 느끼게 되고 결국에는 절망감과 공허감만 남게 된다. 다음의 사례를 보자.

▶▶ 다양한 강연 주제에 대해 시선을 끌 수 있는 세 개의 광고 문안을 써야 하는 사람이 있다. 그는 이를 '잠시 짬을 내어' 해결하려 했지만, 몇 번의 시도 끝에 결국에는 포기했다. 영감이 떠오르지 않았던 것이다. 그러다가 어느 토요일 오후, 느긋하게 발코니에 앉아 있는데 갑자기 아이디어가 떠

오르기 시작했고, 세 가지의 '톡톡 튀는' 문구를 그 자리에서 종이에 써내려갔다.

직관을 발휘하는 것을 가로막는 또 다른 장애물은 바로 물질주의적 사고방식과 이성에만 의존하는 사고방식이다. 그것은 내면의 감정이 우리에게 올바른 방향을 제시해줄 수 있다는 생각을 뒤흔들어놓기 때문이다. 그러나 거기에 흔들리지 않고 다시 자신의 내면을 들여다보도록 노력해야 한다. 일상생활에서나 직장생활에서나 직관은 중요한 결정 상황에서 커다란 힘을 발휘하는 판단력의 원천이기 때문이다. 이 원천을 계발하면 할수록 우리에게는 더 많은 문이 열릴 것이다.

배에서 우러나오는 메시지

성공적인 경영인이 되기 위해 갖추어야 할 태도로 흔히 "배에서 우러나오는 소리를 들어라"라는 말을 강조한다. 이러한 조언은 도대체 어디에서 비롯된 것일까?

감정이나 느낌, 직관 등을 가장 잘 느낄 수 있는 신체 부위가 어디냐고 물어본다면 어느 나라, 어느 사람이든 몸의 중심부를 가리킬 것이다. 즉, 대부분의 사람들은 감정이 우리 몸의 중앙에 위치하고 있다고 느끼는 것이다. '중심을 잃다' 혹은 '중심을 잡아야 한다'라는 말도 아무런 이유 없이 나온 말이 아니다.

실제로 횡격막 바로 아래, 배꼽으로부터 조금 위쪽에 신경조직이 뭉쳐져 있는 곳이 있는데, 이를 복강신경총(celiac/solar plexus) 또는 복강신경얼

기라고 부른다.

신경학자이자 컬럼비아대학 해부 및 세포생물학과장인 마이클 거숀은 1965년에 이미 "우리의 배 속에 뇌가 있다"는 말로 동료들을 깜짝 놀라게 한 바 있다. 거숀은 인간의 내장은 수억 개의 신경세포로 둘러싸여 있으며 이곳에 척수 전체보다 더 많은 뉴런이 집중되어 있다고 했다. 그는 또 감정의 변화에 따라 방출되는 수많은 신경 전달자들이 머리가 아니라 '배 속의 뇌'에서 합성 · 저장되고 이곳으로부터 방출된다는 사실을 발견했다. 1981년에 와서야 다른 학자들은 그때까지 논란의 대상이 되어왔던 그의 연구 결과를 인정하였다. 그 후, 세계 도처의 연구팀들은 세컨드 브레인, 즉 '제2의 뇌'에 대해 앞다투어 연구하기 시작했다. 그 결과, 배 속에 있는 뇌의 세포 형태, 작용물질, 수용기(receptor) 등이 '두뇌'가 지닌 것들과 같다는 점이 밝혀졌다. 학계의 최근 발표에 따르면, 배에서부터 두뇌까지 혹은 그 반대로 두뇌에서 배로 이어지는 신경삭이 여러 줄 있을 것이라고 한다. 즉, 여러 가지 방법으로 배가 뇌와 이어져 있다는 뜻이다. 인류가 수천 년 동안 추측해왔던 것이 과학적으로 입증된 것이다.

우리가 흔히 사용하는 관용어구 중에는 '심장에 따른 결정'을 지지하는 것들이 많다. '마음 가는 곳으로 가라!'와 '마음의 결정을 따르라!' 등이 그 예이고, 독일어에는 간절한 바람을 뜻하는 '심장의 바람', 매우 절실한 문제를 뜻하는 '심장의 문제' 등과 같은 표현도 있다. 해부학적으로 심장은 생명 유지에 꼭 필요한 기능을 수행하는 하나의 근육 덩어리에 지나지 않지만 예로부터 심장은 애정과 감정을 상징해왔다. 심장이 이런 의미를 지니게 된 이유는, 과거에는 우리 신체의 중심에 있는 복강신경총에 대한 연구가 이루어지지 않았기 때문이다. 따라서 복강신경총이라는 용어를 심장이 대신한 셈이다. 즉, 우리가 흔히 감정이나 결정을 심장과 연관 지어 말하는데, 이는 실제로는 복강신경총과 관련된 것이다.

직관은 어떻게 표출되는가?

모든 사람들이 같은 방법으로 직관을 감지하는 것은 아니다. 보는 것, 즉 시각적 인지능력이 특별히 발달된 사람들이 있는데 보통 이들을 '시각적 타입'이라고 분류한다. 그런가 하면 청각을 통해 사물을 인지하고 수용하는 능력이 탁월한 '청각적 타입'도 있다. 또한 '인지적 타입'도 존재한다. 이들은 수학적·논리적으로 사고하는 이성적인 부류이다. 이와는 반대로 감정이 발달하고 매우 감상적인 '감각적 타입'도 있다.

물론 각각의 타입이 확연하게 구분되는 것은 아니다. 보통 사람들은 위의 타입들의 성향을 모두 조금씩 지니고 있다. 또한 각자가 지닌 성향이 고정된 것이 아니라 살아가는 동안 변하기도 한다. 위에서 언급한 각각의 타입이 개개인의 인지 방법을 확연하게 결정짓는 것은 아니지만, 시각적 성향을 지닌 사람들은 대체로 '내면의 그림'을 통해 직관을 수용하고, 청각적인 사람들은 '목소리', 즉 언어를 통해서 직관을 받아들인다. 즉, 누군가가 그들에게 말을 하거나, 그들을 통해 말하는 것처럼 느껴지는 것이다. 직관은 또 종종 신체적인 느낌을 통해 표출되기도 한다. 감각적인 타입의 사람들은 간지럼, 당기기, 찌르기, 가볍거나 무거움 등의 무게, 마비 혹은 특별히 더 느긋한 상태 등으로 직관을 인지한다.

우리 자신의 경우는 어떠한지 한번 주의 깊게 관찰해보자. 직관을 의식적으로 감지하려고 노력하는 동안 내면의 목소리에 대한 주의력 또한 깊어질 것이다. 자신이 지닌 인지 방법을 그대로 수용하고, 거기에 주의를 기울여라. 다른 인지 방법으로 옮겨가려고 억지로 애를 쓸 필요는 없다.

인지적인 타입의 사람들은 감정보다는 사고에 대해 더욱 잘 반응한다. 따라서 이 부류의 사람들은 직관을 받아들이기가 가장 어렵다. 이 경우, 직관은 종종 설명이나 서술의 형태를 띠고 나타나기도 한다. 그러나 이때 직관과 오성과의 경계를 구분하기가 쉽지 않으므로 주의해야 한다.

그렇다면 여기에서 한 가지 중요한 질문을 할 수 있다. "영혼의 언어인 직관은 언제나 지혜 혹은 진리의 목소리인가?" 하는 것이다.

답부터 말하자면, 직관이 반드시 옳은 것은 아니다. 물론 내면의 목소리가 지혜와 일맥상통할 때도 있다. 이 경우, 직관은 우리의 지능을 더욱 발달시키고 최선의 결정을 내릴 수 있도록 도와줄 것이다. 그러나 분명 내면의 목소리를 따랐음에도 불구하고 실패한 적이 얼마나 많았던가? 그때도 우리는 내면의 목소리를 따랐다고 믿었을 것이다. 이는 자아와 직관을 혼동했기 때문에 생긴 결과이다. 물질주의가 만연하는 이 시대에 오성으로 뒤덮인 자아(ego)와 직관을 구분하는 일은 쉽지 않다. 특히, 생각이 많은 이들의 경우에는 이러한 구분이 더욱 힘들 것이다. 그들은 직관을 오성과 자주 혼동하곤 한다.

내면의 목소리를 따르더라도 항상 지혜로운 선택을 하는 것은 아니라는 사실을 뒷받침해주는 근거는 또 있다. 직관의 도움으로 무엇이 진실이고 무엇이 옳으며, 지금 이 순간 우리에게 가장 중요한 것이 무엇인지를 알아내는 것이 가능할 때도 있다. 하지만 때론 영혼의 목소리가 우리를 착각에 빠뜨리기도 한다. 영혼의 목소리는 각자가 지닌 영적 특성에 의해 각인된 것이기 때문이다. 그렇다면 영적 특성이란 정확히 무엇을 의미하는가?

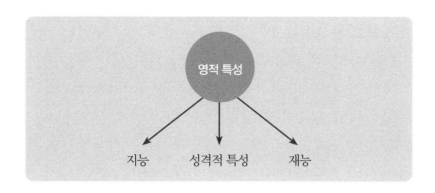

앞서 말했듯이, 영혼과 정신으로 이루어지는 인성은 비물질적인 에너지다. 우리의 모든 생각과 감정 그리고 태도들은 우리의 인성에서 비롯되며, 직관을 포함해 인간의 지능, 재능, 취향 그리고 성격은 모두 영혼을 구성하는 부분들이다.

즉, 영적 특성이란 성격적 특성, 재능 그리고 전체적인 지능을 의미한다. 그리고 개인이 이러한 특성을 어떻게 발달시키느냐에 따라 직관의 발달 방향도 달라진다.

용기가 부족한 사람의 내면의 목소리는 두려움에 휩싸여 있을 것이고, 그러한 점은 그 사람이 내리는 결정에 많은 영향을 끼칠 것이다. 낙관론자의 직관은 비관론자의 직관보다는 훨씬 더 도전을 부추길 것이다. 비판하기 좋아하는 사람은 자신은 단지 직관이 시키는 대로 타인들에게 쓴소리를 했을 따름이라고 주장할 수도 있을 것이다.

따라서 직관이 항상 지혜나 진실의 목소리인 것은 아니다. 때로는 오성이 직관의 탈을 쓰고 나타날 수 있고, 다른 한편으로는 직관이 각자의 영적 특성들을 통과하면서 변질될 수 있기 때문이다.

정신과 자아의 융합

여기에서 말하는 정신은 우주의 정신 혹은 우주의 지혜를 의미한다. 우주라는 거대한 도서관의 서고에는 모든 종류의 지식과 지혜가 보관되어 있다. 그것은 신의 지혜이자 우주의 법칙, 즉 자연법칙의 지혜다. 우리는 이러한 지혜, 즉 우주의 정신을 활용해 새로운 것을 창조해낼 수 있다. 그리고 이미 우리는 이 도서관의 문에 맞는 열쇠를 각자의 내부에 지니고 있다. 우리는 이제 막 이 도서관에 들어서려 하고 있다. 도서관 안으로 들어갈 수 있게 해주는 것은 내면의 목소리, 바로 직관이다. 직관은 인간이 신 그리고 자연의 법칙과 의사소통을 할 수 있게 해주는 정신적 에너지이다. 인간은 직관을 통해 지혜를 습득할 수 있지만, 직관이 항상 우주의 지혜에 부합하는 것은 아니다.

우주의 정신에 반대되는 개념은 자아(ego)이고, 자아의 언어는 오성이다. 여기에서 말하는 자아란 보잘것없는 '나-나-나'를 의미한다. 이것은 우리의 영혼을 대변하는 자기(self)에 반대되는 개념이다. 다시 말해, 여기서 말하는 자아란 자기중심적인 자아, 오성의 지배를 받는 자아를 의미한다. 자아가 우위를 점령하고 있으면 완전한 지식을 얻기가 힘들다. 자기중심적 사고방식을 지닌 사람들은 오성의 영향을 많이 받고 거기에 따라 행동하는데, 그 배경에는 두려움, 불안, 자신감이나 신에 대한 믿음의 결여 등이 숨어 있는 경우가 적지 않다.

그렇다고 오성의 중요성을 완전히 무시하려는 것은 아니다. 오성 또한 인간에게 매우 유용한 것이다. 아무런 까닭 없이 인간에게 오성이 주어진 것은 물론 아니다. 오성은 우리의 정신을 깨어 있게 해주고 논리적으로 사

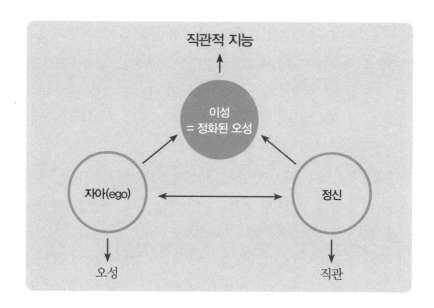

고할 수 있도록 도와주는가 하면, 너무 감정적으로 치닫지 않도록 정신을 환기시키기도 한다. 즉, 오성은 우리가 현실감을 잃지 않도록 돕는 역할을 하는 것이다. 따라서 자아와 정신을 조화롭게 발달시키고 오성과 직관을 융합시키는 것이 우리의 목표이다.

오성과 직관이 융합된 형태를 정화된 오성 혹은 이성이라 부른다. 우리는 일상적으로 이성과 오성을 같은 개념으로 사용하기도 한다. 그러나 이성은 우주의 지혜와 연결되어 있는 것이다. 이성적으로 결정한다는 말은 곧 '현명하게, 직관에 따라, 그리고 지능적으로' 결정한다는 말이다.

이렇듯 양극단에 놓여 있는 이성과 오성은 성별이나 연령에 따라 각기 다르게 발달한다. 대체로 남성들은 오성에 따라 행동하며, 무슨 일이든 논리적으로 설명하려 든다. 그런데 이러한 좌뇌 위주의 논리적인 사고방식으로는 내면의 목소리에 귀 기울이기가 힘들다. 그럼에도 불구하고 남성들은 논리적 사고에 집착하는 경향을 쉽게 떨쳐버리지 못한다. 무엇보다 사업을 할 때 '배에서 우러나오는 소리'를 듣고 결정하는 남성은 거의 없다. "안 되는 것은 어떻게 해도 안 되는 것이다"라고 말하면서 말이다. 이럴 때에는 시간에 쫓기지 말고 여유 있게 결정하는 것이 좋다. 가능하면 자신의 내면에 질문을 던져볼 시간을 가져야 한다.

감정에 따른 결정은 오랫동안 경시되어왔고, 내면의 목소리와 직관의 효용성에 대해서도 권장되지 않았다. 그럼에도 불구하고 여성들은 감정에 따라 결정을 내리는 경우가 많다. 일반적으로 여성은 남성보다 직관으로 이어지는 더 강력한 연결선을 지니고 있다. 자신의 내면에 질문을 더 많이 던지는 것도 여성들이다. 물론, 여기에서 말한 남녀의 특성은 일반론일 뿐, 반대의 특성을 가진 경우도 있다.

머리와 배 사이의 균형이 중요하다!
이 두 가지 요소를 잘 결합해야 진정으로 자신에게 도움이 되는 결정을 할 수 있다.

어린아이들은 아직 아무런 장애물 없이 직관력을 발휘할 수 있다. 아이들은 종종 깜짝 놀랄 만큼 정곡을 찌르는 말을 한다. 이런 말들은 주로 초등학교에 들어가기 전인 만 여섯 살 이하의 아이들에게서 들을 수 있다. 이후엔 이런 능력이 거의 사라지는데, 아이들이 초등학교에 입학하면 가장 먼저 오성에 따라 생각하는 것부터 교육받기 때문이다. 안타깝지만 우리의 교육체제는 아직까지도 합리적인 것에만 방향을 맞추고 있다. 더 늦기 전에 학생들이 창의력을 계발할 수 있도록 도와주어야 한다. 비록 정해진 규범에 맞지 않더라도 학생들이 자신에게 떠오른 발상을 따라가 볼 수 있게 해주어야 한다. 아이들이 어떤 사물의 바탕에 대해 파악하고 사건 속에 숨어 있는 의미를 찾아보려고 할 때 제동을 걸 것이 아니라, 이를 향상시킬 수 있도록 도와주어야 한다.

- 아이들은 아직 자연의 법칙과의 연결선을 갖고 있기 때문에 비교적 자유롭게 직관을 발휘할 수 있다. 아이들은 주위 세계를 조건 없이 신뢰하고, 실수를 할까 두려워하거나, 강제로 주입된 고정관념 때문에 불안해하지 않는다.
- 아이들은 아직까지 완전히 어느 한 곳에 집중할 수 있는 능력을 갖고 있다. 만약 어떤 아이가 놀이에 깊이 빠져 있다면, 그 아이에게는 그 놀이 외에는 아무것도 보이지도 들리지도 않을 것이다. 따라서 때로는 바지에 실례를 하고도 알아채지 못하는 일도 생길 수 있다.
- 아이들은 스스로 어떤 것을 평가하거나 심판하지 않는다. 아이들은 개방적이고 중립적이다.
- 아이들은 항상 "왜?"라는 질문을 한다.
- "아이들과 바보들은 항상 진실만을 말한다"라는 속담이 있다. 아이들은 원래 개방적이고 솔직하며 진실을 찾는 존재들이다.

우리 중에는 아이들처럼 자연과의 연결고리를 강하게 느끼고 있는 행운아들도 있을 것이다. 그렇다면 그 느낌에 자신을 맡기고 행동해보라. 성공적인 삶을 위해 그 목소리를 듣고 그 능력을 활용하라.

물론 지금까지는 '오성적 인간'에 가까웠던 사람이라 하더라도 자신의 내면에서 진실에 이르는 통로를 찾을 수 있다. 그 길은 강한 염원과 다음에 열거한 자세를 지닌 사람 모두에게 열려 있다.

- 영적 특성을 계발하려는 자세
- 참된 자기를 찾기 위해 자아의 비중을 낮추려는 자세
- 자신을 열어 보이고 자신의 감정에 충실할 것에 대한 두려움을 극복할 자세
- '지금, 이 자리에' 존재할 자세, 즉 집중력을 단련시킬 자세

직관적 지능은 지혜와의 연결고리이다

우주의 정신과 인성의 연결고리를 활성화시키고자 할 때에 꼭 필요한 것이 직관적 지능이다. 먼저 간단한 테스트를 통해 자신이 직관적 지능의 계발을 위해 얼마나 노력하고 있으며, 어떤 부분에서 개선의 여지가 있는지를 알아보자. 반드시 테스트를 해본 다음, 내용을 계속해서 읽어나가기를 권한다.

📝 **다음의 항목 중 자신에게 해당하는 것을 고르시오.**

(그렇다 | 아니다 | 부분적으로 그렇다)

1. 일상생활 중 나는 내 행동(반복적인 행동도 포함)을 주의 깊게 관찰하고 집중해서 어떤 일을 실행하는 편이다.

2. 나는 어떤 사건이 지니는 의미에 대해 스스로에게 자주 물어보는 편이며, 인생이라는 연극을 점점 더 잘 알아가고 있다고 생각한다.

3. 수많은 사람들 가운데에서 나를 인식하는 작업은 내 스스로를 영적 · 정신적으로 발전시켜나가는 데 도움이 된다고 생각한다.

4. 나는 용기와 확신을 가지고 미래를 내다보며, 근심과 두려움이 거의 없는 편이다.

5. 나는 스스로를 받아들이고 사랑할 수 있다.

6. 나는 화, 흥분, 성급함, 스트레스, 일중독 혹은 건강상으로나 금전적 손실을 야기할 확률이 높은 과속운전, 부상의 위험이 큰 스포츠 종목과 취미 등을 멀리함으로써 걱정거리를 미연에 방지하는 편이다.

7. 나는 매일 계획을 세우고 각각의 계획에 우선순위를 매기기는 하지만 상황에 따라 유연하게 대처한다.

8. 나는 끊임없이 무언가를 배우고 있으며 새로운 것을 배우기를 즐긴다.

9. 내 직업은 곧 내게 주어진 소명이다.

10. 나는 내 존재의 의미를 어떤 것을 만들어내는 사명감에서 찾기를 바란다.

11. "자신이 바라지 않는 바를 남에게 행하지 말라"라는 말은 나의 주요 생활규칙에 포함된다.

12. 나는 행복하고 안정적이며 소중한 존재라는 느낌이 자주 든다.

13. a) 나는 섭취할 영양소를 의식적으로 고르는 편이며 식사시간도 신중하게 결정한다.

   b) 나는 어떤 영양분이 내 몸에 어떻게 작용하는지에 대한 관심이 많다.

   c) 나는 시간적 여유를 갖고 식사한다.

위의 몇 가지 항목과 직관적 지능의 관계가 모호하다고 생각하는 사람들을 위해 미리 밝혀두자면, '아니다'라는 대답을 한 항목에 대해서는 언제나 직관적 지능을 개선할 여지가 남아 있고, '그렇다'라는 대답은 직관적 지능을 이미 계발해나가고 있다는 뜻이다. 그러나 어떤 대답을 했든, 여기에서 소개하는 방법들은 직관적 지능을 계발하는 데 길잡이가 되어줄 것이다.

직관적 지능은 일종의 기술이다. 다른 어떤 기술을 배울 때와 마찬가지로 직관적 지능을 습득하기 위해서는 이론과 실제, 두 가지 모두를 알아야 한다. 그리고 직관적 지능이라는 기술의 달인이 되어 이를 자유자재로 활용하기 위해서는 간절히 바라는 마음이 있어야 한다.

직관적 지능을 계발하기 위해서는 몇 가지 전제조건이 있다. 먼저, 몸을 정갈하게, 정신을 맑게 갈고 닦아야 한다.

우리의 지능은 무한대로 높아질 수 있다. 그리고 직관적 지능은 창의성과 천재성을 계발하기 위한 역동적인 기반을 마련해준다. 역동성이란 힘, 운동, 그리고 활기를 의미하는데, 이 단어들에는 전진이라는 뜻이 포함되어 있다. 실제로 우리는 지능을 계속해서 발달시킬 수 있다. 최근의 연구실험에 따르면 심지어 뇌세포를 새로 만드는 것도 가능하다고 한다!

앞서 지능은 영혼의 일부라고 했다. 영혼이 불멸한 것, 즉 영원히 사는 것이라면 우리는 노년에 이를 때까지 지능을 더욱 계발하기 위해 노력해야 한다. 또한 사람은 나이가 듦에 따라 자신이 경험한 것에 대해 더 자세히 평가를 해보게 되는데, 이것만으로도 지능을 지속적으로 향상시킬 수 있다. 물론 이를 위해서는 육체, 그중에서도 건강한 두뇌를 유지해야 한다는 전제조건이 따른다.

레오나르도 다 빈치, 미켈란젤로, 베토벤, 괴테, 쉴러, 아인슈타인 같은 천재들이 공통적으로 보여준 특성은 창조력과 직관적 지능의 힘이었다!

직관적 지능은 수많은 에너지들 중 최상의 에너지이자 극도로 섬세한 우주의 에너지다. 직관적 지능은 인간을 신과 자연의 법칙으로 이어주는 '탯줄'이다. 위에 언급한 천재들처럼 고도로 발달한 영혼들은 그들이 지닌 직관적 지능을 활용하여 우주의 지식을 자기에게로 '끌어당길' 수 있다. 이것이 바로 모든 위대한 영혼들의 비밀인 것이다!

수많은 유명한 시인과 작곡가들은 우주와 신으로부터 그들의 영감을 받았음을 스스로 시인했다. 아르투어 M. 아벨의《유명 작곡가들과의 대화》라는 책에는 브람스, 브루흐, 바그너, 슈트라우스, 푸치니 등의 작곡가들과의 인터뷰가 실려 있다. 인터뷰에서 이들은 자신이 영감을 얻는 방법에 대해 이야기했다.

바그너는 "우주적인 힘, 진동의 힘이 인간의 영혼을 전능한 중심력(中心力)과 이어줍니다. 삶의 모든 원칙이 그 중심력에서 기인하고, 우리는 그 삶의 원칙 덕분에 존재하는 것이지요. 이 우주적 진동의 힘은 우주 최고의 권능과 우리를 이어주는 연결고리를 형성하는데, 우리가 그 연결고리의 일부입니다. 만약 그렇지 않다면 우리는 우주 최고의 권능과 연결될 수 없을 것입니다. 그리고 그 권능과 자신을 성공적으로 연결할 수 있는 자에게는 영감이 주어질 것입니다"라고 말했다.

다른 분야의 천재들도 이와 비슷한 말을 했다.

그렇다면 천재들은 이런 능력을 어떻게 습득하였을까? 그리고 무엇보다, 몇몇 위인들은 어린 나이에 어떻게 불후의 명작들을 창작할 수 있었을까? 모차르트가 좋은 예다. 그는 어린 나이에 어떻게 그러한 천재성을 획득했을까? 그와 같은 천재들이 위대한 창의력과 직관을 무(無)에서 갑자기 얻어낸 것은 분명 아닐 것이다. 그보다는 위대한 영혼들은 생을 몇 번 거치면서 이어져온 창조력과의 연결고리를 강화시켜온 것이 아닌지 의심해보는 것이 더 옳다.

이런 의문과 함께 우리는 근본적이면서 많은 논란을 일으키고 있는 의문들을 함께 떠올려보게 된다. '죽음 뒤에 또 다른 삶이 있는 것일까? 죽음은 다음 생(生)으로 가는 관문일까? 그렇다면 그다음 생을 사는 것은 누구 혹은 무엇일까?' 하는 상상이 그것이다.

그리고 이와 관련해 또 하나의 질문, 즉 "그렇다면 지능과 재능, 기쁨과 고통은 어떻게 분배되는 것일까?"라는 질문도 던져보게 된다. 이런 일들이 우연히 일어난다고 믿기는 어렵다. 신이나 어떤 권력자가 인간의 운명을 '주사위를 던져서' 결정하는 것을 상상할 수 있겠는가? 그렇다면 정의는 도대체 어디에 있단 말인가? "신은 주사위 놀이를 하지 않는다!"는 아인슈타인의 말이 아마도 그 대답이 될 수 있을 것이다.

영혼은 정신적 에너지로 구성된 비물질적 존재이기 때문에 위의 질문들에 대한 증거 또한 정신적인 차원에서 찾아볼 수 있을 것이다. 오성만으로는 그 증거들을 이해할 수 없다. 위에 열거한 주요 질문들에 대한 답변을 찾기 위해서는 우리의 직관, 우리 내면의 목소리에 귀를 기울여야 한다.

이 질문들에 대한 답변을 찾으려는 노력은 수천 년 전부터 세계 도처에서 진행되어왔고, 그 과정에서 다양한 이론과 주장들이 제기되었다. 대부분의 종교와 철학은, 영혼은 계속 살아간다고 가르치고 있다. 사람의 일생은 지구의 존재기간, 우주의 생성기간과 비교해볼 때 한순간에 지나지 않는다고 한다. 그리고 인간은 비단 육체적으로뿐만 아니라 영적·정신적으로 자기를 계발하고 발전시킬 수 있는 유일무이한 능력을 얻게 된다. 그러나 만약, 인간으로서의 삶이 끝난 다음에는 각고의 노력 끝에 얻은 그 능력이 사라져버린다면 모든 것이 에너지 낭비에 지나지 않을 것이다. 바로 이런 점에서 우리는 육체적 사망이 영혼의 종말을 의미하지는 않는다는 사실을 발견할 수 있다. 또한 이 명제는 자신을 영적으로 계속해서 계발해야 한다는 삶의 고차원적 목적에도 부합하는 것이다. 직관적 지능의 계발 또한 이와 같은 맥락에서 이루어지는 것이다.

몇 시간 동안이고 완전히 몰입하는 천재들의 집중력은 창조력과 더불어 그들의 천재성을 입증해주는 또 하나의 중요한 요소이다. 브루흐는 아벨과의 인터뷰에서 "인간은 일정한 법칙을 지켜야 하는데, 그중 중요한 두 가지가 고독과 집중입니다. 작곡가는 주변이 고요한 가운데, 자신의 오성보다 고차원에 놓여 있는 힘이 내리는 지시를 기다려야 합니다. 위대한 작곡가는 지상에 나타난 신의 모습이라고 할 수 있습니다. 작곡가는 자신이 이해한 만큼의 심오한 진리를 눈으로 볼 수 있고 귀로 들을 수 있는 바깥 세상에 보여주게 되는데, 이는 곧 자기 내부에 있는 신의 존재를 보여주는 것입니다"라고 말했다.

고요한 가운데 자신의 의식을 전부 한곳에 모아 한 가지 일에 몰두하는 것, 그것이 바로 완전한 집중이다. 그리고 집중이야말로 변하지않은 순수한 직관을 받아들이기 위한 열쇠이다.

집중은 신 그리고 자연법칙과 연결되기 위한 전제조건이다.

집중한다는 것은 지금 바로 그 자리에서 자신의 사고력을 전부 한곳에 모으는 일이다.

그러나 위대한 창작인들과 발명가들이 보여준 것은 비단 직관과 집중력만은 아니었다. 무엇보다 그들은 부지런한 태도, 배우고자 하는 자세, 학구열 그리고 끈기를 지니고 있었다. 브루흐는 "이러한 내면의 힘을 인식하는 사람에게는 영감이 주어집니다. 그러나 떠오른 착상을 기록하기 위해서는 적절한 기술을 갖추고 있어야 하지요"라고 말했다. 즉, 직관과 집중력에 필요한 기술 습득과 부지런한 훈련 그리고 끈기가 더해져야 위대한 창작을 할 수 있다는 말이다.

수천 번의 실험을 거듭하지 않았더라면 에디슨도 전구를 발명하지 못했을 것이다. 에디슨은 실패하더라도 좌절하지 않았다. 그는 심지어 "위대한 발명을 위해서는 1%의 영감과 99%의 노력이 필요하다"고 말하기도 했다. 물론, 에디슨의 이 말은 영감이 지닌 가치를 지나치게 과소평가한 것이기는 하다.

참된 대가들에게 나타나는 특성을 두 가지만 더 꼽으라고 하면 바로 용기와 겸손이다. 직관적 지능을 완전하게 펼치기 위해서는 영혼을 계발하고 우주의 지혜를 배워야 하는데, 그러기 위해서는 사소한 자아쯤은 무시해버려야 한다.

천재를 만드는 원동력은 창조에 대한 경외심과 사랑이다.

신과 그의 피조물 전체에 대해 경외심과 애정을 지닐 때만이 우리는 우주와 우주의 법칙이 조화를 이룬 가운데 창조적이며 독창적인 결정들을 내릴 수 있다. 그것이 바로 직관적 지능이다!

칼릴 지브란은 "사랑은 이 세상의 유일한 자유다. 사랑은 인간의 영혼을 승화시켜 어떠한 인간의 법이나 자연 현상으로도 그 사랑의 행로를 변경시키지 못하게 한다"라고 말했다.

직관적 지능을 계발한다는 것은 영적 특성을 고도로 발달시켜 영적 특성이 '위'로부터의 메시지 수신을 방해하지 않도록 하는 것을 말한다. 그렇게 되면 우리의 주파수는 우주의 목소리에 맞춰지게 되고, 이에 따라 아무런 방해 없이 그 목소리를 수신할 수 있게 된다. 우리는 신과 자연법칙의 언어를 이해하고 해석할 수 있게 될 것이다. 특별히 어떤 의식상태로 옮겨가지 않더라도 항상 우주와 연결되어 있을 것이고, 신과 그의 법칙은 어느 곳에든 존재할 것이다.

또 직관적 지능이 발달함에 따라 우주 내의 고차원적인 권능과의 의사소통 능력도 향상될 것이다.

직관적 지능은 신, 자연의 법칙, 우주의 지혜와 사랑 그리고 진리와의 연결고리다! 직관적 지능은 우리의 영혼과 우주의 창조력을 이어주는 연결고리다.

즉, 지능을 끊임없이 발달시킬 수 있다는 말은 우주의 지혜와의 연결고리를 계속해서 강하게 만들 수 있다는 것을 말한다. 그리고 우리의 영혼은 우주의 한 부분이므로 우리도 진리로 가는 문을 통과할 수 있다.

직관적 지능이란 사물이나 사건의 연관성에 대해 지능적, 감정적 그리고 직관적으로 파악하고 이해하는 것을 뜻한다. 한편에는 지능, 오성, 이성, 논리, 습득한 지식 등이 자리하고 있고, 다른 편에는 감정, 직관, 내면의 목소리, 창조력, 착상, 영감 등이 자리 잡고 있는데 이 둘을 결합시킨 것이 바로 직관적 지능이다.

이와 동시에, 직관적 지능은 일상생활에서의 경험을 실제 학습과정에서 실천할 수 있는 능력을 의미하기도 한다. 직관적 지능은 정신적 · 영적 학습능력을 측정할 수 있는 잣대가 되며, 우리가 지닌 감각들을 열어주고 인지능력을 상승시켜준다. 또한 직관적 지능은 성공적인 인성 계발의 속도를 크게 앞당겨준다.

직관적 지능은 삶의 지능이다! 직관적 지능은 변화를 감지하고 한계를 극복하게 해주며 믿음을 가지고 새로운 길을 걸어가도록 도와준다. 직관적 지능을 계발하면 할수록 우리가 가야 할 길에 대한 확신은 더욱 커진다. 직관적 지능은 현명한 결정을 내리고 행동하도록 도와준다. 직관적 지능이 바로 현명함이다.

직관적 지능은 성숙한 정신을 뜻한다. 생텍쥐페리의 말을 빌리자면 직관적 지능은 '마음으로 볼 수 있게' 해주며, 감정과 느낌을 활용하여 우리가 건설적인 삶을 만들어가도록 도와주는 것이다.

성숙한 정신은 우리가 삶의 과제들을 인식하고 삶의 목표에 도달할 수 있도록 도와준다. 성숙한 정신은 창조력에 날개를 달아주며 명석한 해결책을 찾도록 해준다. 직관적 지능을 발달시킬수록 우리는 삶이 제시하는 새로운 과제들을 더 쉽게 극복할 수 있다. 도전을 받아들이고 새로운 길을 받아들일 자세를 갖게 되는 것이다.

영혼이 성숙해감에 따라 우리는 두려움을 극복하고 확신을 얻게 된다.

또한 성숙한 영혼은 우리에게 일치감, 행복, 안정 그리고 애정 등의 감정도 선물해준다.

직관적 지능의 도움으로 우리는 조화롭고 평화롭게 우주의 흐름을 따라 헤엄치는 방법을 배울 수 있게 되며, 자연의 법칙을 거슬러 헤엄치며 고통을 느낄 필요가 없게 된다.

직관적 지능은 우리를 시련이 닥쳐도 흔들리지 않는 든든한 바위로 만들어준다.

직관적 지능과
우주의 법칙

영원한, 강철 같은 위대한 법칙에 따라
우리 모두는 우리의 존재를 완성시켜야 한다.
– 괴테

직관적 지능은 지혜, 신의 법칙, 우주의 법칙과 우리를 연결시켜주는 고리라고 했다. 이 고리를 더 튼튼하게 만들기 위해서는 우주의 법칙을 제대로 알고 이해해야 한다. 다양한 자연의 법칙들이 작용하는 원리를 알아야 인생이라는 연극을 꿰뚫어 볼 수 있기 때문이다. 이러한 바탕을 마련해놓으면 우리는 더욱 지능적인, 다시 말해 더 직관적이면서도 현명한 결정을 내리고 행동할 수 있게 된다.

우주 내의 질서체계를 이해하기 위해 먼저 우리 안에는 어떤 세계관들이 자리 잡고 있는지 살펴보자.

나는 어떤 세계관을 갖고 있는가?

스탠퍼드 대학의 심리치료학과 교수 파울 바츨라비크는 그의 저서 《현실은 얼마나 현실적인가?》에서 우리는 우리 자신만의 주관적 현실을 만들어낸다고 말했다. 우리가 어떤 세계관을 지니고 있느냐에 따라서 각자 앞에 놓인 현실도 달라진다는 뜻이다.

우리의 세계관을 결정하고, 나아가 생각과 행동을 결정하는 것은 믿음과 신념이다. 보통 신념은 부모님, 선생님, 사회 규범, 그리고 우리 스스로 선택한 모범이나 우상에 의해 결정되고 수많은 경험들이 쌓이면서 우리 내면에 각인된다.

《성공하는 사람들의 7가지 습관》의 저자인 스티븐 코비는 다양한 세계관을 다양한 나라와 도시의 지도와 비교했다. 한번 상상해보라. 당신은 지금 낯선 도시에 와 있다. 그 도시가 슈투트가르트라고 가정해보자. 당신은 그 도시의 지도를 가지고 어떤 장소를 찾으려 하고 있다. 그런데 실제로 당신이 들고 있는 지도는 뮌헨의 지도이고, 당신은 그 사실을 모르고 있다. 따라서 당신이 아무리 똑똑하고 최선의 노력을 기울여도 길을 찾지 못할 것이다. 마찬가지로 당신이 태도를 바꿔 더 부지런히 움직이고 더 빨리 일을 처리하며, 더 양심적인 사람이 된다고 해도, 잘못된 지도를 갖고 있다면 당신은 결국 원하지 않는 장소에 다다를 수밖에 없을 것이다. 가치관을 바꾸고 더욱 긍정적인 사고를 지닌다 하더라도 결국은 다른 방향으로 갈 수밖에 없다.

잘못된 지도를 들고 있으면 올바른 방향을 찾으려고 아무리 애를 써도 소용이 없다. 근본적인 문제를 해결하지 못하기 때문이다. 원하는 장소를 찾으려면 당신이 지금 있는 바로 그 도시의 지도를 손에 들고 있어야 한다. 올바른 지도를 들고 있어야 긍정적 가치관도 도움이 될 것이다.

우리는 정신이 나아갈 방향을 제시해주는 지도를 무의식중에 계속 사용하고 있다. 그중 우리의 가치관이 그려져 있는 지도, 즉 어떤 생각을 하며 살아가야 할지를 가르쳐주는 지도가 우리의 사고와 삶의 태도 그리고 행동을 결정한다. 즉, 우리 내면에 있는 '세계관 지도'가 우리의 감정, 직관 그리고 지능에도 영향을 미친다는 것이다. 모든 지도가 일정한 시스템과 축척에 따라 그려지듯이 세계관도 일정한 질서체계와 법칙에 의해서 결정된다.

앞서 신념이 우리의 가치관 그리고 생각과 행동에 영향을 미친다고 말했다. 이제 신념에 대해 한번 생각해보자. 당신은 어떤 세계관을 지니고 있는가? 당신은 삶의 의미가 무엇이라고 생각하는가? 당신의 세계관은 당신의 발전을 앞당기는 것인가, 가로막는 것인가?

> ◪ 위의 질문에 대한 답변을 좀 더 쉽게 찾아내기 위해 아래의 질문에 답해보자. 각각의 질문에 대해 답변하다 보면 자신이 평소 어떤 세계관을 갖고 있는지에 대해 일정한 거리를 두고 관찰할 수 있을 것이다.

1. 이 세상에 정의란 없다.
   a) 그렇다
   b) 아니다
2. 행복은 스스로 만들어가는 것이다.
   a) 그렇다

b) 아니다

3. 우연이란 것은 없다.

   a) 그렇다

   b) 아니다

4. 나는 "나도 어쩔 수 없어"라고 (   ) 생각하거나 말한다.

   a) 아주 가끔

   b) 가끔

   c) 자주

5. 운명은 타고나는 것이고 이미 결정되어 있다.

   a) 그렇다

   b) 아니다

6. 가장 최근에 화를 냈을 때 무엇에 대해서, 왜 화를 냈는가?

7. 나는 무엇을 두려워하는가?

마지막 두 문항에 대한 대답은 각각 다른 종이에 적어두라. 각 문항에 대한 답변 외에도 떠오르는 것이 있으면 깊이 생각하거나 '검열'하지 말고 그냥 생각나는 대로 적어보라. 어느 정도 시간이 지난 뒤 이 테스트를 다시 한번 해보라. 이때, 예전에 쓴 답변을 봐서는 안 된다. 새 종이에 답변을 적어라. 그런 다음 두 가지 답변을 비교해보고 어떤 느낌이 드는지 지켜보라.

지금까지 우리에게는 다양한 세계관이 존재해왔다. 건설적인 세계관이 지배적인 시대도 있었고 부정적 세계관이 지배적인 때도 있었다.

셰익스피어는 "세상은 무대요, 우리는 배우다"라고 말했다. 그렇다면 먼저 떠오르는 질문이 한 가지 있다. 세상이 무대고, 우리가 배우라면 우리는 배우로서 어떤 의미를 지니는가 하는 것이다. 어떤 역할을 맡느냐에 따라 우리는 각기 다른 경험을 하게 될 것이다. 경험을 통해 새로운 것을 배우면서 나아가는 것을 중요하게 생각하는 사람이 있다면 그 사람의 세계관은 건설적이라 할 수 있다. 이런 세계관의 밑바탕에는 자신을 계발하고 발전시키려는 소망이 담겨 있다. 반면, 부정적 세계관을 지닌 사람은 자신의 인성을 계발하는 것에서 아무런 의미를 찾지 못한다. 그 사람은 반복되는 일상과 정해진 틀 속에 갇혀 있을 뿐이다. 이러한 사고방식은 희망, 확신, 신뢰, 애정과 같은 감정이 싹트는 것을 방해하고 '나만 잘되고 보자'는 식의 가치관을 지니게 만든다.

이처럼 어떤 가치관을 지니느냐 하는 것은 매우 중요한 문제다. 1장에서 인생의 참된 목표는 기쁜 마음으로 자기 계발에 힘쓰는 것이며, 이는 우리에게 행복감과 안정감을 선물해줄 것이라고 말한 바 있다. 이와 더불어 또 한 가지 중요한 목표가 있다면, 마음속 깊은 곳에 있는 두려움을 극복하고 신의 법칙, 자연의 법칙에 맞게 살아가는 것이다.

신에 대한 가치관은 세계관의 한 부분을 차지한다. 물론 신 혹은 다른 어떤 고차원의 권능이 존재한다고 믿는 것을 전제로 할 때 그렇다는 말이다. 당신은 어떤 신을 믿고 있는지 생각해보라. 우리의 실수와 약점을 벌하는 신인가, 아니면 자신의 어린 자녀들이 여러 가지를 경험해보도록 하고 자녀를 사랑으로 도와주는 신인가? 당신은 신이란 우리를 도와주고 우리가 잘되기만을 바라는 아버지나 친한 친구여야 한다고 생각하는가?

우리의 세계관에 영향을 미치는 또 다른 문제들이 있다. "내 스스로 어떤 한계를 정해놓지는 않았는가?", "나는 자신에게 자기 발전의 여지를 얼마만큼 주는가?", "내가 지닌 세계관으로 인해 나는 나를 세상과 신으로부터 분리시키고 있지는 않은가?", "내면을 지배하는 것은 두려움인가 믿음인가?" 하는 질문들이 그것이다.

두려움은 우리의 한계를 좁혀 들어가지만 믿음은 우리가 무한대로 커질 수 있게 해준다. 모든 경계는 우리 내면에서 시작하는 것이다. 우리의 생각과 감정이 우리가 성장할 수 있는 범위를 좁혀버리면 직관적 지능을 계발할 수 있는 여지도 그만큼 줄어든다. 직관적 지능은 우리의 세계관이 무한대로 뻗어나갈 때에만 계발할 수 있다.

무한함은 무법(無法)과 동의어가 아니다. 모든 시스템은 일정한 법칙의 지배를 받을 때에만 유지되고 발전할 수 있다.

정신의 7가지 법칙

인생을 무대라고 생각하고 우리가 그 무대 위에서 연기를 하는 배우라고 생각한다면, 거기에는 감독이 있고 질서 유지를 위한 '공연장 규칙'도 있을 것이다.

우리 삶의 감독은 우리 자신이다. 무슨 역할을 맡을지는 스스로 결정한다. 그리고 각각의 역할들 사이의 질서를 유지시켜주는 것은 공연장의 규칙이다. 인생이라는 공연장의 규칙은 자연의 법칙 혹은 신의 법칙, 우주의 법칙이라 불리는 것이다. 지구상에는 물리적인 법칙과 정신적인 법칙이 있다. 물리적 법칙은 우리도 잘 알고 있는 중력의 법칙이나 지렛대의 원리 같은 것들이다. 그러나 이 책에서 주로 다루는 법칙은 정신적인 법칙들이다. 여기에 소개되는 법칙들은 위대한 철학자, 시인, 사상가들의 작품에서도 찾아볼 수 있는, 삶의 가장 기본적인 원칙들이다.

우주는 수많은 법칙들로 짜인 네트워크다! 인생이 일정한 법칙에 따라 흘러간다는 것을 가장 잘 보여주는 것은 바로 자연이다. 물의 순환, 낮과 밤의 주기, 밀물과 썰물의 주기, 강물의 흐름, 식물의 생장, 식물의 양분 흡수, 바람에 나무가 휘는 것 등이 그 예다.

우리는 우리 몸에도 어떤 법칙이 적용되고 있고, 인간이라는 유기체가 그 법칙에 따라 살아간다는 것을 쉽게 상상해볼 수 있다. 신체기관에 적용되는 법칙이 각 기관의 수행능력을 조절하고, 생각과 감정을 조절하는 법칙도 존재할 것이라고 상상하기는 어렵지 않다. 이와는 반대로 일정한 법칙이 없다면 우리의 몸과 정신에는 커다란 혼란이 생길 것이라고도 생각해볼 수도 있다.

인생의 의미는 자연의 법칙이라는 바탕 위에서 찾을 수 있다. 이 법칙은 우주의 발달은 물론이고 개인의 인성 계발과도 관계가 있다. 자연의 법칙은 인생이라는 학교의 선생님으로서 우리에게 숙제를 내주기도 하고 시험을 치르게도 한다. 이 법칙은 우리의 생각과 행동에 따라 다양한 반응을 보여주는데, 그 반응이 바로 '성적표'인 셈이다.

자연의 법칙 속에는 인성 계발의 커다란 기회가 숨어 있다. 자연의 법칙은 각자의 인성 계발 정도에 맞는 과제를 준다. 즉, 우리가 해낼 수 없는 과제를 주지는 않는다는 뜻이다. 또한 우리가 스스로를 계발할수록 점점 더 어려운 과제를 줄 것이다. 그리고 우주 내의 다른 모든 것과 마찬가지로 자연의 법칙도 점점 발전한다.

이를 기계에 빗대어 설명하면 다음과 같다. 몇 년 전만 하더라도 손바닥보다 작은 휴대폰이 오늘날과 같은 성능을 지닐 수 있으리라고는 상상조차 못 했다. 그러나 정보공학은 짧은 기간 안에 커다란 성장을 이루었다. 오늘날 생산되는 기계들에는 몇 년 전보다 훨씬 더 빠르고 정확하게 일을 처리할 수 있는 장치(법칙)들이 장착되어 있다. 우리의 몸과 영혼의 발달과 정신적 법칙의 관계가 바로 이와 같다. 우리 몸과 영혼 안에 있는 정신적 법칙들도 우리가 스스로를 계발할수록 점점 더 빠르고 정확한 반응을 보일 것이다.

그렇다면 정신적 법칙은 몇 개나 존재할까? 이 질문에 대해서는 대답할 수가 없다. 기술 발전에 있어서와 마찬가지로 인류 발전에 있어서도 항상 새로운 정보가 등장하고 그 정보와 더불어 새로운 법칙들이 나타나기 때문이다.

자연의 법칙과 조화를 잘 이루며 살아갈수록 그리고 삶의 기본원칙에 대한 지식과 믿음이 클수록 직관이 더 자유롭게 흘러갈 수 있다. 내면의 목소리를 단련시키고 그 목소리를 듣다 보면 점점 더 큰 행복과 사랑 그리고 성공을 얻게 될 것이다. 따라서 이러한 기본원칙을 알고 실천하는 것은 직관적 지능 계발의 전제조건이 된다. 우리는 이 책을 읽어가는 동안 다양한 자연의 법칙들과 만나게 될 것이다.

자연의 법칙이 우리에게 직관적 지능을 계발할 기회를 제공하기도 하지만 거꾸로 직관적 지능이 자연의 법칙이 작용하는 원리를 더 잘 이해하게 만들어주기도 한다. 직관적 지능은 우리가 자연의 법칙을 거스르다가 괜한 에너지를 낭비하는 것을 막아주고, 그 법칙과 조화를 이루며 살 수 있게 만들어줄 것이다. 이제 7가지 정신적인 법칙, 즉 자연의 법칙을 좀 더 자세히 살펴보기로 하자.

법칙 1 : 인과율의 법칙- 우연은 과연 우연일까?

모든 자연법칙의 기초가 되는 인과율은 '원인과 결과의 법칙', '작용 · 반작용의 법칙'이라고도 불린다. 뿌린 대로 거둔다는 뜻이다.

그쯤은 누구나 안다고 생각할 수도 있겠지만, 실제로 자기가 행하는 모든 행동과 품고 있는 모든 생각들에 대해 책임을 지고 결과를 감당해야 하는 것이 자기 자신임을 알고 있는 사람은 많지 않다. 자연의 법칙이 우리 삶의 모든 것을 지배하고 주관한다는 것을 상상하기가 쉽지 않겠지만, 인과율은 생활 전반에서 나타난다. 이 사실을 받아들이기가 어렵다면 앞으로 얼마 동안 자신의 일상생활에서 일어나는 일들을 유심히 관찰해보라. 분명 일정한 규칙이 있다는 것을 알게 될 것이다.

또한 인과율은 우리가 올바른 결정을 내리려고 노력할 때 에너지, 건강, 행복감, 안정감과 같은 선물이 왜 따라오는지도 가르쳐준다. 위 문장에서 중요한 단어는 '노력'이다. 즉, 의지와 준비된 자세를 보여주는 것이 중요하다는 말이다. 어떤 대가도 그냥 주어지지는 않는다. 노력하는 사람에게는 위에 언급한 선물들이 주어지는 반면, 자신이 지닌 약점에 연연하며 계속 잘못된 결정만 내리는 사람은 쓰라린 고통을 겪게 되고, 그 고통을 통하지 않고는 아무것도 배울 수 없다.

인과율은 질병을 치유하는 과정에서 특히 잘 드러난다. 다음의 예를 살펴보자.

▶▶ 사비네는 계속되는 위염과 위경련으로 고생하고 있다. 그녀는 약을 복용하고, 충분한 휴식을 취하라는 의사의 충고도 잘 따랐다. 충분한 휴식이 분명 도움이 되기는 했다. 그렇지만 누구도 그녀에게 질병과 영적 특성과의 관계를 설명해주는 사람은 없다. 얼마 후 사비네의 위통은 어느 정도 해결되었지만 이번에는 등이 문제를 일으켰다. 척추 디스크에 걸린 것이다. 몇 차례 치료를 받으면서 사비네는 자신이 아픈 데에는 영적인 원인이 있으며, 자신의 병이 자연의 법칙과도 연관되어 있음을 알게 된다. 사비네의 경우에는 용기 부족과 두려움이 문제의 원인이었다.

몇 차례 상담을 한 후 사비네는 자신의 병은 자기 내면의 두려움에 대한 몸의 반응이라는 것을 알게 된다. 또한 사비네는 용기 부족에 대해서도 이해하게 되었다. 이제 그녀는 자기 내면의 두려움을 조금씩 없애가면서 신에 대한 믿음과 자신감을 쌓아나가고 있다. 요가나 척추 스트레칭 같은 외적인 조치와 영적인 문제 해결, 그리고 식이요법까지 병행하자 대단한 치료효과가 나타났다.

인과율로 인해 부정적인 결과나 긍정적인 효과를 경험한 또 다른 사례도 있다.

▶▶ A는 소득세가 너무 높게 부과된 것에 화난 나머지, 다른 사람들이 쓴 지출 영수증을 모아 자기 것인 양 제출해 소득 공제를 받았다. 그런 방법으로 세금을 포탈한 것이다. 다음 해 A는 재테크를 한답시고 투기에 빠져 결국은 세금 포탈로 이득을 본 액수의 몇 배에 달하는 돈을 잃었다. 과연 이것이 우연일까?

우리는 살면서 겪는 쓰라린 고통이나 불쾌한 경험을 자기가 한 행동의 결과로 나타난 벌이라 생각할 수 있어야 한다. 그리고 그런 벌을 피하기 위한 방법을 찾기 위해 노력해야 한다. 그런 경험들을 통해 삶의 교훈을 얻는 것이다. 이를 위해서는 먼저 자신과 자신이 처한 현재의 상황을 겸허하게 받아들이고 불행을 통해 배우겠다는 자세를 지녀야 한다. 나아가 모든 것에 대해 감사하는 마음까지 갖는다면 이미 성공적인 삶으로 가는 커다란 걸음을 내딛은 것이다.

현재의 상태를 받아들이고, 그 원인을 분석하며, 건설적인 해결책을 찾아봄으로써 우리는 지능을 더욱 잘 계발할 수 있다. 그러나 마지못해서가 아니라 자신에 대한 애정과 믿음을 가지고 그렇게 해야 한다.

인과율은 우리가 우리의 성품을 잘 계발할 수 있도록 신이 내려준 커다란 선물이다. 인과율이라는 기준을 통해 우리는 우리가 내린 결정들이 이득이 되는지 손해가 되는지를 판단할 수 있다. 인과율은 평생 우리를 도와줄 좋은 친구이기는 하지만, 이 친구는 우리가 자기를 받아들일 때에만 도움을 준다. 이 친구를 받아들이기 위해서는 올바른 시각과 태도를 지녀야 한다. 기본적으로 두려움이 많은 사람이라면 그 사람의 삶에는 불행이 꼬리에 꼬리를 물고 나타날 것이다. 반면, 신뢰, 관용, 그리고 모든 것에 대한 애정을 지니고 있는 사람이라면 인과율은 친구이자 자기 계발의 훌륭한 동반자로 그 사람을 따라다닐 것이다.

인과율의 긍정적인 효과는 다음과 같다.

- 건전한 식습관과 건강한 신체를 얻기 위해 더 많은 투자를 하겠다고 결심하고 나면 인과율의 긍정적인 효과가 나타난다. 이때 나타나는 효과는 넘치는 에너지와 편안한 느낌이다.
- 충분한 준비를 한 다음 자신감을 갖고 어떤 시험에 임한다면 인과율은 더 나은 성과와 점수라는 결과로 긍정적인 효과를 보여준다.
- 직관적 지능을 계발하면 어떤 것이든 더 큰 확신을 갖고 결정할 수 있게 된다.

인과율을 잘 활용하면 우리는 위에서 말한 것들보다 훨씬 더 많은 것을 얻을 수 있다. 우리는 원인 없는 결과는 없다는 사실을 잘 알고 있다. 따라서 우리에게 일어나는 모든 일들은 우리가 원인을 제공했기 때문에 일어났다고 해도 과언이 아닐 것이다. 또한 우리는 우연을 통해서도 중요한 것을 배울 수 있다. 모든 우연은 우리가 감당해야 할 과제이거나 우리에게 주어지는 선물이다. 슈바이처 박사는 "우연이란 신이 우리에게 자신의 신분을 숨기고 말을 걸어오는 것"이라고 표현하기도 했다.

하지만 행복이나 불행에 대한 책임도 결국 자기 자신에게 있다는 인과율의 주장을 마음에 들어 하지 않는 사람들도 있을 것이다. 누구나 인생을 살면서 '운명이 자신의 뒤통수를 치는 것 같은' 느낌을 자주 경험하기 때문이다.

이럴 때 필요한 것이 바로 긍정적인 시각이다. 불행한 일이 일어났을 때, 누구의 잘못인지 따지려는 태도를 버리고 경험을 통해서 배운다는 자세를 지녀야 한다. 불행한 일이 연이어 일어나는 것도 자신을 계속 계발할 새로운 기회가 주어지는 것이라고 받아들여야 한다.

인생은 배움터, 즉 학교다. '학교'라는 단어는 많은 사람들의 머릿속에 부정적인 개념으로 자리 잡고 있다. 그러나 진심으로 자신의 인성을 계발하고자 하는 사람이라면 배움의 기회가 생기는 것에 대해 기뻐하고, 기쁜 마음으로 그 기회를 활용하며, 자신을 갈고닦을 것이다.

인류는 지금까지 실수나 고통, 슬픔 등을 통해서 많은 것을 배워왔다. 우리도 마찬가지다. 이를 위해서는 자신의 기본적인 태도와 인생관을 분석해보고, 필요하다면 과감하게 변화를 시도해야 한다. 우리 자신이 바로 우리 삶의 연출가다! 자신의 모습을 스스로 선택한다는 사실을 잊지 말아야 한다.

인과율의 목적은 우리를 자책이나 자학에 빠뜨리려는 것이 아니다. 책임전가와 마찬가지로 자책도 자기 발전을 방해하기만 할 뿐이다.

스스로를 용서하고 사랑하는 것이 바로 자책감을 없애는 '삭제 버튼'이다.

우리는 간혹 충분한 지식이 없어서 어떤 상황이나 상태가 지니는 의미를 알아차리지 못하고 넘어갈 때도 있을 것이다. 그런 경우라 하더라도 상황이나 상태를 있는 그대로 받아들이고, 신과 자연의 법칙은 정의롭다는 믿음을 지니려고 노력해야 한다. 주위에서 일어나는 모든 일을 일종의 흥미진진한 학습과정으로 받아들이고, 그런 일들이 일어나는 배경에 대해 질문을 던져보는 습관을 지니게 된다면 우리는 끊임없이 배울 수 있다.

하지만 장난치듯이, 유치한 호기심을 가지고 혹은 너무 필사적으로 배움에 매달리지는 말아야 한다. 어떤 질문에 대한 대답을 찾을 수 없다면 그대로 흘러가게 두는 것이 좋다. 찾을 수 없는 답변에 매달리기보다는 그 모든 것을 재미있는 연극을 관람하는 것처럼 받아들이는 것이 좋은 방법이다. 직관적 지능을 꾸준히 계발하다 보면 필사적으로 매달리지 않아도 주변 사건들이 지니는 의미를 좀 더 직관적으로, 잘 파악할 수 있게 될 것이다.

법칙 2 : 자유의지의 법칙

아주 사소한 결정이라 하더라도 그에 따른 결과는 큰 차이가 날 수 있다는 사실을 아는 사람은 그리 많지 않다. 우리는 매일 어떻게 생각하고 행동할 것인지에 대해 수없이 많은 결정을 내리며 살아가고 있다. 모든 결정은 각자 스스로 내리는 것이고, 우리는 항상 여러 가지 대안 중에서 한 가지를 선택한다. 따라서 우리는 자신의 결정과 그에 따른 결과에 대한 책임을 질 자세를 지녀야 한다. 또한 우리는 이러한 결정의 자유와 책임에 대해 항상 의식하고 있어야 한다. 이는 두 번째 자연법칙인 자유의지의 법칙에 바탕을 두고 있다.

"인간의 의지는 자신만의 왕국"이라는 말이 있다. 이는 모든 영혼이 자유의지를 지니고 있음을 뜻한다. 그러나 실제로는 많은 이들이 자유가 없거나 의존적인 삶을 살아가고 있다. 심지어 자유가 없는 삶에 익숙해진 사람들도 있다. 그들은 자기를 '새장', 비록 그것이 '황금으로 만든 새장'이라 할지라도, 안에 가둔 것이 바로 자기 자신이라는 사실을 모르기 때문에 문제를 좀처럼 해결하지 못한다. 다음의 이야기를 보면 이를 좀 더 확실히 이해할 수 있을 것이다.

▶▶▶ 어떤 젊은 여교사가 있었다. 그녀는 자신의 직업을 사랑했다. 어느 날 그녀는 한 남자를 만났고, 자신의 내부에서 전하는 느낌보다는 그 남자의 재촉에 밀려 그와 결혼했다. 얼마 지나지 않아 그녀는 임신을 했고, 장차 태어날 아이를 생각하며 기뻐했다. 집을 지은 것도 그녀가 아니라 남편이 원했기 때문이었다. 남편은 부유했기 때문에 커다란 정원이 딸린 웅장한 저택을 지을 수 있었다. 그녀는 다시 일을 시작하기로 결심했지만, 남편의 완강한 반대에 부딪혔다. 남편의 설득에 넘어간 그녀는 결국 재취업을 포기했다. "바라는 모든 것을 갖고 있지 않느냐?"는 남편의 말이 옳았기 때문이었다. 그녀의 남편은 그녀가 바라는 모든 (물질적인) 것들을 해결해주었지만 그녀는 행복하지 않았다.

그녀는 가벼운 두통, 위염, 우울증 등에 시달렸고, 약으로 모든 문제를 해결했다. 2년이 지난 뒤 그녀의 우울증은 정도가 더욱 심각해졌고, 한동안 잠잠하던 외적 증상들도 다시 나타났다. 이번에도 그녀는 약을 복용했고, 술에 취한 채로 지내보기도 했다. 그녀는 스스로 만든 '황금 새장' 안에 갇혀 있었다.

그녀에게는 자유의지가 있었지만 그녀는 다른 사람이 자신의 삶을 결정하도록 내버려두었고 이제 그 결과를 떠안게 된 것이다.

그녀는 상담치료를 시작한 다음에야 자신이 갇혀 있던 '악순환'에서 벗어날 수 있었다. 그녀는 스스로를 변화시키기 위해 부단히 노력했고 식습관도 바꿨다. 오래 지나지 않아 약물치료도 더 이상 필요 없게 되었다. 이제 그녀는 자신의 삶을 자기 스스로 결정하기로 결심했다. 처음에는 상담을 거절하던 그녀의 남편도 시간이 조금 지나자 자신을 변화시킬 준비가 되어 있다고 했다. 그리고 그는 자기 아내가 변화하는 데 큰 도움을 주었다.

그녀는 다시 아이들을 가르치는 일을 시작했다. 힘이 들기는 했지만 결국은 자신에게 맞는 일자리를 찾아냈던 것이다. 그녀는 교사로 일하면서 가사 일을 돌봐주는 사람을 고용해 직장과 자녀교육 사이에서 일어날 수 있는 문제도 훌륭히 해결했다. 그녀는 옛 친구도 다시 만나고 새로운 친구들도 사귀면서 다양한 사회활동에도 참여했다.

자연의 법칙은 우리가 어떤 결정을 내리기 전에 혹은 결정을 내리는 동안 우리에게 특별한 느낌이나 '경고 사인'을 준다. 따라서 직관이 발달한 사람은 이러한 위험에 빠지지 않을 것이다.

그러나 오랫동안 내면의 목소리를 듣지 않다 보면 그 목소리는 점점 더 약해진다. 내면의 목소리가 약해지면 자신을 표현할 길이 없어진 영혼은 질병이나 불쾌한 상황 등을 빌려 자기를 밖으로 드러낸다. 그 결과 질병이나 불쾌한 상황이 어느 순간 '늘 있는 일'이 되어버리고, 사람들은 자기 자신을 '운명'에 맡겨버린 채 자기 계발의 기회를 이용하지 않게 된다. 그러나 스스로를 바꿀 수 있는 기회는 언제든지 만들 수 있다. 그리고 자신을 변화시킬 것이냐 아니냐는 각자가 선택하는 것이다.

또한 우리는 무엇을 바랄 것인지를 선택할 자유도 갖고 있다. 물론 어떤 세계관을 지니고 있냐에 따라 각자가 희망하는 바도 달라질 것이다. 희망은 절대 과소평가해서는 안 될 우리 삶의 원동력이다. 피에르 떼이야르 드 샤르댕 신부는 "인간은 자신이 찾는 만큼 발전한다"고 했다. 그 말을 조금 바꿔 "인간은 자신이 바라는 만큼 발전한다"고 말할 수도 있을 것이다.

이제 우리는 의지와 희망이 지닌 힘이 엄청나다는 것을 알게 됐다. 우리는 의지와 희망을 건설적으로도 활용할 수 있고 파괴적으로도 이용할 수 있다.

법칙 3 : 에너지의 법칙

지속적인 발달의 법칙

"판타 레이(panta rhei; 만물은 유전한다)!" 이것은 그리스의 철학자 헤라클레이토스가 한 말이다. 그는 이 말을 통해 우주가 끊임없이 변화하고 있다는 것을 알리고자 했다. 여기에서 '유전'하는 것, 즉 흘러가는 것은 에너지다. 영혼이 정신적 에너지인 것과 마찬가지로 우주 만물도 일종의 에너지다. 그리고 끊임없이 앞으로 나아가는 우주의 에너지를 따라잡기 위해서는 우리도 끊임없이 앞으로 나아가야 한다. 정지는 퇴보를 의미한다. 영혼이 발전을 멈추면 영혼이 지닌 에너지는 줄어든다.

그렇지만 감정이 '전진'하지 않는다고 해서 감정이 멎어버리는 것은 아니다. 살다 보면 영혼이 활발하게 작용하는 시기도 있고, 그렇게 하기 위해 준비하는 시기도 있다. 겉으로 보기에는 그 준비기간이 '정지기간'처럼 보일 수도 있겠지만 실제로 그 시기는 '안정기'이다.

지속적으로 발달하는 것들은 모두 다 영원한 삶을 누릴 것이다.

영혼을 지속적으로 계발하되, 그 속도와 정도는 모든 영혼이 자유의지를 가지고 스스로 결정해야 한다. 또한 우리가 원하기만 한다면 영혼을 발전시킬 기회는 언제든지 우리에게 다가온다.

에너지 획득과 에너지 손실

에너지가 넘치고 행복하다는 생각이 많이 드는 날이 있는가 하면, 침대 밖으로 나오기조차 힘든 날이 있다. 이러한 차이는 전날 내린 결정이나 그동안 쌓여온 결정방식에서 나오는 것이다. 아주 작은 결정이라 하더라도 우리의 에너지에 커다란 변화를 가져올 수 있다. 여기 일상에서 흔히 볼 수 있는 두 가지 사례가 있다.

▶▶ 당신은 친구에게 전화를 걸어야 할지 고민하다가, 기왕 해야 한다면 지금 하자고 결심한다. 그러나 통화가 끝난 후 당신은 녹초가 되어버린다. 이는 전화를 걸 시점을 잘못 골랐거나, 너무 오래 통화했거나 혹은 대화의 주제가 당신에게 부정적인 영향을 주었거나, 그것도 아니면 어떤 원인이 작용해서 당신과 통화한 친구가 당신의 에너지를 앗아갔기 때문이다.

▶▶ 친구들과 산책을 하던 볼프강은 자신이 조금씩 지쳐가는 것을 느끼고 잠깐 걸음을 멈추고 쉬어야겠다고 생각한다. 그러나 걸어가던 도중 그는 자신의 컨디션이 점점 좋아지고 있고, 다른 친구들도 자신과 비슷하다는 것을 느끼고는 더 오래 산책을 하기로 결정한다. 가벼운 산책을 하려던 것이 결국은 등산으로까지 발전한다. 등산을 하느라 몸은 피곤하지만 친구들과 함께 자연을 체험한 것이 볼프강에게는 에너지를 준다. 그날 밤 볼프강은 편안히 잠들었고, 다음 날도 긍정적인 에너지를 충전한 채 일어나서 그날의 과제들을 즐거운 기분으로 가볍게 처리한다.

우리가 사고와 감정을 바탕으로 어떤 결정을 내리면, 그 결정은 다시 우리의 태도와 행동을 결정한다. 이 모든 과정을 종합적으로 영혼의 업적이라고 부른다. 그리고 영혼의 업적이 에너지의 충만도를 결정한다.

모든 것을 단순하게 생각하는 현대 사회에서는 '업적'이라는 말을 조롱하는 경향도 적지 않다. 업적이라는 말은 '존재하는 것'과 '행동하는 것'을 모두 의미한다. 그리고 이 두 가지는 모두 성공의 전제조건이다. 우리는 에너지가 충분해야 성공할 수 있다. 즉, 경험을 통해 배운 것을 '존재'와 '행동'에 반영하는 것이 바로 영혼의 업적이다.

직관이 발달했다는 말은 에너지의 충만도를 더욱 높여줄 결정을 자주 할 수 있다는 것을 뜻한다.

우주에는 다음의 세 가지 형태의 에너지가 존재한다.

1. 일반적인 생명 에너지

2. 재생 에너지

3. 충전 에너지

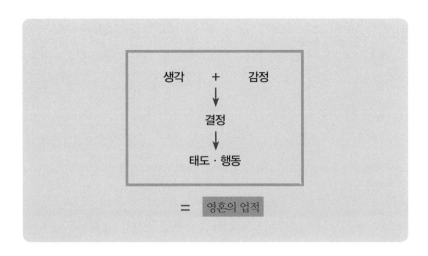

모든 영혼은 날 때부터 일정한 양의 생명 에너지를 기본적으로 가지고 태어난다. 그리고 그 양은 영혼의 발달수준에 따라 정해진다.

그러나 누구나 자신이 지닌 생명 에너지를 늘릴 수 있다. 일정한 양의 물을 유리컵에 따르고 밖에다 컵을 세워 놓았다고 상상해보자. 비가 오느냐(에너지 증가) 건조하냐(에너지 손실)에 따라 컵 안의 수위는 달라질 것이다. 마찬가지로 에너지 '수위'의 상승 혹은 하강 여부를 결정하는 것은 영혼의 업적이다. 또한 영혼의 업적은 나머지 두 형태의 에너지에도 영향을 미친다.

재생 에너지란 잠, 휴식, 이완, 그리고 영양분 섭취를 통해 얻는 에너지를 일컫는다. 여기서 말하는 영양분은 입으로 들어가는 영양분만을 의미하는 것이 아니라 호흡을 통해 얻는 에너지인 맑은 공기, 산소, 유익한 미생물 등과 피부를 통해 흡수되는 에너지인 목욕, 각종 치료요법, 마사지 등을 모두 포함한다.

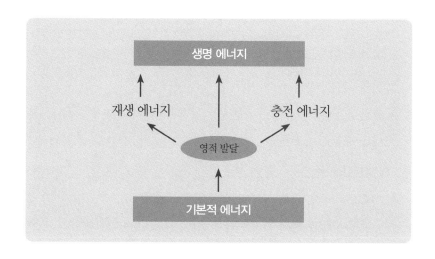

충분한 재생이 뒤따르지 않으면 우리의 신체기능, 뇌기능, 신진대
사가 원활하게 진행될 수 없다. 모든 신체기관과 세포는 끊임없이
재생되어야 한다.

무엇보다 우리 몸의 조정장치이자 제어장치인 뇌는 정기적으로 재생시
켜주지 않으면 기능을 제대로 수행할 수 없다. 뇌가 정기적으로 재생되어
야 직관이 자유롭게 흐를 수 있다. 재생 에너지는 우리 몸을 튼튼하게 만
들어주고, 우리의 영혼도 끊임없이 재충전시켜준다.

영혼을 '생명 건전지'에 비유해보자. '충전 에너지'는 이름에서 알 수 있
듯이 '생명 건전지'를 충전하는 에너지다. 그리고 때때로 '충전'과 '재생'
사이에 경계가 없어지기도 한다.

생명 건전지가 더 많이 충전되어 있을수록 우리는 더 많은 에너지로 채
워진다. 그리고 직관과 지능은 에너지와 관련되어 있으므로, 에너지가 많
을수록 우리는 직관과 지능을 더욱 잘 활용할 수 있다. 영혼을 충전하기
위해서는 다음과 같은 에너지원을 이용할 수 있다.

1. 친구들 그리고 배우자와의 영적·정신적 관계
2. 집중―영혼, 정신, 몸을 '지금, 이 자리'에 모으는 것
3. 해방―집착이나 중독은 에너지를 차단해버리지만 자유는 에너지를
   방출한다.
4. 올바른 결정
5. 기쁨, 사랑 등의 긍정적인 사고와 감정
6. 건강한 식습관, 몸에 좋은 영양분 섭취

7. 목욕과 치료요법

8. 유리한 지리적 요건—화산섬, 알프스 지방, 바다 등 '힘을 실어주는' 지역

6~8까지의 항목은 신체의 재생과 영혼의 충전, 둘 다에 도움이 된다. 그러나 우주 내의 모든 에너지 중 가장 강력한 에너지는 당연히 사랑이다. 사랑이 있어야 영적 · 정신적 우정을 맺을 수 있고, 기쁨 · 집중 · 해방감 등의 긍정적인 생각과 느낌을 가질 수 있다.

인간관계는 에너지를 더해줄 수도 있지만 앗아갈 수도 있다. 우리가 지닌 에너지의 양은 우리가 어떤 사람을 만나느냐에 따라 달라질 수 있다는 것이다. 언제 당신이 '충전'되는 느낌이 들고, 언제 '소모'되는 느낌이 드는지 관찰해보라. 당신의 상태와 당신이 만난 친구, 친척, 동료들 사이에서 어떤 상관관계를 발견하게 될지도 모른다. 우리에게 에너지를 주는 사람, 모범이 되는 사람, 우리를 성장시켜주는 사람은 '숫돌'과 같은 존재이다. 그들은 우리가 '보석'이 되도록 다듬어주기 때문이다. 그러나 우리의 에너

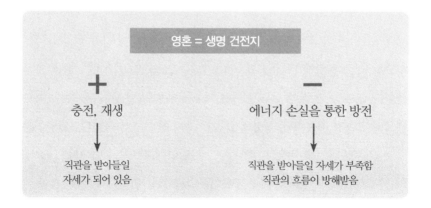

영혼 = 생명 건전지

\+ 충전, 재생 → 직관을 받아들일 자세가 되어 있음

\- 에너지 손실을 통한 방전 → 직관을 받아들일 자세가 부족함 직관의 흐름이 방해받음

지를 앗아가는 사람, 우리를 '닳게 만드는' 사람은 '맷돌'에 비유할 수 있다. 숫돌과 맷돌을 가려내기 위해서는 주의 깊게 평가하고 검토해야 한다. 같은 사람이라도 어떤 사람에게는 더할 나위 없이 좋은 대화 상대이지만 다른 사람들에게는 아주 좋지 않은 대화 상대가 될 수 있기 때문이다. 그 것은 각자의 느낌에 따라 판단하는 수밖에 없다.

우리의 에너지를 앗아가는 것은 꼭 사람이 아닐 수도 있다. 그 사람을 만나는 시간에 문제가 있을 수도 있다. 그 사람을 만나는 것보다 더 급한 일들이 기다리고 있을 때가 그 예이다. 혹은 그 사람과 나눈 이야기가 비판이나 험담 등 부정적인 내용이었을 경우도 마찬가지다. 또한 둘이 만나서 한 행동이 에너지를 소모시키는 것일 수도 있고, 그것도 아니라면 공기가 좋지 않은, 담배연기로 자욱한 술집에서 그 사람을 만났기 때문일 수도 있다. 이렇듯 우리가 에너지를 빼앗길 위험은 곳곳에 숨어 있다.

사람뿐만 아니라 동물이나 사물도 우리의 영적 발전을 크게 방해하거나 너무 많은 에너지를 앗아가버리는 '맷돌'이 되기도 한다.

우리는 때때로 일상생활에서 도무지 이해할 수 없는 사람들을 만나기도 한다. 그들은 우리를 화나게 만들고 신경을 긁으며, 우리가 지닌 약점만 골라 지적한다. 그러나 이런 사람들이 모두 우리의 에너지를 빼앗아가는 '맷돌'인 것은 아니다. 그들 중에는 우리를 돕기 위해, 우리의 약점을 극복하도록 만들기 위해 나타난 사람들도 있다. 그들은 '시금석'과 같은 사람들이다. 그들을 만날 때 우리가 어떤 태도를 취해야 할지를 끊임없이 점검해보게 만들기 때문이다. 직장 동료들이 주로 이 부류에 속한다. 그러나 친구나 가족 중에서도 이런 시금석 같은 사람이 있다. 이에 대해서는 〈공명의 법칙〉과 제2부 〈유혹물리치기〉를 참조하기 바란다.

어떤 책과 잡지를 읽고 어떤 영화를 보는가 하는 등의 대중매체를 접하는 습관도 에너지의 양에 영향을 줄 수 있다. 소음은 에너지를 훔쳐가는 주요 요인에 속한다. 너무 많은 정보나 동작을 끊임없이 주입하면 뇌와 신경계에 무리가 가해지고 이는 결국은 에너지 손실로 이어진다.

과로를 했을 때에는 에너지의 양이 줄어드는 것을 확실하게 알 수 있다. 기진맥진할 정도로 피로해지는 원인에는 일에 대한 우리의 가치관도 포함된다. 앞에 소개한 에너지원 중 다섯 번째 항목인 '긍정적인 사고와 감정'을 어떻게 활용하는지에 따라 피로한 느낌이 달라지는 것이다. 누구나 일이 재미있고 만족스러운 경우 아무리 오래 일해도 전혀 피로하지 않았던 경험을 해보았을 것이다.

> 일할 때의 감정과 사고는 우리의 에너지 '수위'를 조절하는 데 결정적인 역할을 한다.

돈은 물질적 에너지다. 돈을 쓰는 방법도 에너지가 늘어나고 줄어드는 것과 관련이 있다. 여기에서도 정신의 법칙이 작용한다. 지나치게 낭비하는 태도와 구두쇠 같은 태도, 두 가지 모두가 많은 에너지를 소모한다. 불필요한 물건들을 사고 난 뒤 실제 주머니에서 나간 액수의 두 배쯤 돈을 쓴 것 같은 기분이 든 적이 있을 것이다. 불필요한 물건을 구매할 경우 가장 문제가 되는 것이 그 물건을 사도 전혀 기쁘지가 않다는 것이다. 기쁘다는 느낌도 일종의 에너지다. 반면, 꼭 필요한 물건에 혹은 건강 유지를 위해 지출을 한 경우, 결과적으로 볼 때 오히려 이전보다 풍요로워진 결과가 된다.

영적·정신적 발달과 삶의 과제에 도움이 되는 적절한 강습이나 세미나에 금전을 투자하는 것 또한 물질적 에너지와 정신적 에너지 모두를 상승시킨다.

도박의 경우 이 법칙은 강력한 효력을 발휘한다. 도박으로 들어온 돈은 보통 '손가락 사이로' 모두 빠져나가게 마련이다. 그리고 좋은 목적으로 기부금을 낼 때도 주의를 기울일 필요가 있다. 세심하게 판단하고, 자연의 법칙이나 자신의 내면에 다시 한번 물어본 다음 기부를 해야 한다.

재테크는 직관을 시험해볼 수 있는 좋은 분야다. 그러나 이 분야에서 직관적 지능을 활용하여 성과를 거두려면 먼저 정치적·경제적 주변 상황을 파악한 다음 충분한 자금을 가지고 장기적인 시각으로 뛰어들어야 한다. 재테크 방법에 대한 구체적인 지식은 부족하면서 영감 하나만으로 덤벼서는 아무런 성과도 거둘 수 없다.

에너지가 줄어드는 것이 위험한 이유는 에너지가 바닥났을 때가 되어서야 우리가 그 사실을 알아차리기 때문이다. 그렇다면 우리가 가지고 있는 건전지가 '약이 닳아가는 것', '램프의 불이 희미해져가는 것', 심지어는 '단선'의 위험조차 도사리고 있다는 것을 제때에 알아내기 위해서는 어떻게 해야 할까? 우리의 감각을 예리하게 단련하고 우리 몸이 말하고자 하는 바를 더 잘 들을 수 있도록 더 예민해져야 한다. 이를 통해 오히려 직관을 향상시킬 수 있고 나아가 직관적 지능을 발달시킬 수도 있다! 이러한 작용을 통해 우리는 신과 자연의 법칙이 우리에게 전하고자 하는 경고에 대해서도 더욱더 주의를 기울이게 될 것이다.

직관적 지능은 에너지 손실을 막아준다.

에너지의 낭비와 손실을 예고하는 증상으로는 피로, 피곤, 무기력, 절망과 우울증, 불면증, 신경과민, 두통, 순환기 장애 등이 있다. 원칙적으로 모든 질병은 에너지 손실을 의미한다.

불면증도 자연의 법칙이 작용한 결과다. 어떤 이유에서든 에너지를 쓰고 나면 인과율의 법칙에 따라 우리가 지닌 에너지는 그만큼 줄어든다. 이 경우, 자연의 법칙은 중요한 재생과정인 수면시간을 줄여버린다. 물론 이것은 한 가지 사례에 불과하다. 다른 많은 요인들도 불면증을 초래할 수 있다. 말하자면 자연의 법칙은 우리가 낭비한 만큼의 에너지를 우리로부터 다시 한번 앗아가는 것이다.

위의 예에서 우리는 에너지는 에너지로 갚아야 한다는 또 하나의 자연의 법칙을 발견할 수 있다. 무(無)에서 유(有)를 만들어낼 수는 없다. 주고받는 것이 균형을 이룬 삶이 진실로 조화로운 삶이다. 이와 관련해 다음의 사례를 살펴보자.

▶▶ 한 심리치료사가 있다. 그는 가끔 친구들에게는 무료로 상담을 해주고 싶어 한다. 물론 친구들 사이에서 그 정도의 호의는 '어느 정도까지는' 허용된다. 그러나 정도가 조금만 지나쳐도 '에너지는 에너지로 갚아야 한다'는 법칙이 어김없이 적용된다.

즉, 치료사가 자신에게 준 만큼의 에너지를 갚지 않으면 치료효과가 나타나지 않는다는 뜻이다. 이때 에너지는 비단 돈만을 의미하지는 않는다.

이 법칙은 주기와 받기, 긴장과 이완, 그리고 일과 휴식 사이의 균형을 강조하며, 나아가 모든 일에 있어서 정도를 지켜야 한다는 것을 가르쳐준다.

에너지를 증가시키거나 감소시키는 요인들은 서로 긴밀하게 얽혀 있다. 에너지의 흐름 그리고 직관과 지능의 흐름을 스스로 조절하려면 자신이 주변 세상과 밀접한 관련을 맺고 있다는 사실을 받아들이고, 그 둘을 하나의 단위로 보아야 한다. 또한 자신이 세계를 구성하는 하나의 톱니바퀴라는 것을 알고, 우주와 우주의 법칙이라는 큰 바퀴와도 조화를 이루어야 한다. 모든 인간은 대우주를 구성하는 하나의 소우주라는 사실을 마음 깊이 새겨놓기를 바란다.

시간은 곧 에너지다

다음 사례에는 에너지와 시간 활용과의 관계가 잘 나타나 있다. 또한 이 사례는 오성에 따른 결정과 감정에 따른 결정이 가져오는 결과가 얼마나 다른지도 잘 보여준다.

▶▶ 아니타는 파티에 초대받았다. 파티를 즐기던 중 갑자기, 이제 그만 집으로 가는 것이 좋겠다는 느낌이 든다. 그러나 그녀는 그 느낌에 따르지 않고 친구들과 계속해서 수다를 떤다. 더 이상 그 자리에 있어봤자 별로 즐겁지 않을 것이라는 예감이 들지만 그녀는 그만 집으로 가고 싶다는 말을 하지 못한다. 한 시간이 지난 뒤에야 그녀는 파티장을 떠난다.

침대에 누워서도 그녀는 오랫동안 잠을 이루지 못한다. 잠깐 잠들었다가 다시 깨어나 뜬눈으로 한 시간을 보낸다.

아니타의 내면의 목소리가 집에 가야 할 올바른 시각을 알려주었음에
도 불구하고 그녀는 시간을 낭비했다. 시간은 곧 에너지이고, 여기에서도
'에너지는 에너지로 갚아야 한다'는 법칙이 적용된다. 이에 따라 그녀에게
는 재생에 필요한 에너지가 얼마 남아 있지 않았다. 물론 그날 밤 아니타
가 편안히 잠을 이룰 가능성도 있다. 그 대신 다음 날 하루 종일 시간에 쫓
기는 듯한 느낌이 들거나 일을 계획대로 못 해낼 것이다. 이것도 에너지의
법칙이 작용한 결과다.

반대로 이런 경우도 생각해볼 수 있다. 집으로 가야겠다는 생각이 든 것
은 어쩌면 그녀의 오성이 지시한 것일지도 모른다. 다음 날 할 일이 많거
나 혹은 다른 이유가 있어서 오성이 그렇게 판단했을 것이다. 그러나 그
녀의 느낌, 그녀의 내면의 목소리는 오성으로 설명할 수 없는 어떤 이유로
인해 그녀에게 한 시간을 더 머물도록 지시한 것이라고 생각해보자. 만약
그렇다면 그녀는 시간을 낭비한 것이 아니다. 그 한 시간 동안 그녀가 나
눴던 대화가 분명 그녀에게 도움이 됐을 것이기 때문이다.

자아가 어떤 일을 하라고 계속 우리를 다그칠 때, 우리가 내면의 목소리
를 듣지 않고 오성의 지시가 더 논리적이라 생각해서 그것을 행동에 옮긴
다면, 그것은 시간 낭비이자 에너지 낭비이다. 이러한 사실을 염두에 두고
조금만 더 주의를 기울이면 자연의 법칙들 속에 숨어 있는 원리를 쉽게 알
수 있다.

그리스어에는 '시간'을 뜻하는 단어가 두 가지 있다. 크로노스(chrónos)

와 카이로스(kairós)가 그것이다. 크로노스는 측정할 수 있는 시간 단위, 즉 '겉으로 드러나는' 시간을 의미한다. 정밀한 시간을 측정하는 '크로노미터'나 연대기를 뜻하는 '크로놀로지'도 여기에서 온 말이다. 반면, 카이로스는 질적인 시간, '내적' 시간을 뜻하는 것으로, 어떤 시점의 옳고 그름을 판단하는 기준이 된다. 즉, 카이로스는 내면의 목소리로 측정할 수 있는 시간이다.

"시간이 참 빨리도 간다" 혹은 "어느새 시간이 이렇게 흘러가 버렸지?"와 같은 말들을 우리는 수도 없이 자주 한다. 반면 시간이 멈춰버린 것 같은 순간도 있다. 이러한 차이는 어디에서 오는 것일까?

시간도 에너지다. 시간이라는 에너지를 어떻게 활용할 것인지는 우리 스스로 결정한다. 시간을 잘 활용한다는 말이 매분, 매시간 능동적인 활동을 해야 한다는 말은 아니다. 시간을 능률적으로 활용한다는 말은 카이로스에 대해 잘 알고 있다는 말이다. 카이로스 안에서 에너지는 균형을 이룬다. 집중과 휴식 사이의 균형이 잡혀 있다. 하루 종일 바쁘게 움직이며 끊임없이 뭔가를 했다 하더라도 자연의 법칙이라는 잣대로 보면 시간을 의미 있게 활용한 것이 아닐 수도 있다. 시간이라는 에너지를 효율적으로 활용한다는 말은 무엇보다 자신의 영혼과 정신, 그리고 몸을 한자리에 모아 집중하는 것을 말한다. 그렇게 하다 보면 어느 순간 갑자기 자신이 생각하는 것보다 시간이 훨씬 많아졌다는 것을 느끼게 된다. 그리고 그렇게 늘어난 시간을 활용해 자신에게 꼭 필요한 휴식을 취할 수 있게 된다.

일상생활에서 시간과 에너지 사이에 어떤 연관성이 있는지 관찰해보라. 직관적 지능이 발달한 사람은 그 연관성을 쉽게 발견할 것이고, 자기계발에 도움이 되는 일, 기쁨을 가져다주는 일만 하면서 시간을 보낼 수 있을 것이다.

인간에게 시간은 제한된 것이지만 우주적 차원, 영적인 삶의 차원에서 볼 때 시간은 무한한 것이다. 시간의 무한성은 태양계만 보더라도 쉽게 알 수 있다. 태양계라는 드넓은 공간의 규모를 상상하기 어려운 것과 마찬가지로 태양계가 생성되어온 기간 또한 상상할 수 없을 만큼 기나긴 시간이다. 그렇다면 태양계 외에도 수많은 은하계를 지닌 우주라는 차원에서 바라본 시간은 얼마나 무한하겠는가!

법칙 4 : 공명의 법칙

공명(共鳴)의 법칙은 여러 개의 문을 동시에 열어줄 열쇠와 같은 법칙이다. 이 열쇠는 먼저 자기 인식의 문을 열어준다. 자신의 성격상의 특징과 행동양식을 분명하게 보여주며, 약점을 없애도록 자극을 준다. 이 열쇠로 열 수 있는 두 번째 문은 인간관계의 문이다. 이 법칙을 잘 활용하면 다른 사람을 대할 때 좀 더 열린 자세와 더 큰 이해심을 보여줄 수 있고, 그 사람들과 원활히 의사소통을 하고 협동하며 조화롭게 살아갈 수 있다. 세 번째로 공명의 법칙은 우리가 먹으면 백 배는 더 현명해질 수 있는 '지능 알약'이 가득 든 보물의 방을 여는 열쇠이기도 하다.

그런데 이 열쇠는 매우 무겁다. 그렇기 때문에 많은 이들이 이 열쇠를 활용하는 법을 배우기도 전에 던져버린다. 귀찮은 짐이기 때문이다. 그러나 이 짐을 잘 '들고 갈 수만 있다면' 그에 대한 보상은 충분히 받을 것이다.

다른 사람의 약점과 실수는 쉽게 발견하면서 자신의 약점과 실수 앞에서 우리는 눈뜬장님이 된다! 다른 이들의 약점이 더 눈에 잘 띄는 이유는 무엇일까? 혹은 내 여자친구가 좋아하는 사람이 왜 내게는 거슬릴까? 모든 것이 '나'로 인한 것은 아닐까?

내 눈에 거슬리는 모든 것들이 내 안에도 있다!

영어 관용구 중에 거울의 법칙, 다시 말해 공명의 법칙을 잘 드러내주는 것이 있다. 어떤 사람이 화를 낼 때 상대방이 "Look who is talking!"이라는 표현을 흔히 쓰는데, 번역하면 "누가 할 소릴!"이라는 뜻이 된다. 자신에게 거슬리는 일들을 바로 이러한 관점에서 바라보면 매우 흥미로운 자기 발견의 여행을 할 수 있다. 그리고 우리는 이 여행을 하는 동안 자기 자신에 대해 많은 것을 알게 될 것이다.

앞서 에너지의 법칙에 대해 이야기하면서 우리는 자기를 알아가는 과정에서 타산지석으로 삼을 수 있는 사람들을 '시금석'이라고 이름 붙였다. '시금석'이란 우리를 비추는 거울 같은 사람, 우리의 행동을 돌아보게 만드는 사람들이다. 화를 낼 때와 가라앉힐 때, 어떤 일을 비판할 때와 있는 그대로 수용할 때, 자기주장만 고집할 때와 객관적인 태도를 가지려고 노력할 때 등 우리는 언제든지 우리 행동을 그 거울에 비춰볼 수 있다. 따라서 시금석은 보석만큼이나 가치 있는 것이다. 가장 친한 친구가 우리의 시금석이 될 수도 있고, 우리 스스로가 다른 사람의 발전에 도움이 되는 시금석이 될 수도 있다.

공명의 법칙의 바탕이 되는 것은 앞서 말한 인과율이다. 우리는 우리와 같은 약점이나 강점을 보여주는 사람들에게 끌리는 경향이 있다. 거울에 나타나는 상(像)은 우리의 행동을 '공명'해준다. 공명의 법칙은 아직 음정을 조율하지 않은 '현(絃)'까지도 다른 현과 화음을 이루도록 도와준다. 이 때문에 '공명의 법칙'이라 불리는 것이다.

이 법칙은 자기 인식과 영적 발달에 커다란 도움을 준다. 다른 사람의 행동이 우리 눈에 거슬릴 때, 우리는 이에 주의를 기울이게 되고 자신의 행동양식을 되돌아보게 된다. 그렇게 해서 자신의 단점을 개선하는 것이다. 물론 개선하려는 의지가 있을 때만 그렇다! 자신의 잘못을 인정하는 것보다는 남의 흠을 꼬집는 것이 훨씬 편하기 때문에 우리는 개선하려는 의지 자체가 없을 때도 많다.

이제 몇 가지 예를 들어 일상생활에서 '거울' 속에 있는 자기 모습을 발견하고 이를 통해 자기 발전에 이용할 수 있는 방법을 알아보자.

▶▶ 어떤 토론 모임에 나서기 좋아하는 사람이 한 명 있다. 그는 다른 사람의 말을 끝까지 듣는 법이 없으며 다른 사람들에게 말할 틈도 주지 않는다. 이에 대해 당신이 취할 수 있는 반응에는 여러 가지가 있다.
1. 그 사람의 특성을 알아차리긴 하지만, 어떤 행동을 취하지는 않는다.
2. 그 사람과 설전을 벌이고 그의 말을 끊으려고 한다. 토론이 끝난 후에는 뒤에서 그를 한바탕 헐뜯거나 그 사람을 직접 비난한다.
3. 완전히 코너에 몰린 듯한 느낌이 들어 대응할 엄두조차 못 낸다. 그러다 나중에 의견을 제대로 발표하지도 못하고 의지를 관철시키지도 못한 자신에게 화를 낸다.

위의 사례에서 나서기 좋아하는 사람의 약점은 지나친 과시욕, 아는 체하기, 자신의 주장만 옳다고 고집하기 등이다. 1번 반응을 보이는 사람에게는 이런 약점이 없다. 2번 반응을 보이는 사람은 그 사람과 비슷한 문제를 지니고 있다. 당신이 2번에 속한다면 거울에 비친 자신의 모습을 잘 관찰해야 할 것이다. 그리고 3번 그룹에 속하는 사람은 그 사람과 정반대의 약점을 지니고 있다. 3번 그룹 사람의 약점은 자신의 의견을 주장할 용기의 부족 혹은 자신감 부족이다.

거울에는 자신의 행동양식과 같은 상이 비칠 수도 있고 정반대의 상이 비칠 수도 있다!

▶▶ 한 쌍의 남녀가 있다. 좀처럼 말이 없는 남자는 여자가 몇 번이고 반복해서 물어보아야 겨우 대답을 한다. 그녀는 그의 이런 점을 마음에 들어 하지 않는다. 반면 그녀는 말이 너무 많아서 문제다. 특히, 별로 중요하지 않은 일들에 대해서 그녀는 말이 많다.

▶▶ 상담 세션에 참가한 한 여성은 다른 참가자 A가 언제나 머리부터 발끝까지 말쑥하게 차려입고 나타나는 것을 못마땅해한다. A는 자신에게 잘 어울리는 옷을 골라 입을 줄 알았고 구두까지 항상 맞춰 신었다. A의 모습을 보고 이 여성은 자신이 외모에 너무 소홀했음을 깨닫는다.

공명의 법칙은 "아!" 하고 외치면 "아!" 하고 메아리가 돌아옴을 뜻한다. 그런데 이 부메랑이 항상 내가 던진 방향에서 날아오는 것은 아니다. 만약 직장 동료들이 당신에게 비난세례를 퍼붓는다면 자신의 내면을 진솔하게 들여다보고, 당신이 집에서 배우자나 아이에게 똑같이 하고 있지는 않은지 생각해보라.

▶▶ 한 기업가가 있다. 그는 하청업체와 거래처가 자신에게 부당하게 많은 대금을 청구한 것을 알고 불같이 화를 낸다. 게다가 직원들이 공금을 횡령한 일이 발생한다. 이 순간 그가 바라보는 '거울'에는 무엇이 비춰질까? 바로 정직하지 못한 자신의 태도다. 그 사장도 경쟁업체와 불법적인 계약을 체결하고, 불법 노동자를 고용하고 있었다. 자신이 거래처와 직원을 대하는 태도 역시 정직하지 못했던 것이다.

▶▶ 프란츠의 주변에는 우유부단하기 짝이 없는 사람들이 많다. 무엇보다 직장 동료와 사장이 그런 태도를 보이는 것을 그는 참을 수가 없다. 직장의 여러 가지 일에서 시원시원하게 결정을 잘 내리는 프란츠 주변에 왜 이런 사람들이 모이는 것일까? 문제는 프란츠의 사생활에 있었다. 오래전부터 그는 여자친구와의 문제를 어떻게 해야 할지 결정하지 못하고 있다.

▶▶ 여자친구와 같이 살고 있는 여성이 있다. 그 친구는 항상 싱크대 문을 닫지 않았는데, 그녀는 그게 너무 싫었다. 아무리 주의를 주고 부탁을 해봐도 소용없었다. 어느 날 아침, 전철을 타고 가던 중 그녀는 싱크대 문을 열어두는 법이 없는 자신에게 왜 이런 친구가 있는지 생각해보았다. 그때 어떤 생각이 그녀의 뇌리를 스쳤고, 그녀는 웃을 수밖에 없었다. 현재 그녀는 직업적으로나 개인적으로, 비유적으로 말해서 '문을 닫아야' 할 상황에 처해 있었던 것이다. 그러나 용기가 없는 그녀는 '발 하나를 문틈에 끼워놓은 채' 세월만 보내고 있었던 것이다.
이 사실을 깨달은 그녀는 먼저 자신의 마음속에서 직장과 특정 인물들을 하나씩 지워나갔다. 그리고 얼마 후에는 이를 실제로 행동에 옮겼다. 그 후로 싱크대 문이 열려 있는 적은 없었다.

우리를 가장 잘 보여주는 거울은 아이들이다. "자식이 부모를 가르친
다"는 말도 이런 이유에서 나왔다. 아이들을 거울삼아 자신을 되돌아보는
것에 익숙해지면 부모는 스스로에 대해 훨씬 더 많은 것을 알게 되고, 더
나은 사람이 되려고 노력하게 될 것이다.

▶▶ 세 아이를 둔 친구가 이런 말을 한 적이 있다.

"아이들은 마치 내 말과 행동을 전부 녹화해두었다가 고스란히 다시 보여
주는 비디오카메라 같아. 내가 기분이 상해 있으면 아이들도 투덜대고, 내
가 남편에게 심한 말을 하면 아이들도 꼭 내 잘못을 지적하거든."

▶▶ 다른 친구 한 명도 위의 의견에 동의한다.

"아이들이 우리를 비추는 거울이라는 사실을 나와 남편이 알게 된 다음부
터는 '한바탕 난리'를 치르는 일이 거의 사라졌어. 아이들이 내 말을 듣지
않고 하지 말라는 것만 골라서 할 때면 나는 스스로에게 물어봐. 내가 내
면의 목소리와 신의 목소리에 귀 기울이지 않고 있지는 않은지, 해야 할
일을 미루고 있지는 않은지 등을 말이야. 그 질문에 대한 답을 찾아서 거
기에 맞게 행동하다 보면 어느새 아이들도 다시 얌전해져 있다니까! 한번
은 이런 적도 있었어. 아들아이가 귀에 통증을 호소하기 시작했었는데, 남
편은 아이가 아픈 것이 자기의 현재 모습을 선명하게 보여주는 '거울'이라
는 거야. 자아만 내세우며 융통성 없이 결정을 내리는 자신의 태도에 문제
가 있다고 내면의 목소리가 경고를 보내왔지만 자신이 이를 무시했다고

말했어. 결국 남편이 자신의 태도를 바꿨지. 믿기 어렵겠지만, 그러고 나니 아들아이의 통증도 감쪽같이 사라졌어."

▶▶ 딸아이를 둔 친구는 이런 이야기를 들려주었다. 딸의 방에는 너무나 많은 잡동사니들이 널려 있어서 방문을 열기조차 힘들고, 정리를 하라고 딸아이를 매일 야단쳐도 그 버릇이 안 고쳐진다는 것이다. 그런데 정리정돈이라면 누구에게도 뒤지지 않을 만큼 청결한 그녀에게 왜 이런 딸이 있었던 것일까? 딸아이라는 거울은 그녀가 '병적으로' 청소에 집착하고 '지나치게' 꼼꼼하다는 것을 정반대의 모습으로 보여준 것이다.

▶▶ 한 여성 상담자가 아홉 살 난 딸이 학교에서 주의가 산만해 걱정이라고 했다. 그런데 그 상담자는 자기 자신도 주의가 산만하고 신경과민이라는 사실을 알게 됐다. 그때부터 그녀는 신경안정과 집중력 향상을 위해 꾸준히 치료를 받았다. 어느 날 딸아이의 선생님은 아이가 훨씬 차분해졌고 집중도 잘하고 있다고 말해주었다.

▶▶ 한 친구가 전화를 해서 방금 어딘가에 머리를 세게 부딪쳤다고 하소연한다. 열한 살 된 딸아이가 계속 말을 거는 바람에 잠깐 주의를 기울이지 못한 탓이라고 했다. 그리고 자기 딸은 자신이 원하는 건 그 자리에서 얻어내야 직성이 풀리고 잠시도 기다릴 줄 모른다고 했다. 그런데 그 전날 저녁 그녀는 남편한테 상처를 줄 걸 뻔히 알면서도 자신이 남편을 거침없이 비난한다고 말했다. 먼저 자신부터, 그것도 지금 당장 그런 습관을 버려야 한다는 것을 그녀는 깨달았다. 우리는 그녀의 행동과 딸의 행동 사이의

연관성을 쉽게 알 수 있다. 딸아이가 그녀의 모습을 고스란히 비추는 거울인 것이다. 그 이후로 그녀는 먼저 자신의 약점부터 없애려고 애썼다. 그랬더니 그녀의 딸도 훨씬 사려 깊은 아이가 되었다.

▶▶ 한 여성 상담자의 어린 아들이 갑자기 거짓말을 하기 시작했다. 이것은 그녀의 남편의 잘못된 습관을 보여주는 것이었다. 그녀의 남편은 방해받기 싫을 때면 자신에게 전화가 걸려와도 없다고 말하라고 시키는 등 자주 변명을 둘러대는 사람이었다.

공명의 법칙을 마음에 새기고 자녀들을 바라보면 죄책감이 들 때가 많다. 어쩌면 아이들의 모든 잘못이 자기 때문이라는 생각이 들 수도 있다. 하지만 그럴 필요는 없다. 여기에서 중요한 것은 누구의 잘못이냐를 따지는 것이 아니라 경험을 통해 배우는 것이기 때문이다.

그렇다면 공명의 법칙을 이해하기 위해서는 모든 사람의 입장에 서보아야 하는 것일까? 물론 그렇지 않다. 중요한 것은 신경에 아주 거슬리는 태도를 지닌 사람, 우리를 화나게 하거나 곤경에 빠뜨리는 사람, 험담을 늘어놓게 만드는 사람들의 행동양식이다. 앞서 언급한, 나서기 좋아하는 토론 상대의 예를 생각해보자. 그에 대해 사람마다 다양한 반응을 보이지 않는가? 그중에서 자신과 관련된 거울만 자세히 관찰하면 되는 것이다.

앞서 말했듯이 공명의 법칙은 반대로도 작용한다. 우리가 다른 사람의 거울이 될 수도 있다는 말이다. 만나는 사람이 달라질 때마다 자신이 다르게 행동한다는 것을 느껴본 적이 있을 것이다. 얼마 전 한 상담 세션 참가자에게 다음과 같은 이야기를 들었다.

▶▶ "어느 날 저녁, 나는 직장 동료와 함께 앉아 있었어요. 그녀는 내게 자기는 나를 굉장히 높이 평가하고 있으며, 지금까지 만난 직장 동료 중 최고라고 했어요. 다음 날, 나는 사무실에서 다른 여직원과 말다툼을 벌였는데, 그 여직원은 내가 지금까지 만난 직장 동료 중 최악이라고 말했어요. 나는 직장 동료로서 최고일까요, 최악일까요? 물론 둘 다일 가능성이 많겠죠. 그런데 첫 번째 동료는 친근감이 가는 개방적인 사람이고, 두 번째 동료는 겁이 많은데 그것을 감추려고 겉으로 강한 체하는 사람이라는 것이 보였어요. 그러니까 첫 번째 경우는 나도 친근한 모습을 보여주었고, 두 번째 경우에는 나도 모르게 강한 척했던 것이죠."

거울에 비친 자기 모습을 알아차리기가 쉬운 일은 아니다. 그렇지만 공명의 법칙을 염두에 두면서 자신의 태도를 끊임없이 관찰하고 그것에 대해 질문해보는 습관을 지니면 어느 정도 도움이 된다. 성급하게 달려들지 말고 시간을 두고 노력하다 보면 이 법칙은 아주 유익한 삶의 동반자가 되어줄 것이다.

남자와 여자는 매우 다른 강점과 약점을 지니고 있다. 고쳐야 할 성격에 있어서도 남자와 여자는 큰 차이를 보인다. 따라서 여자가 여자를 비추거나 남자가 남자를 비출 때 일반적으로 더 정확한 상(像)을 볼 수 있다. 동성의 모습에서 자신을 발견하기가 더 쉽고, 동성끼리 비교하며 성격을 고쳐나가기가 더 쉽다는 말이다. 이런 점에서 동성 간의 영적·정신적 우정과 교류는 매우 중요한 의미를 지닌다.

앞서 말한, '지능 알약'으로 가득 찬 보물의 방 안으로 발을 깊이 들여놓기 위해서는 오랜 기간에 걸쳐 중립적인 입장에서 솔직하게 자기 자신과 다른 사람들을 대하는 훈련을 해야 한다. 그 방에는 자기 발전과 조화로운 삶을 가능하게 해주는 참된 보물들이 가득하므로 분명 고된 훈련을 할 가치가 있다.

공명의 법칙을 알고, 익히고, 이 법칙에 따라 사는 것은 내면의 목소리를 계발하는 방법인 동시에, 우리의 직관적 지능이 지금 어디쯤 와 있는지를 알아볼 수 있는 이정표를 갖는 것이다. 앞으로도 공명의 법칙에 대한 이야기가 여러 번 나올 것이다. 그때마다 우리는 거울에 비친 상이 지니는 의미를 다양한 시각에서 살펴볼 수 있을 것이다.

법칙 5 : 불간섭의 법칙

불간섭의 법칙도 자연의 법칙의 중요한 근간을 이룬다. 사람들이 이 법칙을 잘 지킨다면 세상은 지금보다 훨씬 더 조화로운 곳이 될 것이다.

자신을 개선하는 것보다 더 중요한 것은 다른 사람을 개선하려 들지 않는 것이다!

다른 사람의 일에 간섭하기 좋아하는 습관은 직관적 지능의 계발을 방해한다. 그 습관 때문에 우주의 법칙으로 가는 길이 더욱 험난해진다.

여기에서 말하는 간섭은 다른 사람의 삶에 끼어드는 것, 다른 사람의 생각을 간섭하는 것을 말한다. 쉽게 말해 자기와 관계없는 일에 참견하는 것이다.

간섭할 때 우리가 즐겨 쓰는 변명은 "다 좋은 뜻에서 그러는 것"이라는 말이다. 이 말을 하고 싶을 때면 '좋다'의 반대말이 '좋은 뜻에서 하다'라는 것을 기억하라.

간섭은 '광적'으로 남을 도우려는 마음, 그리고 자신의 의무를 잘못 이해하는 것과 '샴쌍둥이'이다. 그 뒤에는 사랑받고 인정받고 싶은 마음, 다른 사람에게 필요한 사람이 되기를 바라는 심리가 숨어 있다. 즉, 간섭을 하는 가장 중요한 동기는 '도와주기 위한 것'이 아니라 그렇게 하지 않으면 외면당할까 봐, 외로울까 봐, 소중한 사람을 잃거나 그 사람에게서 버림받을까 봐 등의 두려움이라는 말이다. 이런 동기들은 우주의 지혜와의 연결고리를 절대로 탄탄하게 만들어주지 못한다. 두려움은 직관을 가로막는다.

교만, 독단적이고 배타적인 태도, 비난을 일삼기, 고집, 포기하지 못하는 태도 등의 태도 때문에 우리는 남의 일에 간섭하게 된다. 우주의 지혜를 받아들이는 것을 방해하는 이러한 부정적인 특성들은 이기적인 자아에서 비롯된 것들로서, 직관적 지능의 계발도 방해한다. 또한 이 특성들은 우리의 에너지를 앗아간다. 우리가 자연의 법칙을 따르지 않기 때문이다. 에너지가 줄어들면 직관과 함께 매력도 줄어든다. 결국 우리의 이미지가 나빠지는 것이다. 결국 간섭은 악순환을 반복하면서 성공적인 삶으로 가는 길을 훨씬 더 좁혀버린다.

▶▶ 가족 안에서는 간섭이 쉽게 일어난다. 할아버지와 할머니는 자녀의 자녀, 즉 손자의 교육에 간섭하기를 좋아한다. 지금은 부모가 된 그들의 자녀 또한 자신들의 좋은 충고가 없었다면 올바르게 자라지 못했을 것이라는 것이 그들의 변명이다. 그러면서 그들은 주로 며느리나 사위를 희생양으

로 삼는다. 이때 부모들은 흔히 자신을 낳고 길러준 부모 앞에서는 자기들
도 언제까지나 아이일 수밖에 없다고 생각한다.

▶▶ 배우자도 자주 '애용되는' 간섭의 표적이다. 상대방을 자기가 원하는
모습으로 바꿀 수 있다는 환상 때문에 "이건 이렇게 하고, 저건 저렇게 하
라", "그건 그렇게 해서는 안 된다", "내가 하는 거나 잘 봐라" 같은 말을
끊임없이 내뱉으며 간섭을 하게 된다.

▶▶ 간섭하기 좋아하는 사람들은 친구나 동료들 중에서도 희생양을 찾아
낸다. 자신이 다니는 직장과 살고 있는 아파트 단지에서 '건의함' 역할을
자청해왔다는 상담자가 있었다. 그녀는 자신은 모르는 게 없으니 어떤 문
제도 해결할 수 있다고 생각해서 결국은 자신이 병이 들 때까지 다른 사람
을 도우려고 했다.

▶▶ 물어보지도 않는데 직장 동료에게 개선안을 제시하는 것 또한 일종의
간섭이다. 우리는 이런 식으로 은근히 상대를 비난하거나 자신의 지식을
뽐내려 한다.

▶▶ 어떤 식습관이 자신에게 맞다고 해서 모든 사람들에게 맞으라는 법은
없다.

간섭은 특정 종교를 믿는 사람이 상대방에게도 그 종교를 강요하는 것
과 비슷하다. 과연 우리에게 그럴 권리가 있을까? 당연히 없다. 인과율이

다른 사람에게 무엇이 옳고 그른지를 지적해야 할 의무에서 우리를 해방시켜주었기 때문이다. '내' 의견이 옳다는 확신은 도대체 어디에서 오는가? 내가 해본 일들 중 어떤 것을 남들도 해보아야 하고, 어떤 것을 하지 말아야 할지 어떻게 알 수 있단 말인가? 자신의 직관을 따른답시고 계속해서 남의 일에 간섭하고, 물어보지도 않는데 충고를 하다 보면 결국에는 직관이 우리를 잘못된 길로 안내할 수도 있으니 주의해야 한다.

물어보지도 않는데 해주는 조언은 '폭언'이다.

상대방에게 필요할 것이라고 짐작해 무턱대고 충고를 하는 것은 그 사람의 영적 발달을 가로막는 것이다. 그 사람의 '무대'를 망치고 학습과정을 끊어버리는 것이다. 인생이라는 학교에 들어가지 못하게 그 사람의 앞을 막는 행위요, 스스로 깨달을 수 있는 기회를 앗아버리는 것이다. 그러면서 우리는 '전지전능한 신'의 역할을 하려고 한다. 이것 또한 일종의 자기 과시욕이다. 또한 남에게 행한 것이 결국은 내게 돌아온다는 사실을 잊어서는 안 된다. 즉, 남의 기회를 계속해서 빼앗다보면 귀중한 경험을 통해 통찰력을 발달시킬 수 있는 우리 자신의 기회를 스스로 차버리는 결과를 불러오게 된다.

그렇지만 누군가 우리에게 의견을 물어올 때는 이와 다르다. 질문이나 부탁을 받았을 때에는 우리의 의견과 제안을 말해도 괜찮다. 다만, 의견이나 제안을 낼 때에는 최대한 중립적인 입장을 취하도록 주의해야 된다.

우리 스스로를 개선하는 것이 다른 사람을 가장 잘 도울 수 있는 방법이다. 솔선수범하며 긍정적인 모범을 제시하는 것이야말로 가장 효과적인 도움이다.

아래 그림을 보면 인과율이 어떻게 작용하는지 잘 알 수 있다. 다른 사람을 개선하겠다며 간섭하는 것은 그 사람에게 피해만 줄 뿐이다. 그보다는 우리 스스로를 개선해 모범을 제시하는 것이 그 사람을 진정으로 돕는 길이다.

다른 사람에게 무엇이 옳고 그른지를 가르쳐주고, 그 사람이 제공한 원인에 대해 어떤 결과가 나오는지를 보여주는 것은 자연의 법칙이 할 일이지 우리가 해야 할 일이 아니다. 이러한 법칙은 개인들의 관계에서뿐만 아니라 국가 간에도 적용된다. 지금까지의 인류 역사와 현재의 세계정치 무대를 관찰해보면 간섭이 어떤 결과를 불러오는지 잘 알 수 있을 것이다.

그러나 부모, 교사, 상사로서 자녀, 학생, 동료들에게 일정한 지침을 제시해주는 것은 간섭이 아니라 마땅히 해야 할 의무다. 물론 가르칠 자격이 있는 동안에만 그렇다. 다른 사람을 가르치고 그 사람의 실수를 지적할 때에는 특히 방법에 유의해야 한다. 자신이 상대방의 입장에 서본 다음에 애정을 담아 진심으로 건네는 비판은 건설적인 비판이다.

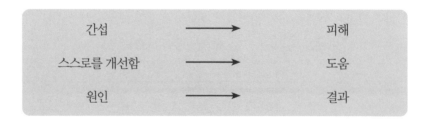

간섭	⟶	피해
스스로를 개선함	⟶	도움
원인	⟶	결과

동정심은 다른 사람을 간섭하게 만드는 주요 동기에 속한다. 그러나 남의 불행을 자기 일처럼 생각하며 가슴 아파해봤자 건설적인 도움이 되지는 못한다. 우리 자신도 '아파하기' 때문에 직관이 많이 흐려지고, 직관이 흐려진 상태에서는 진정한 도움을 줄 수 없기 때문이다.

그러나 다른 사람의 아픔에 공감하고 그 사람이 스스로 일어설 수 있도록 도와주는 것은 진정한 이웃사랑의 실천이다. "하늘은 스스로 돕는 자를 돕는다" 그리고 "너를 구해줄 손을 찾는다면 네 팔 끝에서 찾아라"라는 속담이 있다. 이는 다른 사람을 돕지 말라는 말이 아니다. 도움을 줄 때 '자기(self)'는 지키되 '자아(ego)'는 버리라는 말이다. '자아' 희생적인 도움은 좋은 것이지만 '자기' 희생적인 도움은 쓸모가 없다.

다른 사람의 일에 지나친 관심을 보이며 간섭하게 되는 또 다른 동기는 스스로에게 관심을 가지고 자신을 개선해나가기에는 '시간이 없기' 때문이다. 즉, 간섭의 뒤에는 이웃사랑이라는 '알리바이'와 '시간이 없다'는 핑계가 있다.

어떤 동기에서 시작된 간섭이든 효과적으로 끊어줄 처방전은 다음과 같다. 포기, 여유, 중립성, 인내, 용서, 신뢰, 그리고 사랑이 그 비방이다.

다른 사람의 일에 간섭을 하기 전에 스스로에게 다음의 질문들을 던져보자.

- 지금이 내 도움이 필요한 상황인가?
- 이 상황에 대해 내 의견을 말하는 것이 좋은가?
- 이 사람의 실수를 내가 깨우쳐주어야 하나?
- 이 사람이 물어보지 않는데 내 쪽에서 먼저 해결책을 제시해도

좋은가?

- 돕고자 하는 마음 뒤에 숨어 있는 나의 내적 동기는 무엇인가?

객관적인 답을 찾으려는 간절한 바람을 가지고 이 질문들을 대하는 동안 우리는 우주의 정신과 연결될 것이다. 그리고 답을 찾는 동안 우리의 직관이 발달할 것이다.

무언가를 만들어내려는 사명감에서 내 존재의 의미를 찾고자 결심하고 노력한다면, 그리고 그것이 내 영혼의 발전에 도움이 된다면 나는 어떤 사람에게도 피해를 주지 않을 것이다. 이것이 바로 불간섭의 법칙의 기본정신이다.

법칙 6 : 직장생활과 사생활 일치의 법칙

칼릴 지브란은 《예언자》에서 "모든 깨달음은 노동이 없다면 헛된 것이며, 모든 노동은 사랑이 없다면 공허한 것이다. 너희가 사랑으로 노동을 할 때에 너희는 스스로에게, 서로에게, 그리고 신에게 너희를 붙들어 매게 된다"라고 했다.

우리는 직장에서나 가정에서나 일관성 있는 태도를 유지해야 한다. 직장생활도 여가생활이나 그 외의 생활처럼 풍부한 애정을 바탕으로 한다면 성공적인 삶을 살 수 있다. 삶의 목표는 자신을 발견하고 영혼과 정신을 계발하는 것, 나아가 이를 통해 인류와 온 우주의 발전에 기여하려고 노력하는 것이다. 회사에 들어서는 순간 이 노력을 멈춰버려서는 안 된다. 올바른 인성과 윤리적 가치를 습득하기 위해서는 배움을 중단해서는 안 된다. 직장과 가정을 비롯한 모든 장소에서 행하는 행위 전부가 하나로 통합되어 인간이라는 존재가 완성되는 것이다.

자연의 법칙은 직장생활과 사생활을 구분하지 않는다.

인과율, 공명의 법칙, 에너지의 법칙 등을 비롯해 모든 법칙은 하루 일과를 시작할 때부터 마칠 때까지 계속 우리를 따라다닌다. 이 법칙들은 인간을 구성하는 각 부분들에 따로 적용되는 것이 아니라 모든 부분에 동시에 적용된다.

직관과 지능은 행동양식뿐 아니라 직장생활과 기타 분야에서 내리는 다양한 결정들에서도 영향을 받는다. 예를 들어, 한편으로는 직관을 계발하려고 노력하지만 다른 한편으로는 뇌와 신경계에 부담이 되는 일을 한다면, 자연의 법칙은 성격과 지능 전체에 나쁜 영향을 미치게 된다.

집에서는 성실하고 사랑이 가득한 가장이지만 회사에서는 인색하기 짝이 없고 부정행위까지 저지르는 남편들이 많다. 그러면서 그는 아내나 아이들이 자신에게 거짓말을 하거나 버릇없이 군다고 불평을 한다. 그의 아내와 아이들은 그의 잘못된 직장생활을 비춰주는 거울 역할을 하고 있는 것이다. 혹은 그는 직장 밖에서 어떤 식으로든 재산상의 손해를 입음으로써 직장에서 자기가 저지른 부정행위가 잘못 되었음을 언젠가 깨닫게 될 것이다.

이와는 반대로 직장에서는 모범을 보이고 업무를 정확히 처리하지만 집에서는 가족을 전혀 돌보지 않거나 바람을 피우는 남편들도 적지 않다.

그런 사람들은 보통 직업적인 성공을 기대하기 어렵다. 그리고 이는 아내들에게도 똑같이 적용된다. 일상생활에서 흔히 볼 수 있는 두 가지 사례를 들어보자.

▶▶ 한 아이를 둔 엄마가 옷을 한 벌 샀다. 그녀는 딸에게, 아버지에게는 아무 말 하지 말고, 만약 물어본다 하더라도 그 옷이 오래전부터 옷장에 걸려 있었다고 말하라고 했다. 어쩌면 이 여자의 직장 동료들은 그녀를 속이고 있을지도 모른다.

▶▶ 한 아버지가 자식에게 정직한 태도를 가르치려고 애를 쓴다. 그러나 정작 자신은 직장에서 거짓말을 한다. 전화가 걸려오면 자리에 없다고 말하라고 비서에게 가르친다. 아이들이 정직하지 못한 것은 분명 부모 중 적어도 한 명은 정직하지 않기 때문이다.

직장에서의 정직하지 못한 태도는 직장 밖에서 부메랑이 되어 돌아올 수 있다. 정직한 직장생활의 의미에는 여러 가지가 포함된다. 시간을 잘 지키는 것, 정리정돈을 잘하는 것, 중립성을 지키는 것(다른 이를 헐뜯지 않고 도움이 안 되는 비판은 하지 않으며 사내기밀을 절대 외부로 발설하지 않는 것 등), 진심 어린 칭찬하기, 집중해서 일하기, 주인의식과 책임감 있는 태도 갖기, 업무시간을 희생하며 사적인 통화를 하지 않는 것, 회사의 소유물을 무단으로 가져가거나 개인적인 용도로 사용하지 않는 것 등이 여기에 속한다.

직장 밖에서 행복을 찾지 못하는 이들은 업무에 빠져들어 오랜 시간 일만 하며 살기도 한다. 혹은 직장생활에서의 실패를 지나친 여가활동을 통해 상쇄하려는 사람도 있다. 이 또한 영적인 균형을 깨뜨리는 행위이며, 나아가 뇌와 신경계에도 악영향을 미친다.

두뇌와 '배 속의 뇌', 그리고 신경계에 부담을 주는 모든 행위는 직관적 지능의 계발을 방해한다! 모든 부정한 행위, 부정적인 사고, 두려움, 근심과 의심은 뇌에 부정적인 영향을 주는 에너지다. 직장 상사나 동료에 대해 '분노가 치밀어 오르고' 거기에서 쌓인 스트레스를 아내나 자녀에게 풀고 싶을 때면 이 점을 다시 한번 상기하기 바란다. 제2부에서는 우리에게 피해를 주는 사고와 감정, 행동양식에 대해 더 자세히 알아보고, 이를 건설적으로 극복할 수 있는 방법을 소개할 것이다.

법칙 7 : 동행동고의 법칙

동행동고(同行同苦)의 법칙은 다양한 상황에서 나타난다. 다음의 몇 가지 예를 보면 쉽게 이해할 수 있을 것이다.

▶▶ 카린은 친구 이름가르트와 함께 동창모임에 간다. 이름가르트는 다른 중요한 일이 밀려 있어서 동창모임에 가지 않는 것이 좋겠다는 느낌이 들었지만, 그녀의 자아의 목소리가 더 컸기에 결국 카린과 함께 참석하기로 결정했다.

둘은 이름가르트의 차로 출발했다. 도착 장소까지 반 정도 갔을 때 차에 이상이 생겼다. 다음 날이 되어야 수리가 끝난다는 말을 듣고 결국 그들은 호텔에서 밤을 보냈다. 그들은 그날 밤에 열렸던 동창모임에도 가지 못했고 생각지도 않았던 돈까지 쓰고 말았다.

자연의 법칙은 자신의 내면의 목소리를 무시해버린 이름가르트에게 고장 난 자동차를 통해 벌을 준 것이다. 카린은 결국 동행동고한 셈이다.

▶▶ 배우자나 친구 혹은 동료가 운전을 하고 있고 당신은 조수석에 앉아 있다. 당신은 그 사람이 '곡예운전'의 대가라는 것을 알고도 그 차에 탔다. 결국 그는 사고를 낸다. 당신은 동행동고한 것이다.

▶▶ 당신은 이번 휴가 때 요트를 타기로 결심한다. 요트에는 당신 말고도 몇 명이 더 있다. 당신은 그들과 그야말로 '한 배를 타고 있는' 것이다. 그런데 하필이면 그중에서 당신과 생각이 아주 다른 사람, 위험천만한 항해를 즐기는 사람이 키를 잡았다. 당신은 동행동고를 겪게 될 것이다.

우리는 큰 피해로부터 우리를 지켜줄 '수호천사'인 내면의 목소리를 갖고 있다. 그럼에도 불구하고 우리에게 불행이 닥치는 것은 결코 우연이 아니고, 신이 의롭지 못해서도 아니다. 우리가 겪는 모든 일은 우리 스스로 초래한 것이다.

위의 예들을 보면 알 수 있듯이 '누구와, 어디에 갈지'를 결정하는 일은 매우 중요하다. 따라서 동반자와 목적지를 선택할 때는 신중을 기해야 한다. "함께 여행하려는 동반자가 나와 사고방식이 아주 다른 사람은 아닌가?", "그 사람과 같이 여행하는 것이 나와 다른 여행자들에게 도움이 될 것인가?", "그 사람을 만나거나 그 사람과 어떤 일을 함께 하려는 시기가 올바른가?", "내키지 않는데도 다른 사람들 때문에 여행을 하려는 것은 아닌가?", "현재 내게 여행보다 더 중요한 일은 없는가?" 등의 질문을 한 다음에 결정해야 한다.

동행동고의 법칙을 뚜렷하게 보여주는 것은 배우자를 포함한 가족 구성원이다.

- 부부 중 한 명이 알코올 중독자면 배우자와 자녀들도 고통을 겪는다.
- 부부 중 한 명이 담배를 피우면 건강하게 살려고 노력하는 나머지 가족들의 건강까지 나빠진다.
- 부부 중 한 명이 매우 위험한 스포츠를 즐길 경우, 그리고 그 사람이 다쳐서 장기간 병원에 입원을 해야 될 경우, 남은 가족은 함께 고통을 느낄 수밖에 없다.
- 부부 중 한 명이 부정한 방법으로 사업을 하다가 재산상의 손해를 입으면 배우자와 가족도 재정적 곤란을 겪게 된다.

부부 중 한 사람이 정직하지 못한 태도를 지니고 있고, 인과율에 따라 그 사람이 피해를 입게 되면 배우자도 반드시 고통을 같이 겪게 된다. 배우자도 자신의 물건이나 돈 혹은 에너지를 잃게 되는 것이다. 한 사람의 정직하지 못한 태도는 더 큰 부메랑이 되어 그 사람과 주변 사람들에게 돌아간다. 따라서 우리는 '한 이불을 덮고 살 사람'이 어떤 사람인지 미리 충분히 알아보아야 할 것이다.

동행동고의 법칙은 직장생활에서도 자주 나타나지만 이를 간파하기가 쉽지 않다. 함께 사업을 하는 파트너가 부정한 사람이라면 자신도 그 여파에서 벗어날 수 없다는 것쯤은 모두가 알고 있을 것이다. 그러나 다음 사례를 보면 '꿰뚫어 보기'가 늘 쉬운 것은 아니라는 것을 알 수 있다.

▸▸ "미꾸라지 한 마리가 온 웅덩이를 흐린다"는 속담에도 동행동고의 법칙이 들어 있다. 이를 기업에 비유하면, 한 명의 '미꾸라지 사원'이 회사 전체를 망친다고 할 수 있다.

좀 더 구체적인 예를 들어보자. 좋지 않은 직업윤리를 지닌 임원이 있었다. 사장은 그런 사실을 알고 여러 차례 경고했지만 그는 그 버릇을 고치지 않았다. 그럼에도 불구하고 사장은 그를 해고하지 못했다. 그 임원은 자신의 업무뿐 아니라 다른 직원들의 업무에도 지장을 준다. 그렇지만 사장은 더 큰 피해로부터 회사를 보호할 용단을 내리지 못하고 주저한다. 그는 근속 년수가 오래된 사람이라 비교적 높은 퇴직금을 지급해야 했기 때문이었다. 사장은 그것만은 어떻게든 피해보려고 했다. 그러나 그 임원이 맡고 있던 직책은 핵심적인 것이었고, 회사는 결국 커다란 금전적 손해를 입고 말았다. 결과적으로 볼 때, 그를 해고시켰다면 손해를 훨씬 줄일 수 있었을 것이다.

▸▸ 소리를 입 밖으로 내지 못하는 실성증(失聲症)에 걸린 환자가 있었다. 의사나 심리치료사들은 아무런 외적 혹은 심리적 원인을 찾지 못했다. 결국 그 원인은 자연의 법칙에서 찾을 수 있었다. 그녀는 예전에 담배 회사에 다녔고, 예전에는 흡연자였지만 지금은 금연에 성공했다. 그녀는 담배가 몸에 해롭다는 것은 알았지만 계속해서 그 회사에 다녔다. 그러다 결국 피해를 입은 것이다. 그녀는 이 사실을 깨닫고 다른 일자리를 알아보겠다고 결심만 했는데도 목 상태가 좋아지기 시작했다. 그녀는 곧 다른 분야의 판매직 사원이 됐다. 이후 식습관을 바꾸고 야채주스를 많이 마시자 목소리가 정상으로 돌아왔다.

국제경제 분야에도 동행동고의 법칙은 적용된다. 한 나라에 재정적인 문제가 발생하면 다른 국가들의 재정도 영향을 받을 수밖에 없다. 그리고 이런 시스템하에서는 특정 경제 요인들이 도미노 효과를 야기한다. 돌멩이 하나만 밀었는데 전체가 흔들리거나 무너지는 것이다.

기업합병에 있어서도 우리는 이 법칙의 효과를 종종 관찰할 수 있다. 아무리 재정상태가 튼튼한 기업이라 하더라도, 다른 기업을 인수할 때 자사의 안전마저 위험에 빠뜨릴 수 있다. 이미 몇몇 거대 기업이 무리한 합병으로 인해 바닥으로 무너진 사례가 있다.

그런데 동행동고의 법칙과 직관적 지능 사이에는 어떤 연관성이 있을까?

우주의 지혜와 우리가 더 단단히 연결되어 있을수록, 즉 직관적 지능이 발달할수록 우리는 우리가 하려는 행동으로 인해 발생할 불행을 더욱 잘 감지할 수 있다. 누가 우리에게 어울리는 사람이고, 누가 우리와 같은 사고방식을 지니고 있는지, 어떤 직업을 선택해야 될지, 누구와 같이 일하고 누구와 합병해야 할지를 내면의 목소리가 분명하게 가르쳐준다. 우리는 자신과 가족, 그리고 회사에 해가 될 일들에 대해 더욱 더 민감하게 반응할 것이다. 육감이 더욱 강해짐에 따라 다른 사람의 실수로 인해 우리가 피해를 입는 상황은 점점 줄어들게 된다.

직관적 지능이 발달하면 회사나 가정에서 큰 문제가 발생하기 전에 우리에게 '뭔가 이상한 느낌'이 들 것이다. 또한 직관적 지능을 계발하는 과정에서 우리는 용기와 겸손, 내적 안정과 유연한 태도도 같이 배우게 되는데, 이러한 점은 우리로 하여금 제때에(카이로스) 올바른 결정을 내리도록 만들어줄 것이다.

불행을 감지하고 방지하는 훈련을 계속하라! "어떤 일이 그렇게 끝이 난 이유는 무엇일까?", "그 일이 일어날 때 거기에 있던 사람들은 어떤 이유로 거기에 있게 된 것일까?" 등의 질문을 끊임없이 해보라. 그러면 당신의 감각은 더욱 예리해지고, 당신의 직관적 지능도 더욱 발달할 것이다. 그렇게 노력할 때 자연의 법칙은 어떤 방법을 써서라도 우리를 불행으로부터 지켜줄 것이다.

동행동고의 법칙은 상호적인 메커니즘에 따라 작용한다. 즉, 직관이 발달한 사람은 동행동고의 법칙으로 인한 피해를 어느 정도 줄일 수 있다는 말이다. 물론 그렇게 하기 위해서는 그에 맞는 의식수준에 도달해 있어야 한다.

내 영적 수준은 어떤 단계인가?

영혼의 발달단계는 학교 교육 과정과 비교해볼 수 있다. 먼저 우리는 초등학교에 가서 읽고 쓰고 간단한 계산법을 배운다. 그다음 단계의 학교에서는 초등학교에서 쌓은 기초지식 위에 새로운 지식들을 쌓는다. 학년이 올라갈수록 배우는 내용이 점점 더 어려워진다. 예를 들어, 외국어, 수학, 물리, 화학 등을 배우게 된다. 그리고 대학에 가기 위해서는 일정한 지식을 갖춰야 한다.

인생이라는 학교도 이와 비슷하다. 더 많이 배우고 더 많은 것을 경험할수록 우리에게 주어지는 과제는 점점 더 어려워진다. 쌓은 지식을 충분히 활용하라고 자연의 법칙이 더 어려운 과제를 제시하는 것이다. 자연의 법칙은 우리가 풀 수 없는 과제를 주지는 않는다. 이것이야말로 우주가 우리에게 준 둘도 없는 선물이다. 그런데 우리는 문제에 문제가 겹쳐진 커다란 '산'이 하나 다가올 때면 그보다 먼저 해결해야 될 작은 문제들은 뒷전으로 미뤄버리곤 한다. 두려움이나, 편리함을 추구하는 습관 혹은 유연하지 못한 태도 때문이다. 자신이나 가까운 사람들이 살아온 과정과 그들의 운명을 돌아보면 이와 비슷한 예를 발견할 수 있을 것이다.

그렇다면 지금 우리가 인생에서 '몇 학년'인지는 어떻게 알 수 있을까? 우리는 그것을 자유의지를 가지고 스스로 결정한다. 모든 영혼은 자신의 발달방향과 속도를 스스로 결정할 수 있다. 발달속도와 정도는 사람마다 다르다. 그리고 멀리 돌아가는 길이나 잘못된 길로 들어섰을 때에는 언제든지 방향을 다시 선택할 수 있다. 자신의 인성을 갈고닦을 기회는 충분히 있다.

매일매일이 새로운 시작이다. 이것은 신의 사랑이요, 정의다.

사람마다 교육수준이 다르듯이 영적 · 정신적 수준 혹은 의식수준도 저마다 다르다. 따라서 우리는 발달단계나 의식수준이 다양하다고 말하는 것이다. 그렇다고 이것을 기준으로 성적을 매기고 성적에 따라 기회를 나누어주는 것은 아니다. 자신의 발달수준에 맞는 자기 계발의 기회, 주변 사람들에게 모범이 될 기회, 다른 사람들을 도울 수 있는 기회는 누구에게나 똑같이 주어진다.

한 사람의 영적 수준은 일반적으로 말하는 교육수준이나 지식수준과는 상관이 없다. 광부나 수공업자가 교수나 학자보다 영적으로 더 발달하고 더 뛰어난 직관을 지닌 경우도 얼마든지 있다. 지식수준이 직관적 지능의 잣대는 아닌 것이다.

인성을 계발할수록 우리의 의식은 더 멀리 퍼져나간다. 그리고 의식이 멀리 퍼져나갈수록 우리는 우주적인 지식에 더욱 가까이 다가갈 수 있다.

살다 보면 특별히 매력적인 사람, 즉 카리스마가 넘치는 사람을 만날 때도 있고, 부정적 이미지를 풍기는 사람을 만날 때도 있다. 자신과 발달수준이 비슷한 사람, 자신과 어울리는 사람, 자신과 사고방식이 비슷한 사람이 보통 눈에 잘 띈다.

어떤 길을 어느 정도의 속도로 달릴지는 우리 스스로가 결정하는 것이다. 우리 스스로가 우리의 발달단계를 결정한다!

결론

제2부를 시작하기 전에 잠깐 숨을 돌리고, 지금까지 소개한 기본적인 내용들을 다시 한번 머릿속에, 그리고 '배 속'에 그려보자.

1. 주변 사람들, 그리고 모든 피조물과 조화를 이루면서 인성을 계발하려는 자세가 건설적인 세계관의 기초다. 건설적 세계관을 이끌어내는 것은 올바른 윤리, 믿음, 용서, 그리고 사랑이다.
2. 건설적인 세계관의 밑바탕에는 고차원적 권능과 우주의 질서체계에 대한 믿음이 깔려 있다. 우주의 질서체계를 올바르게 유지시켜주는 것은 자연의 법칙(신의 법칙, 우주의 법칙)이다.

3. 자연의 법칙 중에서도 기본이 되는 법칙들이 있다. 그중 하나가 인과율이다("뿌린 대로 거두리라"). 인과율에 따르면 우연이란 존재하지 않는다.

4. 우리에게는 자유의지가 있다. 우리가 무엇이 될지, 어떤 사람이 될지는 스스로 결정한다. 우리의 운명을 결정짓는 것들로는 생각, 말, 행동, 강한 희망 등이 있다. 운명을 스스로 결정할 기회는 자유의지에 달려 있다.

5. 발전을 멈추지 않는 것들은 모두 다 영원한 삶을 누릴 것이다(에너지의 법칙).

6. 생명 에너지의 양은 영혼의 업적(인성구조, 생각, 행동)에 따라 결정된다.

7. 시간은 곧 에너지이다. 시간에는 겉으로 보이는, 측정할 수 있는 크로노스가 있고, 내적이고 질적인 카이로스가 있다.

8. 내 눈에 거슬리는 모든 것들이 내 안에도 있다! 공명의 법칙은 자기 자신을 발견하고 발달시킬 수 있는 최고의 방법이다.

9. 다른 이의 삶에 간섭하는 것은 그 사람이 스스로 선택한 경험을 못하도록 가로막고 그 사람의 학습을 방해하는 것이다.

10. 직장생활과 사생활을 하나의 단위로 보아야 한다. 한 분야에서 지닌 강점이나 약점은 나머지 분야에도 영향을 미친다. 영혼과 자연의 법칙은 직장생활과 사생활을 구분하지 않는다.

11. 직관적 지능은 동행동고 법칙의 피해를 줄여준다.

12. 영혼의 발달단계 혹은 의식수준은 사람마다 각기 다르고, 이는 교육수준과는 아무런 상관이 없다.

제2부

직관적 지능은
어떻게 계발하는가?

.

델피 신전의 입구에는 "너 자신을 알라!"라는 문구가 새겨져 있다.

언뜻 보면 쉬운 말 같아서 "나는 나를 잘 알아!" 하고

생각하는 사람들도 많을 것이다.

당신은 정말 당신을 아는가? 당신의 성격과 행동양식을 확실히 알고 있는가?

자신의 성격을 다듬고 가치관을 변화시킬 기회가 매일 주어진다는 사실을 알고 있는가?

성격적 특성들 간의 상관관계를 알고,

성격과 성공적인 삶의 관계에 대해 깊이 이해할수록,

또 자신과 다른 사람에 대해 더 정확한 평가를 내릴수록

직관적 지능을 더 잘 활용할 수 있게 된다.

자기 분석은
자기 인식의 도구

사람들은 육체를 보전하기 위해 많은 노력을 한다.
그러나 영혼을 인식하기 위해서도 그만큼 노력하는가?

― 마하트마 간디

나는 누구이고, 어떤 사람인가?

나는 영혼을 지닌 육체인가, 육체를 지닌 영혼인가? 다음과 같은 상상
을 해보면 이 질문에 대한 답을 찾을 수 있을 것이다. 당신의 차가 더 이상
앞으로 나가지 않는다. 당신은 외부 차체만 여기저기 살핀다. 그런데 고장
난 곳은 엔진과 배터리다. 고장의 원인인 엔진이나 배터리는 수리하지 않
고 차체만 손본다면 아무리 많은 시간을 들인들 무슨 소용이 있겠는가? 이
상황을 사람에게 대입해보자. 사람에게 엔진은 영혼이고 차체는 몸이다.

이에 대해 심리학자 융은 다음과 같이 말했다. "영혼은 지구상의 모든
힘을 모은 것보다 몇 배는 더 강한, 진정한 힘이다. 영혼을 극도로 발달시
켜야 자연과 '평화조약'을 맺을 수 있다. 우리 안의 평화가 우리 주변의 평

화를 이끌어낸다."

의학자들은 흔히 병의 원인을 몸에서만 찾으려 하고 치료법을 찾을 때도 오성에만 의존한다. 그렇게 해도 '수레'가 다시 굴러갈 것이라 믿는 것이다. 실제 병원에서도 대부분 이런 방식으로 병을 치료하고 있다. 물론 겉으로 드러나는 증상들은 더 깊은 원인을 제거하지 않더라도 치료할 수 있다. 그런데 겉으로 쉽게 드러나지 않는, 원인 모를 증상들도 있다. 이런 증상들은 좀 더 근본적인 문제에 대한 경각심을 일깨우기 위해 영혼이 선택한 극단적인 표현 수단이다. 그리고 이 사실을 아는 사람은 그리 많지 않다.

대체의학조차도 병의 원인을 몸을 포함한 외적인 것에서 찾으려 하고 있다. 자기 내면에서보다는 외부에서 희생양을 찾는 것이 쉽기 때문이다. 마찬가지로 많은 사람들이 인간관계에서 문제가 생기더라도 자기가 아닌 다른 곳에서 원인을 찾으려고 한다.

여기서는 문제의 해결책과 개선책을 자신의 영혼에서 찾고, 모든 현상을 내면으로, 즉 직관적으로 파악하는 길을 보여주고자 한다. 그중 한 가지가 일기쓰기다. 일기쓰기는 자신을 파악하고 인성을 발달시키는 데 커다란 도움이 된다.

일기쓰기―쓰면서 생각하기

쓰면서 생각하기는 직관적 지능 계발의 훌륭한 도구다. 생각과 감정을 종이에 적는 동시에 머리가 '배'에서 멀어지는 것을 방지할 수 있기 때문이다. 또한 생각의 흐름, 감정, 아이디어 등을 종이에 남겨두면 그것들로부터 좀 더 쉽게 벗어날 수 있고, 필요할 때 다시 불러올 수 있다는 장점도 있다. 따라서 머리와 배는 새로운 정보들을 더 많이 받아들일 수 있게 되고 '지금, 이 자리에' 온전히 집중할 수 있게 된다.

일기쓰기는 영혼의 질서를 잡아준다.

일기장에는 어떤 내용을 적어도 좋다. 자신의 모든 생각과 감정을 기록하면서 자신과 대화를 나누는 것이다. 이는 매우 효과적인 묵상법인 동시에 신과 대화를 나누는 방법이다.

영감, 착상, 아이디어 등이 떠오를 때 일기장에 적어보라. 무엇이 자신을 행복하게 만드는지, 무엇에 대해서 감사해야 할지, 무엇이 마음에 걸리는지, 무엇이 심기를 불편하게 하는지를 기록하고, 두려움과 염려도 일기장에 털어놓아라. 그리고 무엇보다 소원과 질문들을 기록해두라.

메모 형식으로 일기를 써도 나쁘지는 않지만, 그보다는 일기쓰기를 일종의 표현력 향상 훈련으로 생각하고 문장으로 쓰면 더욱 좋다.

머릿속의 기억은 쉽게 바래거나 지워지지만, 적절한 표현을 찾아가면서 생각을 종이 위에 '붙잡아두면' 이는 영원히 남는다. 일기장을 뒤적이며 지난 일들을 훑어보다 보면 앞으로 자기 삶에 다가올 변화가 눈에 들어오는 경우도 적지 않다. 꼼꼼하게 적어둔 일기 속에서 얼핏 보기에는 앞뒤가 맞지 않는 일이 발생하는 원인도 찾을 수 있다. 말하자면 일기는 자기를 파악하고 단점은 고치라고 격려해주는 친구와 같은 것이다.

일기를 쓸 때에는 다음의 세 가지를 기준으로 생각을 구분해 정리하라.

1. 감사하며 되돌아보기: 오늘 하루를 파노라마처럼 눈앞에 떠올려보

라. 이때, 최대한 감사하는 자세를 지니는 것이 좋다. 그런 다음 자연의 법칙을 염두에 두고 오늘 일어난 사건의 의미와 자신이 드러낸 강점과 약점을 떠올려보라. 강점과 약점을 떠올릴 때, 당신을 비춰준 '거울'에 특히 유의하라. 다음으로 오늘 당신에게 에너지를 더해준 것과 앗아간 것은 무엇이었는지 알아보면서 감정의 소리를 들어라.

2. 소원과 계획을 적어보라.
3. 떠오르는 질문을 기록하라.

소원 옆에는 'ㅅ', 질문 옆에는 'ㅈ', 그리고 각각의 질문에 따른 답변 옆에는 'ㄷ'을 표시해두면 나중에 한눈에 알아볼 수 있을 것이다. 관련된 페이지를 적어놓는 것도 나중에 다른 생각이 떠올랐을 때 해당 질문을 쉽게 찾을 수 있는 방법이다. 글자가 아닌 색깔로 소원과 질문을 구분해놓을 수도 있다. 이렇게 구분해놓으면 자신에 대해 더 많은 것을 알 수 있다.

하루하루가 삶의 무대이자 학교

세상은 우리의 영혼이 많은 것을 경험하고 그 경험을 통해 자신을 완전하게 펼칠 수 있는 무대다. 이는 우리가 평생 동안 배워야 한다는 뜻이다. 우리의 인생은 하나의 학교다. 인생이라는 학교에서 우리는 매일 새로운 것들을 경험한다. 좋은 학교는 우리의 잠자고 있는 잠재력과 재능을 깨워주는 학교다. 또한 학교는 새로운 것을 배우며 학문을 넓히고 배운 것을 활용해볼 수 있는 연습의 장(場)이기도 하다. 인생이라는 학교도 마찬가지다.

인생 학교의 교사는 자연의 법칙이다. 자연의 법칙은 학생들 각자의 발달단계와 사고능력, 그리고 수준에 맞는 연극을 보여주고 저마다 다른 과제를 내준다. 그런 의미에서 우리는 매일매일의 사건과 경험을 삶의 무대나 학교로 생각할 수 있다.

관찰하는 법을 배우라. 자신의 하루가 어떻게 지나가는지, 자신이 어떤 사람들을 만나는지에 대해 깨어 있어라. 자신의 하루를 다양한 시각에서 되돌아보라. 그러면 자신에 대해 놀라울 정도로 많은 것을 발견하게 될 것이다.

자연의 법칙은 우리의 영혼이 던지는 질문에 대해 객관적으로 대답해준다. 넘치는 에너지, 조화, 좋은 기분, 사랑 혹은 에너지 부족, 불화, 문제, 두려움, 나쁜 기분 등이 자연의 법칙이 해주는 대답이다. 그 대답을 보고 우리는 자신의 삶이 우주의 법칙과 조화를 이루는 것인지 아닌지를 알 수 있다. 다음의 사례들을 보라.

▶▶ 당신은 지금 친구의 집 혹은 어떤 행사장에 가고 있다. 그러나 당신은 차가 막혀서, 계속 붉은 신호에 걸려서 혹은 자동차에 잔고장이 나서 제대로 달리지 못하고 있다. 겨우 도착해서 사방을 둘러보니 주차할 수 있는 공간이 어디에도 없다.

위에서 벌어진 모든 '연극'에는 중요한 의미가 숨어 있다. 지금 당신이 가려는 곳이 현재로서는 당신에게 맞지 않다는 것이다. 출발하기 전에 이미 가지 않는 것이 좋겠다는 느낌이 들었지만 당신이 그 느낌을 무시한 것은 아닌가? 이럴 때 당신은 자신의 동기를 다시 확인해보아야 한다. 반드시 이곳에 오려고 한 이유가 무엇인가?

물론 이와는 정반대의 일이 벌어질 수도 있다. 퇴근 시간에 시내 중심가를 달리는데도 길이 '뻥 뚫린' 것 같은 느낌이 드는 것이다. 신호등은 당신이 오기만을 기다렸다는 듯이 녹색으로 바뀌고 다른 차들도 시원하게 달린다. 도착해보니 평소와는 달리 입구 바로 앞에 빈 공간이 있어 당신은 그곳에 주차한다.

▶▶ 회사원 A가 어떤 일을 오늘까지 끝내려 하고 있다. 그런데 일이 손에 잘 잡히지 않고 오늘은 그만하는 것이 좋겠다는 느낌이 든다. 그렇지만 그녀는 어쨌든 오늘 그 일을 끝내고야 말겠다고 다짐한다. 컴퓨터가 제대로 돌아가지 않는다고 불평이 늘어진다. 많은 힘을 들인 끝에 결국 일을 끝낸다. 사무실을 떠날 때 그녀는 언제나 그렇듯이 깜박하고 문 잠그는 것을 잊어버린다. 두고 온 것이 있어서 다시 사무실로 와서는 복도에 불도 켜지 않고 뛰어들다가 결국 문에 머리를 세게 부딪친다. 그 사이에 다른 직원이 문을 잠근 것이다. 그제야 그녀는 자신이 '되지도 않을 일에 머리를 싸매고' 억지를 부렸다는 것을 깨닫는다.

▶▶ 당신은 아내 혹은 남편과 이야기를 나누고 있다. 그러다가 서로 의견이 맞지 않는 부분이 생겼다. 당신은 객관적으로 생각해봐도 자신이 옳은 것 같았지만 상대방에게 그 말을 하지 않고 그 사람의 의견이 옳다고 인정한다. 시간이 조금 지나자 그 사람은 당신이 옳았다고 말한다.
당신은 자신의 주장만 관철시키려는 유혹을 이겨냈다. 그리고 상대방이 스스로 깨달을 수 있는 시간을 줌으로써 쓸데없는 불화를 막은 것이다.

▶▶ 친구나 직장 동료가 당신을 함부로 대하거나 비난할 때 당신은 어떤

112

반응을 보이는가? 이럴 때는 먼저 자신을 돌아보고 자신을 더 잘 파악해보아야 한다. 당신은 화를 낼 수도 있고 혹은 받은 그대로 상대에게 고스란히 돌려줄 수도 있을 것이다. 그런데 당신이 취할 수 있는 또 한 가지 반응이 있다. 그 사람을 진심으로 용서한 다음, 마음속으로 그 사람의 안녕을 빌거나 그 사람을 계속해서 사랑하는 것이다. 표현이 조금 거창하게 들릴수도 있겠지만, 이 방법을 한번 시도해보라. 그리고 각각의 반응이 당신과 상대방에게 어떤 결과를 가져오는지 관찰해보라.

비난을 삼가고 다른 사람을 진심으로 대하면 당신의 기본적인 성격도 긍정적으로 발전한다. 이것은 곧, 인생이라는 학교가 제시하는 과제를 훌륭하게 해내는 것인 동시에, 자신의 발전을 가로막는 행동양식들을 없애는 과정이기도 하다. 성격을 긍정적으로 변화시키면 없애야 할 약점도 그만큼 줄어들기 때문에 동료의 비난과 같은 불쾌한 상황도 그만큼 '필요하지 않게' 될 것이다.

위에 나열한 사례들은 우리의 일상생활에서 흔히 볼 수 있다. 그리고 이 책에 나오는 예들은 대부분 매일 일어나는 사건들을 찍어놓은 '스냅사진' 같은 것들이다. 이 스냅사진 중에는 당신의 '거울들'이 보여주는 연극들도 포함되어 있다. 매일 일어나는 모든 일과 떠오르는 모든 생각은 그날의 무대에서 상연되는 연극이다. 우리는 이 연극 속에서 자신의 영적 특성을 발견하고, 자신이나 다른 사람이 어떤 배역을 맡고 있는지 알 수 있다.

자신의 행동을 파악하고 분석해볼 수 있는 방법들은 무수히 많지만, 그 방법들을 활용하려면 먼저 자신의 감각을 예리하게 다듬어야 한다. 직관을 활용해 매일매일의 연극을 더 잘 이해할수록 직관적 지능이 발달한다.

그뿐만 아니라 우리의 삶 자체도 더욱 흥미진진하고 풍요로워진다.

연극에서 어떤 역할을 맡을지는 우리 스스로 결정한다. 올바른 배역을 선택하기 위해서는 먼저 영혼이 지닌 힘에 대해 알아야 한다. 그런 다음 자신의 하루, 자신의 삶을 스스로 꾸며나가기 위해 힘써야 한다. 또한 우리는 영혼의 궤도를 따라 공전하면서 우주라는 네트워크를 알기 위해 노력해야 한다. 그렇게 할 때, 우리는 더 이상 '경기에서 사용되는 공'이 아니라 '경기를 이끌어가는 선수'가 되는 것이다. 말하자면 우리가 우리 삶의 창조주가 되는 것이다.

직관적 지능은 인생의 무대를 꿰뚫어볼 수 있는 눈이다. 우리는 이 눈을 통해 자신의 현재 상태, 즉 자기 자신을 파악할 수 있고, 자신을 구성하는 가장 중요한 것이 영혼이라는 것을 알게 된다. 따라서 이 눈은 우리의 영적 계발의 원동력이라고 할 수 있다.

✎ 다음 질문을 통해 자신의 하루일과를 관찰해보라.

- 나는 언제, 어떻게 반응하는가?
- 나는 무슨 말을 하는가? 나는 그것을 어떻게 말하는가? 나는 그것을 왜 말하는가?
- 나는 무엇에 대해서 화를 내는가?
- 나를 두렵게 만드는 것은 무엇인가?
- 나는 어떤 때 기쁘고 행복한가?
- 모든 일이 '알아서 진행되는' 느낌이 들 때는 언제인가?

이에 대해 자신이 깨달은 바를 기록하고, 다음 날 같은 과정을 반복해본 다음 그것도 적어보라. 그 결과에 대해 평가를 내리려고 하지 말고, 중립적인 위치에서 객관적으로 결과를 바라보려고 노력하라.

✒️ **한글 자음들을 이용하여 당신의 성격 목록을 만들어보라.**

목록을 만들 때에는 A4지나 일기장을 이용하라.

왼쪽 맨 위부터 아래로 각 자음을 순서대로 적은 다음, 당신의 성격 중 그 자음으로 시작하는 것들을 적어 내려가라. 그중 긍정적인 것들에는 녹색 펜으로, 부정적인 것들에는 붉은 펜으로 밑줄을 그어라. 긍정적인 성격만 적은 목록과 부정적인 성격만 적은 목록 두 가지를 만들어도 좋다. 나중에라도 생각날 때마다 이 목록을 채워나가라. 이 목록을 잘 보관해두고 몇 달 뒤 혹은 일 년이 지난 뒤에 다시 한번 목록을 작성해보라. 두 개를 비교해보면 놀라운 결과가 나타날 것이다.

자신의 강점을 파악하고 그것을 당당하게 발휘하라. 또한 약점도 솔직하게 고백하라. 그러나 죄책감이 싹트지 않게 주의하고, 자신을 있는 그대로 받아들여라.

✒️ **자신에게 다음과 같이 물어보라.**

내 부정적인 성격들이 '당장 눈앞에' 이익이 되는 일들만 찾아서 하는가? 하지만 나는 결국 어떤 손해를 입지는 않는가? 나는 언제, 어떻게 그런 성격들을 고칠 수 있는가? 약점을 강점으로 바꾸기 위해 내가 할 수 있는 일은 무엇인가?

학교에서는 보통 실수를 고치고 약점을 없애는 방법을 가르치기 때문에 우리는 어릴 때부터 거기에 익숙하다. 다른 사람의 실수를 주저 없이 지적하는 습관도 그런 교육에서 오는 것이다. 우리의 교육제도는 실수를 방지하는 방법은 많이 가르쳐주지만 해결책을 찾는 방법은 가르쳐주지 않는다. 따라서 우리는 자신에게 '붉은 밑줄'을 긋는 일에는 익숙하지 않다. 많은 이들이 자신의 실수로부터 도망치려고 하고 변명이나 희생양을 찾으려고 한다. 죄책감에 빠지기도 한다. 이는 자신에게 모두 도움이 되지 않는 행동이다.

이런 학교 교육과는 달리 강점만 공략하는 성공 전략들도 있다. 성공적인 삶을 살기 위해서는 강점을 부각하고 잘 활용해야 한다. 특히, 직업과 관련된 재능 계발은 성공적인 삶에 꼭 필요한 요소다. 여기에 자신의 약점과 그 약점을 없애는 방법까지 알고 있다면 성공으로 가는 길은 더욱 단축될 것이다.

하지만 '한 다리'로만 서 있으면 쉽게 피로해지고 앞으로 나아갈 수도 없다. 따라서 우리는 강점을 강조하는 것과 동시에 자신의 발전을 방해하는 약점들을 길옆으로 쓸어내면서 즐거운 마음으로 앞으로 나아가야 한다.

약점을 조금씩 강점으로 바꿔나가는 것이 바로 자기 계발의 목표다. 우리는 강점은 더욱 발달시키면서 약점을 공략할 수 있다. '약점 공략'이란 우리의 영혼과 그 안에 있는 성격들을 계발하고 완성한다는 뜻이다. 우리는 자신의 행동양식을 스스로 바꿀 수 있다. 변화는 내면에서 시작되는 것이다!

동기 파악은 자기 인식의 열쇠

어떤 행동을 일으키는 동기를 파악하는 것은 자신을 인식하는 과정에서 큰 걸음을 내딛는 것과 같다. 다음의 사례들을 보라.

▶▶ 오스트리아의 한 유명한 화가가 큰 병을 치료하려고 병원을 찾았다. 그는 의사와 자신의 위대한 재능에 관해 이야기를 나눴다. 의사가 "선생님이 그린 그림이 다른 사람에게 커다란 기쁨을 주고 예술적 만족감을 줄 때면 굉장한 충족감이 생기고 자신의 직업이 자랑스럽지 않으십니까?"라고 물어보자 그는 "예, 맞아요. 그렇지만 솔직히 말씀드리자면 내가 유명해진 것과 신문에 나에 관한 기사가 실린다는 사실이 더 기분이 좋아요. 이렇게 되기를 항상 원했거든요" 하고 대답했다.

　그가 병을 얻게 된 중요한 원인은 지나친 과시욕 때문이었다.

▶▶ 뛰어난 요리사인 한 여성은, 아무리 맛있는 음식을 요리해도 남편이 절대 칭찬하는 법이 없다고 불평한다.

▶▶ 어떤 여비서는 자신의 사장에 대해 불만을 갖고 있다. 다음은 그녀가 한 말이다.

"사장님 때문에 저는 계속해서 야근을 해요. 그런데도 사장님은 그런 것은 전혀 인정해주지 않아요. 더 많은 일을 시킬 뿐이죠. 사장님을 위해 안 한 일이 없을 정도인데도 사장님은 제게 칭찬 한마디 안 했어요. 다른 동료들이 훨씬 더 일을 잘한다고 생각하죠. 어떻게 하면 사장님께 칭찬을 들을 수 있을까요?"

▶▶ 아이들이 엄마보다 아빠를 더 좋아하게 만들기 위해 해달라는 것은 다 해준다는 한 가장이 있었다. 다른 사람으로부터 인정받는 것을 지나치게 중요하게 생각하던 그는 결국 병이 나고 말았다.

▶▶ 남편이 자신을 버릴까 봐 잠자리를 같이한다는 아내들도 있다.

▶▶ 한 청년은 오래전부터 회사 안에서 '왕따'를 당하고 있다. 그러나 그는 직장을 잃을까 봐 어떤 일을 당해도 참는다.

위의 사례들은 무엇을 말해주는가? 이 예들이 자기 인식의 열쇠와 무슨 상관이 있을까? 자기 인식의 열쇠는 우리가 항상 지니고 다니는 것, 바로 동기다.

- 나는 왜 어떤 행동을 하는가?
- 나는 왜 어떤 행동을 하지 않는가?
- 나는 왜 그런 방식으로 행동하는가?
- 나는 왜 그렇게 생각하는가?
- 그렇게 해서 내가 얻고자 하는 것은 무엇인가?

이 질문들은 우리가 어떤 생각, 말, 행동을 하게 만드는 내적 동기에 관련된 것들이다. 동기를 알아야 자기를 알 수 있고 자신의 성격도 알 수 있다. 또한 동기는 어떤 병에 걸리게 되는 근본적인, 영적 원인을 찾아내는 수단이 되기도 한다.

동기를 알고자 할 때에는 자기 자신에게 절대적으로 솔직해야 한다. 그리고 가끔은 다른 사람의 도움이 필요할 때도 있다. 혼자서 동기를 찾기 힘들 때에는 상담치료를 통해 내면 깊은 곳에 숨어 있는 동기를 분석하고, 자신의 어떤 성격들이 문제를 일으키는지 찾아내는 것도 좋은 방법이다. 그러나 '단단한 껍질'을 찾는 것은 문제 해결의 일부에 지나지 않고, 그것은 남은 일에 비하면 쉬운 편이다. 정작 어려운 일은 스스로 껍질을 깨는 것이다. 껍질을 깨기 위해서는 용기와 믿음 그리고 자기 단련이 필요하다.

이때 자신과 '같은 언어를 사용하는' 친구들은 동기 분석에 커다란 도움이 된다. 영적·정신적인 친구와 함께 껍질을 깨는 것이 혼자 하는 것보다 즐거울 뿐 아니라 서로에게 자극이 되어준다. 결국 친구와 함께 배우고 함께 성장하게 되는 것이다.

🖊 습관적인 행동을 포함해서, 사흘 동안 당신이 한 모든 행동에 대해서 위의 다섯 가지 질문들을 던져보라.

자신의 행동 뒤에 숨은 동기를 알고 나면 놀랄 수밖에 없을 것이다. 처음에는 답변을 찾기가 어렵겠지만, 영적 동기를 알고자 하는 간절한 마음만 있다면 점차 흥미로운 사실들을 발견할 수 있을 것이다.

부정적인 성격을 발견했다 하더라도 스스로 심판하지 말고, 그것이 자신을 변화시킬 수 있는 커다란 기회라고 생각하라. 제2부 〈성공적인 삶으로 가는 13단계〉에 나오는 훈련 방법과 충고를 활용하여 단계적으로 자신을 변화시켜나가면 된다.

이렇게 자신의 내적인 동기를 연구하다 보면, 기본적인 마음가짐에 대해서도 알 수 있다.

- 어떤 행동을 할 때, 자신의 기본적인 마음가짐이 "편지를 써야 돼, 음식을 만들어야 돼, 공부를 해야 돼"와 같이 "그것을 꼭 해야 돼"라는 것일 수 있다. 그러나 "해야 된다"는 말은 부담을 주는 말이며, 부담감이 있는 상태에서는 자유로울 수 없다. 부담감은 내면의 목소리의 자유로운 흐름을 방해한다.

- 어떤 행동을 하게 되는 또 다른 동기는 "꼭 이기고 말겠어, 꼭 바꾸고 말겠어" 등의 "하고 말겠어"라는 것이다. 그 말 뒤에는 필요하다면 수단과 방법을 가리지 않고 자기의 의지를 관철시키고야 말겠다는 강한 자아가 숨어 있다. 이런 태도는 "해야 돼"라는 동기보다는 많은 에너지를 생성하기는 하지만, 여기에는 겸손이나 '자아' 희생정신('자기' 희생이 아니라!)이 빠져 있다.

- 에너지와 직관이 가장 잘 흐를 수 있게 하는 동기는 "나를 변화시키는 것이 좋겠어, 배우는 것이 좋겠어, 일하는 것이 좋겠어, 건강한 식습관을 지니는 것이 좋겠어, 그 사람을 기쁘게 해주는 것이 좋겠어" 등과 같은, "하는 것이 좋겠어"라는 동기다. 이 동기 안에는 감사하는 마음이 들어 있다.

위에서 표현이 조금씩 달라질 때마다 바뀌는 미묘한 차이를 느낄 수 있겠는가?

며칠 동안 자신을 관찰해보라.

당신의 말과 행동에는 어떤 동기가 숨어 있는가? 당신은 몇 번이나 어떤 일을 "해야 돼"라고 말하는가? "해야 돼"를 "하는 것이 좋겠어"로 바꿔보라. 감사하는 마음이 숨어 있는 또 다른 표현으로는 "할 수 있어", "해도 좋아" 등이 있다.

"하는 것이 좋겠어", "할 수 있어", "해도 좋아"와 같은 말들이 낯설게 느껴지고 입에 잘 붙지 않더라도 계속해서 시도해보라! 자신이 매일 사용해서 이미 굳어진 표현을 하루아침에 바꿀 수는 없겠지만, 꾸준히 노력하다 보면 삶을 편하게 만들고 기쁨과 확신이라는 선물을 주는 긍정적인 표현들에 점점 익숙해질 것이다.

자신의 행동양식과 표현 그리고 행동 뒤에 숨어 있는 내적 동기를 파악해보는 습관을 지녀라. 그렇게 함으로써 자신의 성격을 계속해서 확인할 수 있고, 자신의 영적 특성과 자아의 흐름도 철저하게 파헤칠 수 있다.

내면의 성격을 통한 자기 인식

성격 형성은 삶의 중대한 과제이며, 그 바탕 위에서 개인과 전 인류의 성공적인 삶이 구축된다고 해도 지나친 말이 아니다. 효율적인 자기발달, 즉 영적 발달을 위해서는 먼저 성격적인 특성들의 '상태'를 분석해보아야 한다.

이때 분석 결과를 평가하지 말고, 결과를 있는 그대로 받아들여야 한다. 어떤 평가도 내려서는 안 된다. 분석의 목적이 평가가 아니라 경험을 통해 깨달음을 얻고 행복해지는 것이기 때문이다. 누구나 새롭게 시작하고 싶어 하지만, 자신의 현재 상태를 받아들이지 않는 한 아무것도 바꿀 수 없다. 심리학자 융도 "인간은 자신이 수용하는 것만 바꿀 수 있다"고 말한 바 있다.

'바람직한 성격을 계발하기 위해 오늘 내가 할 수 있는 일은 무엇인가?', '나와 내 주변 사람들을 행복하게 만들기 위해 나는 어떻게 행동해야 할 것인가?'를 매일 자신의 내면에게 물어보라.

그리고 성격을 계발할 기회를 포착하라! 그 기회는 직관적 지능을 지속적으로 발달시킬 수 있는 확실한 방법이 될 것이다.

이제부터는 자기 인식과 성격의 관계에 대해 좀 더 자세히 알아보자.

과연 어떤 성격이 직관적 지능 계발에 도움이 되고, 어떤 성격이 방해가 되는지 궁금할 것이다. 그것을 알기 위해서는 앞으로 나올 단락들을 눈으로 읽기만 해서는 안 된다. 제시되는 테스트들을 직접 해보고 고쳐야 할 점도 찾아보면서 적극적으로 자신을 발견하라. 그 과정을 통해 "그래서 그랬구나" 하는 말을 자주 하게 될 것이다.

귀를 열고 온 신경을 기울여 내면의 목소리를 들어보라. 자신에 대해 새로운 점을 발견할 때엔 특히 더 주의를 기울여라. 자기 자신에게 꾸밈없이 솔직해라. 강점이든 약점이든 모두 다 털어놓아라. 그리고 자신의 강점과 약점을 있는 그대로 받아들여라. 책을 읽으면서 빈 공간이나 일기장에 메모를 하면 도움이 될 것이다.

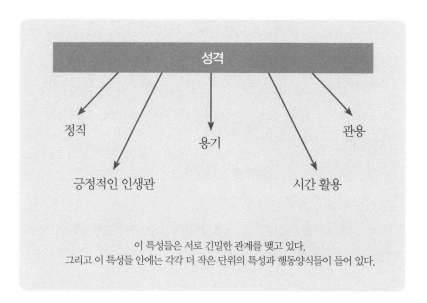

성격

정직   긍정적인 인생관   용기   시간 활용   관용

이 특성들은 서로 긴밀한 관계를 맺고 있다.
그리고 이 특성들 안에는 각각 더 작은 단위의 특성과 행동양식들이 들어 있다.

정직

정직은 다른 모든 성격적 특성에 커다란 영향을 미치는, 매우 중대한 특성이다.

스웨덴의 여왕 크리스티나는 "위대한 사람이 아니더라도 정직한 정신을 지닐 수 있다. 그러나 정직하지 않으면 위대한 사람이 될 수 없다"고 말했다.

📝 다음은 당신의 정직도를 알아보기 위한 테스트다. 질문에 답해보라.

• 물건을 사고 거스름돈을 더 많이 받았을 때 나는 그것을 돌려주는가?
• 소득세를 신고할 때 나는 솔직하게 모두 다 신고하는가?

- 나는 꼭 필요하다고 생각해서 거짓말을 할 때가 있는가? 아니면 언제나 열린 마음과 재치 있는 말로 진실만을 말하는가?
- 나는 자신의 실수를 인정하는가, 아니면 변명을 하며 위기에서 빠져나가는가?
- 나는 이야기를 할 때 일부러 부풀려 말하는가 혹은 원래보다 작게 줄여서 말하는가?
- 나는 때로는 내게 돌아올 이익을 생각하며 계산적으로 행동하는가?
- 내가 하는 말과 행동은 진실한가?
- 나는 직접 확인한 것들만 다른 사람에게 이야기하는가, 아니면 잡다한 소문을 퍼뜨리는 편인가?
- 나는 자신에 대해 그리고 다른 사람에 대해 의리를 지키는가?
- 나는 회사에서나 가정에서나 내 행동에 대한 책임을 질 자세를 갖고 있는가?
- 나는 여러 가지 규칙을 잘 지키는 편인가?
- 나는 믿을 만한 사람인가? 나는 시간을 잘 지키는 사람인가?
- 나는 부지런한가? 일이 많을 때에도 스트레스를 받지 않는 편인가?
- 나는 '지금, 이 자리에' 충실한가? 아니면 생각이 과거나 미래를 헤매고 있을 때가 많은가?

정직하다는 것에는 책임감, 질서의식, 신용, 시간엄수, 근면 등 많은 것들이 포함된다. 또한 여기에서 말하는 정직에는 다른 사람에 대한 정직뿐만 아니라 자기 자신에 대한 정직도 포함된다. 예를 들어, 과거나 미래에 집착하다 보면 현재를 충실하게 살아갈 수 없는데, 이것 또한 자기 자신에 대해 정직하지 못한 태도다.

인과율은 부정한 태도에 대해 금전적 손실이나 에너지 손실로 답한다.

돈이나 에너지를 잃게 되는 것에는 여러 가지 원인이 있을 수 있다. 예를 들어, 시간 낭비가 돈이나 에너지 손실로 이어질 수 있다. 돈은 곧 시간이고, 시간은 곧 에너지이기 때문이다! 에너지의 법칙에는 '뇌물'도 통하지 않으며, 그 법칙은 24시간 내내 유효하다.

끊임없이 돈 걱정을 하거나 가난을 지나치게 두려워해도 재정적인 문제가 발생할 수 있다. 그런 생각들이 '씨가 되기' 때문이다. 그렇게 되지 않기 위해서는 스스로에 대한 믿음을 키워야 한다.

정직이라는 특성을 통해 자기를 파악하기 위해서는 먼저 자기 자신에게 정직해야 한다.

희생양을 찾는 것은 자신에게 정직하지 못한 태도고, 자신에게 일어난 일에 대한 책임을 남에게 미루는 것은 다른 사람에게 정직하지 못한 태도다. 그리고 자신의 운명을 신의 탓으로 돌린다면 그것은 신에 대해 정직하지 못하며 감사할 줄도 모르는 태도다. 인과율의 법칙, 자유의지의 법칙, 그리고 공명의 법칙에 따르면 내게 일어나는 모든 일은 좋은 일이든 나쁜 일이든, 내가 어떤 식으로든 원인을 제공했기 때문에 일어나는 것이다.

자신과 다른 사람에게 자신의 실수와 약점을 솔직히 털어놓을 수 있어야 자신의 내면을 파악할 수 있다. 정직한 마음, 그리고 자기를 개선하고 발달시키고자 하는 간절한 마음이 있을 때에만 목표에 도달할 수 있다.

용기

용기와 두려움 중 어떤 것이 당신을 지배하고 있는가? 두려움은 직관적 지능의 발전을 저해하는 거대한 제동장치인 동시에 커다란 적이다. 그렇다면 자기 안에 두려움이 자리 잡고 있다는 것을 알아차리고 없애는 방법은 없을까?

✎ 자신이 얼마만큼 용기를 지녔는지 간단한 테스트를 통해 알아보자.

- 나는 열린 마음으로 타인에게 다가가는가?
- 나는 내 의견을 잘 주장하는 편이가?
- 나는 도전을 기쁘게, 낙천적으로 받아들이는가?
- 나는 새로운 과제에 용감하게 접근하는가?
- 나는 스스로 정신적 한계를 정해 놓았는가?
- 나는 어떤 일이 내게 맞지 않다는 느낌이 들 때 '아니요'라고 말할 수 있는가?
- 나는 설령 반대에 부딪힌다 하더라도 내면의 목소리에 따라 행동할 용기를 갖고 있는가?
- 나는 자주 희생하는 편인가?
- 내가 이용당한다는 느낌이 자주 드는가?
- 내 몸에 이롭지 않은 음식을 누군가 권할 때 그것을 정중하게 거절할 수 있는가?
- 나는 사랑받지 못할 것이 두려워 어떤 일을 할 때가 있는가?
- 나는 얼마나 강한 자신감을 지니고 있는가?
- 신에 대한 나의 믿음은 얼마나 강한가?

(마지막 두 개의 질문에 대해서는 100점 만점을 기준으로 점수를 매겨보라. 당신은 몇 점이나 얻었는가?)

126

용기에는 기본적으로 세 가지 종류가 있다.

1. '아니요'라고 하는 것이 옳다고 생각할 때 그렇게 말할 수 있는 용기
2. '예'라고 말하고 도전을 받아들일 수 있는 용기. 여기에서 말하는 도전은 다음과 같은 것들이다.
    - 직장생활과 남녀관계에서의 도전
    - 비현실적인 두려움으로 인해 피해오던 일을 실행할 용기
    - 자녀교육 등의 분야에서 결과에 대해 책임을 질 용기
    - 자신에게 진실할 용기
    - 자신의 의견을 주장할 용기
    - 자신의 의지를 관철시킬 용기
3. 무모함. 이것은 부정적인 형태의 용기로서, 자신과 타인에게 보여주기 위한 용기로, 그 뒤에는 보통 자신감 부족이 숨어 있다. 만용과 자만도 여기에 속한다.

'아니요'라고 말하지 못하는 사람들은 보통 자신을 기꺼이 희생하며 분노를 삼키곤 한다. 그러나 언젠가는 항아리가 넘치게 마련이다. 사소한 다툼만 일어나도 그들은 순간적으로 이성을 잃어버린다. 평화를 도모하려다가 큰 전쟁을 치르는 격이다.

▶▶ 당신은 항상 상사에게 억눌린 채 지내고 있지만, 항의할 용기가 없다. 혹은 늘 상대방의 마음에 드는 일만 하려다가 결국 자신이 원하는 삶을 살지 못한다. 그러다 보면 언젠가는 절망이 깊이 쌓인 나머지, 일이 조금만

잘못되어도 흥분해서 어찌할 바를 모르다가 결국 폭발하고 만다. 당신은 지나간 잘못들을 모두 다시 들추어 상대를 비난할 것이고, 상대방은 공격 당하는 느낌을 받으면서 반격할 것이다.

용기 부족에서 나오는 위와 같은 태도는 주로 여성들에게서 찾아볼 수 있지만, 남성들에게도 드문 일이 아니다. 두려움이 건강에 어떤 악영향을 미치는지 잘 드러내주는 표현으로는 '줏대가 없다' 혹은 '줏대를 굽히다' 등이 있다. 우리 몸에서 중심이 되는 '줏대'는 척추다. 척추 이상은 대부분 용기 부족과 관련이 있다. 자신을 희생하다 보면 너무 많은 짐을 등에 지기 때문이다.

도전이나 결정을 앞두고 내면에 두려움이 싹트는 것을 느껴본 적이 있을 것이다. 또 어떤 결정을 내리기에 앞서 꺼림칙한 기분이 들었던 적도 있을 것이다. 직업을 선택하는 것과 같은 중요한 문제를 결정할 때에는 특히 더 큰 용기가 필요하다.

남성들은 담력을 기르는 취미나 스포츠를 통해 두려움과 불안감을 상쇄하거나, 특정 분야에서의 용기가 부족하다면 다른 분야에서 특별히 더 많은 용기를 보이는 것으로 균형을 유지하려 애쓴다. 가정에서 목소리가 작은 남자들이 직장에서 강한 이미지를 풍기는가 하면, 반대로 직장에서 용기가 부족한 경우 가정에서 주도권을 잡음으로써 그것을 덮으려 하기도 한다.

이처럼 특정 부분에서 용기가 부족한 경우 다른 부분에서 잘못된 용기를 보여주기도 한다. 특히, 젊은 남성들은 자신의 용기를 다른 사람 앞에서 자주 과시하려고 한다. 자동차를 고속으로 몰아서 여자친구에게 강한 인상을 심어주려 한다거나, 10미터 높이에서 다이빙을 해서 자신의 용기를 증명하려는 것 등이 그 예이다. 급류 래프팅, 자동차 경주, 낙하산 다이빙, 스키 활강과 같은 취미를 즐기는 사람들의 마음 깊은 곳에는 용기를 증명하고자 하는 동기가 깔려 있는 경우가 많다. 물론 여성들에게서도 이런 태도를 발견할 수 있다.

이처럼 우리는 두려움이 또 다른 약점을 불러오는 커다란 걸림돌이라는 사실을 분명히 알아야 한다. 두려움과 불안감을 자만심과 교만함으로 포장하여 감추는 이들도 있지만 그것은 근본적인 문제 해결책이 아니다.

자기 과시욕도 용기 부족과 자신감 부족에서 비롯되는 경우가 많다. 자기 과시욕이 결국 두려움을 감추기 위한 수단에 지나지 않는다는 것을 깨닫게 되면, 그러한 욕구를 적절하게 절제할 수 있게 된다.

▶▶ 평소에는 직관에 따라 올바르게 행동하지만 특별히 자신감이 많이 필요한 상황에서는 직관에 따르기를 두려워하는 여성이 있다. 그렇지만 그녀는 자신이 겁을 먹고 있다는 것을 인정하지 않았다. 결국 그녀는 그러지 말아야 할 순간에 자신의 우월함과 힘을 과시하려고 했다. 뛰어난 카리스마를 자랑하는 상사와 쓸데없이 힘겨루기를 하면서도, 정작 필요할 때에는 자신의 의견을 밀어붙이지 못했다. 결국 자기가 자기에게 상처를 입힌 꼴이 되었다. 그녀는 그렇게 늘 엉뚱한 곳에서 인정을 받으려고 노력했다.

두려움은 우리의 직관을 마비시키고 유연성 없는 사람으로 만들어버린다. 새로운 것, 낯선 것이라면 무조건 겁먹고 익숙한 것에는 병적으로 매달리게 만든다. 자기 과시욕의 이웃사촌인 고집 또한 용기 부족이나 두려움에서 나오는 경우가 많다.

반면, 자신에 대한 믿음이 확실하고 어떤 상황에 처하더라도 용기 있게 '예' 또는 '아니요'라고 말할 수 있다면, 자기를 마음껏 표현하고 자기를 진정 사랑할 수 있게 된다. 그러면 자신의 내면에서 자라는 자신감이 매력이 되어 겉으로 발산될 것이고, 일부러 노력하지 않아도 다른 사람들은 당신을 인정하고 사랑할 수밖에 없게 될 것이다.

용기와 믿음이 있으면 자신을 파악하는 것이 더 쉬워진다.

용기와 믿음은 자신에 대해 알고자 할 때 큰 도움이 된다. 불안해하고 두려워할수록 자신의 실수나 약점을 인정하기가 어려워지고, 잦은 실수 때문에 자신이 남들보다 못나 보일까 봐 두려워하다 보면 자신에게 정직할 수 없게 된다. 반대로 자기를 믿고 사랑한다면 두려움은 설 땅을 잃게 되고, 두려움이 없다면 자신에게 완전히 솔직해질 수 있다. 자신의 성격에서 고쳐야 할 점을 발견했다면 그것을 도전으로 받아들이고 개선하면 된다. 용기와 확신만 있다면 변화에 대한 두려움이 생기지 않을 것이다. 그리고 이미 말했듯이 변화를 위한 첫걸음은 자신을 완벽히 파악하는 것이다. 자신의 약점을 찾아내기를 두려워하다 보면 자신의 영적 · 정신적 특성에 대해서도 알아낼 수 없다.

용기와 믿음이 있으면 자신의 강점과 재능에 대해서 알아낼 수 있다. 그런데 이것을 알아내는 것만으로 그쳐서는 안 된다. 용기와 재능을 활용하는 것이 더욱 중요하다.

예를 들어, 자신에게 남들이 알아듣기 쉽게 설명할 수 있는 재능, 즉 교육자적인 재능이 있다는 것을 발견했다면 짧은 시간 안에 그 능력을 실제로 활용해야 한다. 교사라는 직업을 택할 수도 있고, 교사가 아닌 다른 종류의 지도자가 되는 길을 택할 수도 있다. 그러나 그런 직책을 맡는 것에 대한 두려움이 너무 크다면 자신에게 그런 재능이 있다는 것조차 믿으려고 하지 않을 것이다. 강점을 실제로 발휘하는 데 대한 두려움이 크면 그 강점을 찾아내는 것조차 쉽지 않다.

관용

용서하지 못하는 것도 성격상의 큰 약점이다. 사람들 사이에 문제가 일어나는 것은 대부분 비관용적인 태도 때문이다. 용서는 인간이 지닌 위대한 능력이며, 내적·외적 평화를 만들어내는 힘이다. 관용적 자세를 훈련할 때에도 가장 먼저 자기 자신부터 시작해야 한다. 즉, 자신의 내면과 싸우지 않는 훈련부터 시작해야 한다는 말이다.

관용은 직관적 지능 계발에서 없어서는 안 될 요소다. 용서할 수 있는 능력이 없으면 영적·정신적으로 더 발전할 수 없다. 비관용의 범위에 속하는 부정적인 특성들을 상상해보면 더 쉽게 이해할 수 있을 것이다.

부정적인 감정을 비추는 스펙트럼은 화나 분노, 격분 등으로 시작해 원망, 상심, 원한을 거쳐 증오와 복수심에 이른다. 시기와 질투도 자신에게 용서할 능력이 없다는 것을 입증해주는 특성이다. 이런 약점을 지닌 사람들은 모든 잘못을 다른 사람 탓으로 돌리고 적개심까지 품는다. 혹은 이런 감정들을 자신에게 쏟으면서 모든 것을 자기 탓으로 돌리고 자신을 용서하지 못한다. 즉, 죄책감에 휩싸이게 된다.

이런 부정적 감정들 속에서 어떻게 직관이 발달할 수 있겠는가?

분노와 격노, 시기심과 복수심은 우리의 정신을 독으로 물들인다.

정신을 물들이는 독소들은 우리 삶에 크고 작은 악영향을 미친다. 용서하지 못하는 태도만 하더라도 인간관계에 얼마나 많은 문제를 일으키는가! 이 독소들은 마치 뱀처럼 우리 안으로 스며들어 삶 전체를 망칠 수도 있기 때문에 매우 치명적이다. 이런 비관용적인 감정들이 우리 안에 있는 동안 우리는 다른 사람을 진정 자유롭게 대할 수 없다.

용서란 지나간 잘못을 받아들이는 것이 아니라 그 잘못을 저지른 사람을 받아들이는 것이다.

우리는 누구나 자신의 태도와 행동에 대해서 스스로 책임지고 결과를 감당해야 한다. 자신이나 가까운 사람에게 고통을 준 사람에 대해 평생 분노하고 증오하고 복수심을 품어봤자 결국 자기 자신을 해치는 꼴밖에 되지 않는다.

어릴 때에는 부모님과의 관계에서 자신에게 용서할 수 있는 능력이 있는지 점검해보게 된다. 간혹 부모에 대한 분노나 증오심을 평생 지니고 사는 사람도 있다. 그리고 이런 감정들은 자기도 모르게 다른 사람들과의 관계로 옮겨간다. 직장 동료나 친구 혹은 배우자에게도 비슷한 분노나 증오심이 싹트는 것이다. 이런 감정을 갖고 있으면 중립적이고 객관적 태도를 지니기가 어렵다. 그 결과 직관적 지능을 계발하는 것도 힘들어진다.

비관용은 포기하지 못하는 태도와 책임을 미루는 습관을 의미하기도 한다. 이 두 가지는 고집을 낳고, 고집은 다시 비관용적인 태도를 낳는다.

앞서 고집의 이웃사촌이 지나친 자기 과시욕이라고 했다. 물론 누구든지 어느 정도는 자신을 인정받아야 영적 · 사회적으로 발전할 수 있다. 그러나 고집스럽게 자신의 의견만 내세우거나 모든 것을 다 아는 체하면서 자기 말만 옳다고 주장하는 태도는 자기 발전에 전혀 도움이 되지 않는다. 이런 사람들은 어떤 자리에서든 주인공이 되기 위해서 다른 사람들보다 앞서려고 하고, 다른 사람이 자기보다 더 똑똑하고 영리하고, 더 많은 인정과 사랑을 받는 것을 '용서'하지 못한다.

인정을 받으려고 안간힘을 쓰고, 다른 사람의 인정을 받고야 말겠다는 강박관념이 생길 정도라면 그것은 '병적'이라 할 수 있다. 자기 과시욕은 필요한 만큼의 인정을 받으려는 마음이 아니다. 자기 과시욕은 중독에 가까운 욕구다. 이로 인해 그의 인간관계는 엉망이 되고, 심하면 병을 얻기도 한다.

고집과 자기 과시욕에는 비관용적인 특성들이 많이 들어 있다. 다음과 같은 감정이나 행동방식이 바로 그 특성들이다.

• 질투, 시기, 인색함, 소유욕
• 배타심
• 비건설적인 비판
• 다른 사람의 일에 간섭하기
• 남의 말이나 행동에 쉽게 상처받기
• 자기 의견만 내세우기, 아는 체하기

• 어떤 자리에서든 주인공이 되려고 하기

이런 특성은 한 사람의 성격 전체에 악영향을 미친다. 즉, 고집과 자기 과시욕이 지나치면 자신의 영적 평화뿐 아니라 다른 사람들과의 평화로운 관계마저 망칠 수 있다는 말이다.

비관용적인 태도 안에는 '너' 혹은 '우리'가 아닌 '내'가 가장 큰 자리를 차지하고 있다. 그런데 용서란 것은 언제나 상대방을 향하는 마음이다.

지나치게 자기를 과시하려다 보면 스스로를 과대평가하게 되고, 있는 그대로의 자기 모습을 받아들이고 사랑할 수 없기 때문에 외부로부터 끊임없이 인정을 받고자 한다. 그 결과, 다른 사람들을 용서할 수도, 그들을 진정 사랑할 수도 없게 된다. 그저 자신의 의견과 판단만을 고집할 뿐이다. 고집을 버리고 관용적인 태도를 지니면 다른 사람들을 있는 그대로의 모습으로 받아들일 수 있고, 나아가 평화롭고 조화로운 인간관계를 만들어 나갈 수 있다. 사랑이란 '상대가 자신과 다르다는 사실을 받아들이는 것' 이라고 했다. 용서하는 마음가짐을 지니면 우리는 진정한 사랑을 실천할 수 있다.

그런데 진실한 이웃사랑의 정신을 동정심과 혼동해서는 안 된다. 동정심이란 남의 불행이나 슬픔을 자기 일처럼 생각하고 가슴 아파하며 괴로워하는 것이다. 하지만 우리도 그들과 '같이 괴롭다'면 진심으로 그들을 도울 수 없다. 도움은 되지 못한 채 자신을 희생해버릴 가능성이 크다. 그것은 불간섭의 법칙에 위배되는 것이다.

사례를 통해 용서가 어떻게 자기 인식에 도움이 되는지 알아보자.

▶▶ 당신은 직장 동료나 남편 혹은 아내에게 화가 났다. 화가 난 정도가 아니라 마음속에서 분노가 끓어올랐다. 잘못은 그 사람이 저질렀지만, 뒤치다꺼리는 고스란히 당신의 몫이기 때문이다. 당신은 모든 책임을 그 사람에게 떠넘기고, 그 사람을 용서하지 못한다.

이런 감정 상태에 빠지게 되면 당신 내면에는 부정적 에너지가 늘어나고 긍정적 에너지는 줄어든다. 그리고 그보다 더 안타까운 사실은 화를 냄으로써 당신은 자신에 대해 더 잘 알 수 있는 기회까지 놓친다는 사실이다. '내 눈에 거슬리는 모든 것들이 내 안에도 있다!'라고 한 거울의 법칙(공명의 법칙)을 기억해보라. 잘못을 저지른 사람에게 아무런 책임이 없다는 말이 아니라, 그 사람의 잘못을 거울로 삼아 자신을 돌이켜보자는 말이다. 그런 상황들을 자신에게 주어진 배움의 기회로 여기면서 자신에게 유익한 방향으로 활용한다면 화를 낼 필요도 없을 것이다.

▶▶ 당신의 아내는 친구와 오랫동안 전화로 수다를 떠는 버릇이 있다. 당신은 그것을 그냥 넘기지 못하고 늘 잔소리를 한다.

당신이 아내의 수다를 왜 그렇게 못마땅해하는지 스스로에게 물어보라. 당신에게는 그렇게 모든 것을 털어놓을 수 있는 친구가 없기 때문에 질투하는 것은 아닌가? 내성적인 당신이 속내를 드러낼 수 있는 사람들을 마음속으로 시기하는 것은 아닌가? 아내의 그런 면을 용서하고 인정하지 못하는 다른 동기가 있는 것은 아닌가? 어떤 일이 당신 눈에 거슬릴 때면 그일을 다른 각도에서 바라보라. 거슬리는 원인이 자신에게 있는 경우도 적지 않다.

▶▶ F씨는 다른 사람이 자신이 기대한 것 혹은 자신의 가치관과 다른 행동을 하면 즉각 그 사람에게 비난을 퍼붓는다. 이처럼 자신의 가치관과 의견만 옳다고 고집을 피우는 것이 바로 비관용적인 태도다. 비관용적 태도는 잘난 체하기 좋아하는 사람들에게서 주로 나타난다. 근본적으로 F씨는 다른 사람이 자기보다 더 해박한 것을 참지 못하고, 더 나은 해결책을 찾는 것을 두고 보지 못하는 사람이다. 그는 다른 사람이 아무런 잘못을 저지르지 않았다 하더라도, 자신이 한번 그렇게 믿어버리면 끝까지 자기 생각을 바꾸지 않는다. F씨는 자신의 가치관에 대해 절대 의문을 품지 않는다. 그것은 자기 인식과 발달의 기회를 스스로 걷어차는 것과 다를 바 없다.

▶▶ K여사는 어떤 자리에서든 주인공 역할을 해야만 직성이 풀리는 타입이다. 그녀는 항상 대화를 주도하며 쉴 새 없이 말한다. 대화의 주제는 늘 그녀 자신이다. 그녀는 다른 사람이 분위기 메이커가 되는 것을 두고 보지 못한다. 자신이 아닌 다른 사람이 자리를 더 빛내는 것을 참을 수 없기 때문이다. 그녀는 이런 성격 때문에 다른 사람들과 의견을 나누며 새로운 것을 배울 기회를 늘 놓치고 만다.

위의 사례에서 알 수 있듯이, 너그럽고 관대한 마음으로 자신의 자아를 낮추지 않으면 사랑을 줄 수도, 받을 수도 없다. 그뿐만 아니라 기본적인 자기 수양의 기회조차 놓치게 된다.

용서하지 않는 태도의 맨 꼭대기에는 이기적인 자아가 있다. 이기적인 자아 때문에 지혜의 목소리는 서서히 작아지면서 밖으로 밀려난다. 이것은 우주의 정신과의 연결고리가 끊어지는 것을 의미한다.

고집과 지나친 자기 과시욕은 직관적 지능 계발의 커다란 적이다.

모든 동전이 그렇듯이 고집과 자기 과시욕이라는 동전에도 앞면과 뒷면이 있다. 위에 언급한 사례들이 누구나 쉽게 볼 수 있는 동전의 앞면이라면 '병적으로 도와주기', 즉 자기희생은 쉽게 드러나지 않는 동전의 뒷면이다. 그렇다면 자기희생은 고집 혹은 자기 과시욕과 어떤 관계에 놓여 있을까?

동정심은 자기의 의무를 잘못 이해하는 데서 비롯되고, 병적으로 남을 돕는 것은 자기를 바꾸려는 의지가 없을 때 둘러대는 핑곗거리에 불과하다고 했다. 많은 사람들이 자신을 위해 쓸 수 있는 시간이 부족하다고 말한다. 그러나 이 말은, 자신에 대한 진실을 피하려고 둘러대는 변명에 불과하다. 그들은 자신이 현재 지니고 있는 성격과 행동을 바꿀 마음이 없는 것이다. 그러나 자기의 약점을 개선하고 직관적 지능을 발달시키는 것이야말로 다른 사람을 진정으로 돕는 것이다. 남을 배려하되 자신의 개성도 살리는 것이야말로 진심으로 남을 도우려는 사람들이 지녀야 할 태도다.

자기희생 뒤에는 남들의 인정과 사람에 대한 중독 등 부정적 특성만이 숨어 있다. 자기를 희생해가면서까지 남을 도우면 상대의 인정을 받을 수는 있겠지만, 직관을 계발하는 데에는 전혀 도움이 안 된다.

보잘것없는 '나-나-나', 자아, 고집, 인정받으려는 욕구 등이 강할수록 우리는 자연의 법칙과 신을 무시하게 된다. 주인공이 되려는 욕구, 비관용, 간섭, 자기희생 등은 자아만 고집하는 행위요, 그야말로 '되지도 않을 일에 머리를 싸매고' 억지를 부리는 것이다. 그런 태도를 보이는 순간, 인생이라는 연극의 막은 아래로 뚝 떨어진다. 즉, 위와 같은 약점들은 참된 자기 인식을 가로막는 방해자에 불과하다.

심각한 병이나 가정 내의 커다란 문제들도 고집이나 비관용, 그리고 자기 과시욕이 지나쳐서 생기는 경우가 많다. 영혼이 질병에게 자신을 맡기기 때문에 신체적 증상들이 나타나는 것이다. 처음에는 두통, 피부질환, 위장질환 등 가벼운 증상에서 출발하지만 시간이 지날수록 이런 증상들은 점점 심각해진다. 질병이라는 매개체를 통해 영혼은 자신에게 더 많은 주의를 기울여달라고, 자신을 더 아끼고 돌보라고 호소하는 것이다.

고통스러운 질병을 미연에 방지하려면 직관적 지능을 활용해 먼저 착각과 환상을 벗어버려야 한다.

자신이 관용적인지 아닌지를 알 수 있는 방법에는 어떤 것들이 있을까?

위에 나열한 사례들을 읽으면서 가슴이 답답해지는 것을 느꼈는가? 이 사례들에서 자신의 모습을 발견했기 때문에 그런 느낌이 든 것은 아닌가? 그러나 당신의 비관용과 위의 사례들에서의 비관용은 강도가 다를 수 있다. F씨나 K여사보다는 당신이 더 너그러울 수 있다는 말이다.

비관용에도 여러 가지 종류가 있다. 자신의 내면을 자세히 들여다보고 자신은 얼마나 관용적인지 혹은 비관용적인지 알아보라.

🖊 다음 중 몇 가지 항목이 당신에게 해당하는가?

• 지난 일을 마음에 담아두고 잘 토라지며, 앙심을 품는다.

• 쉽게 흥분하고 화를 낸다.

- 참을성이 부족하고 감정을 자제하지 못하며, 격분하는 때가 많다.
- 특정 인물이나 사물을 극도로 싫어하며 복수심을 품는다('어떻게 하면 그 사람을 골탕 먹일 수 있을까?' 혹은 '이번에는 제대로 한방 먹였어' 하고 생각하는 것 등)
- 자신의 주장을 굽히지 않고 지식을 뽐내며 남들을 이기려 한다.
- 시기심과 질투심이 많다.
- 칭찬받고 인정받고 사랑받기 위해 자기를 기꺼이 희생한다(병적으로 도와주기).

📓 최근에 다음과 같은 태도를 보인 것이 언제인가?

- 누군가에게 "용서할게" 하고 말했다.
- 당신에게 해를 끼친 사람을 사랑으로 감싸 안으려고 노력했다.
- 자신을 비난하고 질타한 사람을 마음속으로 용서했다.
- 스스로를 진심으로 용서했다.
- 화를 끝까지 참으며 부모나 자녀 혹은 배우자를 용서했다.
- 혀끝에 맴도는 비난과 질타를 억누르고 다른 사람을 있는 그대로 받아들였다.

관용이라는 단 한 가지 성격 안에도 이렇게 많은 면이 숨어 있다. 이것만 보더라도 우리의 인성 전체, 우리의 내면, 우리의 영혼 안에 얼마나 많은 단면들이 숨어 있을지 짐작할 수 있다. 자신의 내면을 들여다보는 일은 당장 그 순간에는 괴롭지만, 그렇게 해야만 자신의 약점을 포장하고 있던 허물을 완전히 벗어버릴 수 있다.

먼저 작은 것부터 시작해보라. 충분한 시간을 두고 한 번에 한 가지씩 해결하라. 그리고 무엇보다 "내일부터는 완전히 달라져야지!"와 같은 극단적인 목표를 세워서는 안 된다. 그것은 실패의 지름길이다. 그리고 어떤 상황에 처하든 모든 것을 '약'으로 여기고 기회라고 생각하라. 어떤 것을 깨닫더라도 그 안에서 긍정적인 것을 찾으려고 노력하라.

자기 분석을 할 때에는 자신이 지닌 강점과 재능도 잊어서는 안 된다. 약점만 찾으려고 하지 말고 강점도 찾아보아야 한다. 강점을 잘 활용하는 것이 곧 약점을 없애는 방법이 되기도 한다.

용기와 자신감이라는 강점을 지닌 사람에게는 굳이 외부의 인정이 필요하지 않다. 긍정적인 인생관, 인내심과 여유도 용서하기 훈련에 커다란 도움이 된다.

긍정적인 인생관

다음의 사례는 같은 상황을 놓고도 보는 사람에 따라 얼마나 다르게 평가할 수 있는지를 분명하게 보여준다.

▶▶▶ 나는 세미나에 참석하기 위해 스위스를 방문한 적이 있다. 호텔 측에서는 내게 묵고 싶은 방을 마음대로 고르라고 했다. 산이 보여서 전망이 좋기는 하지만 거리 쪽으로 창문이 나 있어서 조금 시끄러운 방과 전망이 좋지는 않지만 조용한 방이 있었다. 나는 산이 보이는 방보다는 덜 하겠지만 뒤쪽의 조용한 방도 전망이 괜찮을 것이라고 생각하며 뒤쪽 방을 선택했다.

짐 옮기는 것을 도와주던 친구 하나가 창 쪽으로 가더니 아래쪽에 공동묘지가 있다고 했다. 나는 묘지를 보지 못했었다. 잠시 후 다른 친구가 우리 방으로 오더니 "전망이 아주 좋은데? 푸른 잔디, 완만한 언덕, 게다가 교회 탑까지! 정말 멋진 전원 풍경이야!" 하며 감탄했다.

같은 위치에서 같은 전망을 보는데도 그 느낌은 사람에 따라 제각각 달랐다. 각자가 다른 '안경'을 쓰고 있었던 것이다.

당신은 어떤 안경을 쓰고 있는가? 당신이 어떤 관점을 지니고 있느냐에 따라 직관을 발휘하는 능력도 달라진다.

가치관과 생각은 직관에 영향을 미친다.

자신이 휴식시간에 동료와 어떤 얘기를 나누는지, 식당이나 전철 또는 그 외의 장소에서 친구들과 어떤 대화를 나누는지에 주의를 기울여보라. 우리는 비리와 사기, 살인과 테러, 전쟁을 비롯해 정치나 경제 분야의 부정적인 뉴스들에 대해 주로 이야기한다. 혹은 이웃이나 직장 동료 그리고 배우자에 대한 험담을 늘어놓거나 '요즘의 버릇없는 아이들'을 주제로 이야기를 나누기도 한다. 질병, 고통, 염려, 두려움 등도 빠지지 않는 주제다.

범죄나 개인의 고통 따위는 중요하지 않으니 무시하라는 말이 아니다. 부정적인 것들만 이야기하다 보면 의식이 부정적으로 발달하고 정신은 독으로 물들며, 나아가 부정적인 생각들이 결국 불행을 불러오고야 만다는 사실을 말하려는 것이다.

일주일 동안 주변에서 들려오는 대화에 주의를 기울여보라. 긍정적인 대화는 얼마나 되는지, 얼마나 많은 사람들이 감사와 기쁨, 즐거웠던 일들, 발전 또는 음악·예술·문화 등 아름다운 것들에 대해 이야기하는지 주의 깊게 들어보라.

사회 구성원들의 집단적인 사고와 감정이 신문기사나 TV 뉴스의 내용, 즉 과거에 일어난 일과 앞으로 일어날 일을 결정한다. 우리의 생각은 자기실현의 원동력이요, 에너지다. 생각이 곧 힘이다!

가만히 생각해보라. 당신은 낙관론자인가 비관론자인가? 물론 누구든지 때에 따라 낙천적이기도 하고 염세적이 되기도 하지만 기본적인 성향이 있을 것이다.

> 낙관주의자는 모든 문제에서 기회를 발견하고, 비관주의자는 모든 기회에서 문제를 발견한다.

당신은 "왜 항상 내게만 이런 일이 일어날까?", "나는 운이 따르지 않는 편이야!", "언제나 벌을 받는 건 나야!", "행운은 절대 내 편이 아니야!" 등의 말을 자주 하는 편인가? 당신은 정말 운이 따르지 않는 사람인가? 아니면 당신은 자신이 행운아라고 생각하는가?

한스 모저는 불평쟁이 역할을 맡으면서 유명해진 배우다. 그는 불평쟁이 역할을 탁월하게 해냈고, 비엔나 사람들은 그를 '투덜이'라고 부른다. 영화 속에서 그는 '옥에 티'를 찾아내는 전형적인 비관주의자이자 불평쟁이였고, 그런 그에게는 항상 불행이 함께했다.

142

불평을 하고자 하면 항상 이유가 있게 마련이다. 스프에 머리카락이 하나 빠질 때까지 접시 위에서 머리를 흔들어댈 수도 있을 것이다! 그러나 이와 마찬가지로 긍정적인 것도 찾으려고만 하면 언제든지 찾을 수 있다.

첫눈에 알아차리기는 힘들지만 부정적 인생관을 지닌 사람들에게서는 독특한 특징들이 나타난다.

✎ 먼저 자신을 한번 관찰해보라.

1. 식당이나 호텔에 갔을 때 가장 먼저 눈에 들어오는 것은 무엇인가? 입구에 단아하게 늘어선 화분들이 가장 먼저 눈에 띄는가? 아니면, 불만 가득한 표정으로 데스크에 앉아 있는 여성이 먼저 눈에 띄는가? 식탁 위에 조심스레 접어놓은 냅킨과 유리컵의 얼룩 중 어느 것이 더 먼저 눈에 들어오는가?

2. 잡음에 민감한 편인가? 당신이 통화하는 동안 다른 사람들이 이야기하면 불쾌해지는가? 마당에서 뛰어노는 아이들의 소리가 당신에게 방해가 되는가? 당신은 이웃집에서 들려오는 소리를 모두 듣고, 작은 소리에도 쉽게 불쾌해하는가? 소음에 민감하다는 것은 때때로 부정적인 가치관을 암시해준다.

3. 당신에 대한 험담을 늘어놓는 직장 동료나 상사, 배우자, 친구가 많다. 또, 당신은 "왜 뒤치다꺼리는 항상 내 몫이지?" 하고 자주 불평한다. 공명의 법칙에 따르면 가까운 사람이 자기를 비난하는 것은 자신에게 문제가 있기 때문이다. 문제를 해결하려면 먼저 자신부터 변해야 한다!

4. 누군가 당신을 비난한다고 해서 당신이 전형적인 불평쟁이라는 말은 아니다. 우리는 누구나 비판적인 생각이나 비난을 곧잘 한다. 누군가 당신을 비난하거든 당신이 어제나 오늘, 어떤 것에 대해 불평을 늘어놓은 적은 없었는지 되

돌아보라.

5. 친구가 등산을 같이 가지 않겠냐고 물어본다. 질문을 받자마자 길이 막히지 나 않을까, 날씨가 안 좋으면 어떡하지 등의 걱정부터 든다.

6. 직장 동료나 배우자가 어떤 제안을 할 때, 당신은 먼저 그 제안을 받아들여서 는 안 될 이유들을 생각해내려 한다. 분위기를 망치기 싫어서 겉으로는 안 그 런 척하겠지만, 속으로는 의심부터 시작한다.

7. "난 할 수 없어" 혹은 "나는 그 일을 해내지 못할 거야" 등은 전형적인 비관주 의자들이 자주 하는 말이다.

위의 사례 중 당신에게 해당하는 것이 있는가? 아니면 당신은 '다른 사 람들이나 그렇지, 나는 안 그래' 하고 생각하는가? 자신에게 완전히 솔직 해지라. 그리고 친한 친구에게 당신을 어떻게 생각하는지 물어보라. 위에 서 말한 특징들을 중심으로 며칠 동안 당신을 관찰해보라. 이때, 자신의 '참된 모습'을 찾으려는 의지가 있어야 한다. 그리고 관찰 결과를 일기에 기록하면 더 큰 효과를 얻을 수 있다.

단점을 찾아내고 그것을 있는 그대로 받아들여야만 자기를 변화시킬 수 있다. 그리고 다시 한번 강조하지만, 절대 자신을 평가해서는 안 된다. 있는 그대로의 상태를 받아들여야 한다. 지금까지 당신은 자신에게 도움 이 된다고 생각하면서 특정한 행동들을 반복해왔을 것이다. 그것이 굳어 서 당신의 행동양식이 된 것이다. 당신은 그것을 일종의 '보호막'으로 생 각하겠지만, 그것이 단점들로만 구성된 보호막이면 어떻게 할 것인가? 그 러나 분명 희망은 있다. 어떤 상태든 강한 의지만 있으면 언제든지 바꿀 수 있다!

용기 부족, 의심, 두려움은 부정적 인생관을 보여주는 단면들이다.

우리의 인생관은 두려움 속에서 사느냐, 아니면 사랑과 안정 속에서 사느냐에 따라 크게 달라진다. 낙관주의자들은 두려움 대신 믿음을 지니고 있다. 낙관주의자들은 자신의 삶과 삶이 제시하는 모든 과제들을 사랑한다. 그들은 믿음과 사랑으로 부정적 사고와 감정, 의심 등을 이겨낸다.

대부분의 사람들은 문제가 생겼을 때 해결책보다는 문제 자체에 집중한다. 예를 들어, 어떤 프로젝트를 기획하고 실행할 때 중간에 문제가 발생하지 않으리라는 보장은 없다. 하지만 문제가 생기더라도 긍정적 시각을 지니고 있다면 반드시 해결책을 찾아낼 수 있다.

프로젝트 개발에 관한 세미나와 워크숍을 개최하는 한 친구는 문제라는 단어 대신 '깨 버려야 할 껍질'이라는 말을 사용한다. 이는 문제라는 말보다는 덜 딱딱하게 들리면서 동시에 도전해보도록 고무시키는 말이다. 단단한 껍질을 깨고 그 안의 열매가 밖으로 드러나는 그림을 상상해보라. 이 열매는 나무를 훌륭하게 키울 수 있는, 다시 말해 프로젝트를 성공으로 이끌 수 있는 씨앗과도 같다. 이러한 발상의 전환은 창의력에 날개를 달아주고, '이 정도 껍질을 깨는 것쯤이야 식은 죽 먹기지!' 하고 생각하며 프로젝트를 계속 진행해갈 힘을 실어준다.

부정적인 인생관은 자기 분석을 얼마나 방해할까? 그리고 긍정적인 인생관은 얼마나 도움이 될까?

우리 자신, 즉 우리의 영혼에 대해 더 많은 것을 알려면 먼저 올바른 시각을 지녀야 한다. 이에 대한 두 가지 사례를 보자.

▶▶ A가 일 때문에 호텔에 묵었다. 그런데 A의 방은 호텔에서 가장 시끄러운 방이고 그 방에 딸린 욕실은 그 호텔에서 가장 작은 것이다. 음식을 주문해도 자신의 기대와는 다른 것이 나오곤 했다. 불평쟁이인 A에게 그런 것들은 그야말로 좋은 '먹잇감'이 되었다. '운이 따르지 않는 사람들'이 그러하듯, A도 모든 일에 꼬투리를 잡는 타입이었다. '불운한' 사람들은 항상 자신만 손해를 본다고 생각하지만, 그 손해를 자신 스스로 불러왔다는 사실은 알지 못한다. 그들이 품은 생각이 불행을 불러오기 때문이다. "나로서는 어떻게 해볼 도리가 없다"며 남의 탓만 하는 A는 결코 문제가 바로 자신에게 있다는 것을 알아내지 못할 것이다.

▶▶ 다음은 한 친구가 최근에 내게 해준 이야기다.

"지난주에 내 상사가 어떤 편지를 쓰라고 지시했어. 몇 번 시도를 해봤는데 못 하겠다는 결론에 도달했지. 다시 상사한테 가서 자문을 구해야 했지만, 왠지 모를 회의와 두려움이 들었어. 상사가 내 약점을 잡고 늘어지는 그림이 머릿속에 그려지면서 말이야. '그 사람은 날 결코 이해하지 못할 거야, 내 약점만 건드릴 거야, 물어봤자 답은 뻔해, 자문을 구해봤자 도움은 주지 않고 야단만 치겠지, 어차피 자기 일이니까 자기가 알아서 하겠지' 등등의 생각이 내 머릿속에서 바퀴처럼 굴러갔어.

그런 생각으로 난 상사에게 가려고 했었어. 그런데 내 안에서 '잠깐!'하는 소리가 들려오는 거야. '내가 대체 뭘 하고 있는 거지? 일을 왜 이런 식으로 하려는 거지? 내가 그렇게 생각해버리면 상사로서도 어쩔 도리가 없잖아?' 하는 생각들이 들었지. 그러면서 지난번에 내가 불만이 가득한 채로 그 상사를 찾아갔던 일이 기억났어. 물론 그때 나눴던 불쾌한 대화도 함께 말이야. 그래서 나는 일단은 생각을 조금 정리했어. 그리고는 상사가 내게 친절하게 설명해주고 나를 도와주는 상상을 했어. 그러자 그 상사가 고객에게 매우 친절하게 어떤 것을 설명해주던 장면이 기억났어. 내게도 그러지 말라는 법은 없잖아! 그러자 내 안의 두려움이 조금씩 사라지고 상사를 좋은 얼굴로 볼 수 있게 됐지.

잠시 후 상사에게 가서, 침착하고 다정한 목소리로 도움을 청했고 정보를 조금 더 달라고 부탁했어. 그랬더니 그 사람이 어떻게 한 줄 아니? 비난하거나 야단치지 않고, 차분하고 화기애애한 분위기로 편지 내용에 대해 설명했어.

고맙고 기쁜 마음으로 나는 내 자리로 다시 돌아왔어. 그리고는 물 흐르듯이 편지를 써 내려가서 금방 일을 마칠 수 있었어. 나는 하루 종일 쓰고도 남을 새로운 에너지가 가득 차는 것을 느꼈어. 그날 저녁 나는 내가 그런 사실을 깨달았다는 것에 감사했고, 내 능력에 대해서도 기뻐했지."

이 친구는 자신의 마음속에 있는 '스위치'를 눌러 두려움과 비난은 꺼버리고 믿음과 사랑을 켜는 데 성공했다. 그렇게 함으로써 그녀는 자신의 약점을 발견했다. 또, 그 일을 성공적으로 해냈기 때문에 한층 더 고무되어 앞으로 자신의 생각을 점점 더 긍정적인 방향으로 발전시키고 다른 사람들을 대할 때도 더욱 친절해질 것이다. 나아가 이런 태도는 다른 사람들도 그녀를 다정하게 대하도록 만드는 바탕이 될 것이다.

어떤 일에서든 긍정적인 면을 바라볼 수 있다면 혹은 적어도 긍정적인 면을 찾아내겠다는 의지가 있다면 누구든지 다른 사람들의 행동 속에서 자신의 모습을 발견할 수 있다. 그리고 그 '거울' 속에서 자기를 계발하고 단련시킬 수 있는 긍정적인 기회를 찾을 수 있다.

우리는 경고신호와 장애물 그리고 불행 또한 자기 발견의 기회로 삼아야 한다. 어떤 일이 실패로 돌아가거나 자신이 생각하는 것과 다르게 흘러가더라도 그 책임을 신과 자연의 법칙 혹은 운명의 탓으로 돌릴 것이 아니라 그 안에서 자기를 발견하려 노력해야 한다.

> 긍정적인 인생관을 지닌 사람은 문제 속에 *빠져버리지 않는다.* 그들은 도전을 받아들이고 해결책을 찾는다.

낙관주의자들의 생각은 해결책을 찾는 방향에 초점이 맞춰져 있다. 그들에게 장애물을 극복하는 것은 신나는 모험이다. 그들에게 극복하지 못할 어려움은 없기 때문에 도전에 대한 두려움도 없다. 낙관주의자들은 '이 정도쯤은 쉽게 해낼 수 있어' 하는 생각을 지니고 문제에 다가간다. 실제로 그들은 문제를 극복하고 그 일을 성공적으로 마칠 것이다. 또, 뭔가를 변화시키고 개선하겠다는 동기가 뚜렷한 낙관주의자들은 모든 것에 감사하는 마음가짐을 갖고 있다.

따라서 우리가 낙관주의자의 자세를 가진다면, 시험, 질병 혹은 어떤 것이든 '깨버려야 할 껍질들'을 쉽게 극복할 수 있다. 그 결과 어떤 난관에 부딪쳐도 당황하지 않고, 유머와 여유를 가지고 문제를 해결해나갈 수 있다. 그리고 이런 과정을 통해 더욱 객관적인 시각을 지닐 수 있게 된다. 낙관적이고 객관적인 시각은 자기 인식의 과정을 앞당기고 자신감을 길러준다. 이런 성격들이 모여 결국 당신은 강해지고, 강한 만큼 자신의 약점까지도 인정하는 태도를 갖게 될 것이다.

그러나 낙관주의자들이 특히 조심해야 할 장애물이 한 가지 있다. 그것은 바로 지나친 인내심이다. 인내심이 많을수록 좋다고 생각하는 사람들도 있겠지만, 인내심이 지나치면 무관심이 되어버린다. 중요한 경고신호에도 무관심해지는 것은 위험하다. 지나친 무관심은 한없이 편해지려는 마음, 즉 게으름에서 비롯된다. 모든 것에 무관심한 채로 사는 것은 얼핏 보기에는 편해 보이지만, 지나치게 편안함을 추구하다 보면 에너지를 잃게 되고 직관도 약해진다.

간혹 현실과 동떨어진 삶을 살아가는 낙관주의자들도 있다. 그들은 때때로 환상에 빠진다. 그러나 환상 속에서 살면 배움의 기회가 주어져도 모르고 지나가게 되고, 자신에게 솔직해질 수도 없다. 하지만 결론적으로 볼때, 낙관주의자들이 비관주의자들보다는 변화를 잘 받아들이고 이를 통해 자기를 더 많이 계발하는 것이 사실이다.

부정적인 인생관을 지닌 사람들은 주로 자신을 희생자나 '운이 따르지 않는 사람'으로 여기는데, 이런 자세로는 건설적인 배움의 과정을 밟아나갈 수 없다. "나로서도 어쩔 수 없어!"라는 말은 곧 "책임은 다른 사람들에게 있으니 내가 뭔가를 바꿀 필요는 없어"라는 말과 같다. 부정적인 인생관을 버리고 더 나은 인생을 설계하고 싶다면 제2부의 〈성공적인 삶으로 가는 13단계〉를 참고하기 바란다.

긍정적인 태도는 에너지를 더해주고, 부정적인 감정은 에너지를 앗아간다는 사실을 명심하라. 부정적인 생각을 하는 것은 자기발달 과정에 브레이크를 거는 행위다. 당연히 자기발달의 속도가 느려질 것이다. '에너지의 법칙'에서 말했듯 시간은 곧 에너지다.

올바른 시간 활용법

시간 활용이 성격적 특성과 어떤 관계가 있는지 궁금할 것이다. 성격적 특성은 영혼의 특성, 즉 인성이다. 시간을 효율적으로 활용하느냐, 시간을 '죽이느냐' 하는 문제는 개인의 성격이자 행동양식으로서, 영혼을 구성하는 기초가 된다.

시간은 값진 것이고, 곧 에너지다. 우리에게 주어진 시간을 어떻게 활용하느냐에 따라 우리가 지닌 생명 에너지의 양도 달라진다. 생명 에너지가 많을수록 영적 · 정신적 계발이 쉬워진다. 따라서 시간을 활용하는 방법은 직관적 지능의 향상과도 관계가 깊다.

🖎 **다음 질문에 답해보라. 연필과 종이 혹은 일기장을 준비하고 자신의 생각을 직접 적는 것이 가장 좋다.**

1. 시간을 어떻게 활용하는 것이 가장 좋은 시간 활용법이라고 생각하는가?
2. 당신은 시간을 의미 있게 활용하는 편인가?

어떤 이들은 하루에도 수많은 공적 혹은 사적인 약속들을 처리하면서 살아간다. 그들은 분명 '부지런한' 사람들이다. 그러나 여기에서 말하는 부지런함이란 그저 끊임없이 일하는 것일 뿐, 이런 식의 부지런함은 오히려 피로와 스트레스를 낳는다. 그런가 하면 지나치게 느긋하고 행동이 굼뜨며 게으른 사람들도 있다.

진정한 부지런함과 여유는 정도를 지키면서, 긴장과 이완, 일과 휴식 사이의 균형을 유지할 때 비로소 찾을 수 있다. 이완과 휴식 또한 몸과 정신을 위해 꼭 필요한 것이므로 의미 있게 시간을 활용하는 방법이라고 할 수 있다.

어떤 사람은 텔레비전을 보거나 술집을 전전하며 여가시간을 허비한다. 반면 여가시간에 목숨까지 걸어야 하는 위험한 운동을 하면서 짜릿한 기분을 만끽하는 사람들도 있다. 또, 많은 여성들은 자신이 도와줄 필요가 없는 사람을 돕는 데 시간을 투자하거나(병적으로 도와주기), 다른 사람들에게 기꺼이 '통곡의 벽'이 되어주기도 한다. 한편, 자기 계발을 돕기는커녕 가로막기만 하는, 전혀 기쁨을 얻을 수 없는 직장에서 매일 밤늦게까지 일을 하는 사람들은 또 얼마나 많은가!

위의 사례들에서는 시간 낭비가 어떤 것인지 비교적 쉽게 알 수 있지만, 현실에서는 그렇지 못한 경우가 더 많다.

▶▶ 신은 병을 '달고 사는' 친척이나 친구를 자주 만난다. 그는 당신을 만날 때마다 자신의 몸 상태에 대해 하소연을 한다. 당신은 그 사람에게 동정심을 느낀다. 그러나 그 사람은 당신의 충고를 받아들이고 실천에 옮기거나 꼭 필요한 조치를 취할 자세가 되어 있지 않다. 이렇게 말하면 너무 잔인할지 모르겠지만, 그 사람은 동정심을 받는 것을 즐기고 있는 듯하다. 당신은 그 사람과 시간을 보내고 나면 많은 에너지가 소모된다는 사실을 알고 있다. 그 사람을 만나고 나면 늘 지치고 피곤하기 때문이다. 이미 여러 차례 말했듯이 시간이 곧 에너지다!

에너지를 빼앗아가는 사람들은 우리를 닳아 없애는 '맷돌'과 같은 사람들이다. 우리와 어울리지 않는 사람, 우리와는 영적 발달방향이 전혀 다른 사람들이 거기에 속한다. 혹은 자신을 바꿀 생각은 하지 않고 다른 사람의 도움과 동정심만 바라는 사람들도 거기에 해당한다. 비단 사람뿐 아니라 동물이나 지나치게 큰 집, 정원 등도 우리를 '사슬에 묶인 애완동물'로 만들어버릴 수 있다. 지나친 수집벽도 곧잘 시간 낭비로 이어지곤 한다. 앞서 여러 차례 말했듯 시간 낭비는 에너지 낭비라는 점을 잊어서는 안 된다.

▶▶ 다음은 케르스틴이 소개한 자신의 경험담이다.

"어제 저녁 TV에서 어떤 영화의 3부작 시리즈 중 2부를 봤어. 1부는 시선을 사로잡을 만큼 재미있지는 않았지만, 어쨌든 그다음이 궁금했어. 영화의 내용이 비관적이라는 생각이 들었지만 나는 계속 TV 앞에 앉아 있었어. 영화를 다 보고 난 다음에도 30분 동안 계속해서 다음 프로그램을 보다 보니 머리가 아파왔어. 그제야 난 침대로 갔지. 몸은 너무나 피곤했는데 쉽게 잠이 오지 않았어. 그래서 2시간이나 지난 뒤에야 겨우 잠이 들었어. 어젯밤 내내 잠을 설친 것 같아.

그런데 오늘 아침, 책상 위에서 내가 어제 적었던 '오늘의 다짐 카드'를 봤어. 거기에는 "나는 잠을 유익한 재생 시간으로 생각하고, 쓸데없이 늦게 잠들지 않겠다"라고 적혀 있었어. 어제 아침에 이 말을 '오늘의 다짐'으로 골라놓고도 저녁이 되자 잊어버렸던 것이지. 그러자 자연의 법칙이 내게 '그날의 가르침'을 준 거야. 나는 자연의 법칙이 시간을 잘 활용하지 못하는 내 약점을 시험하고 있다는 것을 알아차렸어. 자정 전에 잠드는 것이 얼마나 중요한지도 알게 됐어. 특히, 그다음 날 고도의 집중이 필요한 정신노동을 해야 될 때에는 더욱 더 그러하다는 것도 말이야."

▶▶ 한 내담자가 자신이 심취해 있던 종교에 관해 이야기했다. 그는 차를 몰아 사이비 종교의 집회장으로 갔다. 그곳에 도착하자 여러 가지 감정이 뒤섞인 복합적인 감정이 일었다. 그러나 집회장에 가득 차 있던 열광적인 분위기는 그를 잡아두기에 충분했다. 집회가 끝나고 다시 차로 왔더니 차체가 움푹 패어 있었다. 누군가가 자신의 차를 들이받은 것이었다. 그는 이것을 분명한 경고신호로 받아들였다. 그는 차의 외관이 망가진 것에 대해 화내는 대신, 이런 경고를 보내준 자연의 법칙에 감사했다.

그는 차를 자신의 상징이라고 믿었다. 그래서 자신의 차에 손상이 간 것은 자신이 스스로에게 손상을 입히기 직전에 놓여 있다는 사실을 경고하는 신호라고 생각한 것이다. 영적 발달을 가로막고 자신을 손상시키는 행위들은 자연의 법칙이라는 시각에서 보면 모두 시간 낭비에 지나지 않는다.

▶▶ 코르넬리아는 연립주택에 혼자 살고 있다. 욕실은 1층에 있다. 일요일 아침, 목욕을 마친 그녀는 신선한 레몬주스를 만들어 먹기로 했다. 그런데 주방에는 레몬이 없다. 그녀는 레몬을 가지러 지하에 있는 음식창고로 갔다. 지하실에 도착하자, 주방에 둔 맥주용 효모도 떨어졌고 생수와 양배추 주스도 가져가야 한다는 사실이 떠오른다. 두 손에 들고 가기에는 양이 많지만, 한 번 더 내려오기가 싫다. 그녀는 목욕 가운 주머니에 레몬을 꾹꾹 눌러 넣고, 한손에는 효모를, 다른 손과 팔에는 물병과 주스 병들을 낀 채로 계단을 오른다. 그런데 그만 목욕 가운에 발이 걸려 그녀는 계단 아래로 굴러떨어진다. 양손에 물건을 든 채로 바닥을 짚으려고 하다가 주스 병이 계단에 부딪쳤고 그녀는 바닥에 코를 박았다. 유리조각들이 계단에 흩어지고 주스도 계단 아래로 뚝뚝 떨어지고 있다. 목욕 가운에도 주스 얼룩

이 군데군데 번졌다.

정신을 가다듬고 난 뒤 그녀는 그래도 자신이 크게 다치지 않은 것에 감사했다. 그리고 그 사건이 자기에게 전해주는 메시지가 무엇인지 생각해보았다. 그녀는 자연의 법칙을 오랫동안 공부해왔기에 방금 벌어진 상황에 대해 화를 내기보다는 건설적으로 상황을 파악하려고 노력했다. 그 순간 그녀의 입가에 웃음이 번졌다. 방금 벌어진 연극이 무엇을 뜻하는지 알아낸 것이다. 그녀는 한꺼번에 너무 많은 일을 처리하려는, 그리고 한꺼번에 너무 많은 것을 가지려는 욕심을 갖고 있었던 것이다. 그것은 그녀의 약점이었다. 방금 일어난 사건은 이러한 그녀의 약점을 그대로 드러내 주었으며, 그렇게 해서는 절대로 시간을 절약할 수 없다는 것을 가르쳐주었다. 오히려 그 일로 인해 두 번 지하실을 왕복하는 것보다 훨씬 많은 시간을 허비하게 된 것이다.

이 사례들은 효과적인 시간 활용과 관련된 생활의 단면들을 보여준다. 세 경우 모두에서 인생이라는 연극과 그 뒤에 숨은 자연의 법칙을 알게 해준 것은 직관적 지능이었다.

인생이라는 무대, 그리고 가까운 사람들이 비춰주는 거울 속에서 자신의 모습을 발견하는 눈이 바로 직관적 지능이다. 따라서 직관적 지능이 발달할수록 삶과 주변 사람들에 대한 우리의 이해도 깊어질 것이다.

우주의 지혜라는 관점에서 봤을 때 진정으로 지적인 삶이란 시간 낭비와 에너지 낭비를 미리 방지하면서 사는 것이다. 그러기 위해서는 지금 이 순간 내게 가장 중요한 것이 무엇인지 내면의 목소리에게 끊임없이 물어보아야 한다. 이에 대한 한 가지 예를 보자.

▶▶ 크리스타는 중요한 프레젠테이션을 준비해야 한다. 그녀는 하루 종일 그 일에만 매달려 있다. 어느 날 아침, 그녀는 자신이 매우 지쳐 있다는 것을 느낀다. 머리도 무겁다. 그러나 그녀는 지금은 쉴 수 없다고 생각한다. 그런데 그녀의 내면의 목소리는 자꾸 오늘 하루만 쉬라고 충고한다. 마침내 그녀는 하루 동안 휴식을 취하기로 결정한다. 산책을 하고 그 외에도 처리해야 할 일들을 해결한다. 다음 날 아침, 그녀는 의욕에 넘치고 특별히 영감도 잘 떠오르는 것을 느낀다. 전날 하루를 쉰 것 때문에 일이 늦춰진 것이 아니라 오히려 더 빨리 끝나게 된 것이다.

영적 · 정신적 발달에 도움이 되도록 시간과 에너지를 사용하는 것이 효과적인 시간 활용이다.

그러나 주의해야 할 점이 있다. 욕심이 많은 사람들은 자기발달에 관해서도 너무 급하게, 너무 많은 것을 한꺼번에 얻으려 한다. 지나치게 부지런한 사람들은 한꺼번에 영혼을 발달시켜 내일 당장 성자(聖者)가 되고자 한다. 하지만 우리는 느긋한 마음으로 한 단계씩 밟아가는 사람들을 모범으로 삼아야 한다. 우리는 자기 안의 적을 극복하고, 자신의 영혼을 계발함으로써 얼마나 행복해질 수 있는지를 조금씩 배워가야 한다.

스트레스는 잘못된 시간 활용에서 비롯되는 경우가 많다. 스트레스는 직관의 적이다!

당신은 시간을 어떻게 활용하고 있는가?

📝 자신의 시간 활용법을 분석하기 위해 다음의 질문들을 활용하라. 자신을 평가할 때에는 전적으로 솔직해져야 한다. 여기에서 솔직하다는 말은 자신의 약점을 인정하고 강점도 인식하는 것을 말한다. 이 테스트를 할 때도 답변을 종이에 써보는 것이 좋다. 테스트 결과에 대해 친구와 이야기해보면 더 큰 효과를 얻을 수 있다.

1. 나는 스트레스를 자주 받는 편인가?

2. 나는 강박관념에 사로잡힐 때가 많은가?

3. a) 나는 중요한 일과 중요하지 않은 일을 구분할 수 있는가?

   b) 나는 일의 우선순위를 매길 수 있는가?

4. 결정을 해야 할 때 나는 오래 주저하고 의심하는 편인가?

5. 나는 휴식과 이완을 위해 시간을 할애하는가?

6. 나는 언제 잠들고, 언제 일어나는가? 나는 눈을 뜨자마자 바로 일어나는가?

7. 나는 여가시간을 어떻게 보내는가? 내 취미는 나의 발전과 건강에 도움이 되는 것들인가?

8. a) 나는 어떤 친구들을 만나고 있는가?

   b) 나는 건설적인 친구관계를 위해 노력하고 시간을 투자하는가?

9. 나는 삶이 지루하다고 느낄 때가 많은가?

10. a) 나는 하루 중 몇 시간 동안 TV를 보는가?

    b) 나는 TV 프로그램을 선택할 때 까다로운 편인가?

    c) 나는 수준 있는 방송을 보는 편인가, 오락물이나 스릴러물을 주로 보는 편

인가?

11. 나는 어떤 책을 읽는가? 그 책들은 영적 · 정신적 발달과 교양 쌓기, 그리고 휴식에 도움이 되는 것들인가?

12. 나는 어떤 습관을 갖고 있는가? 나는 나와 내 건강을 해치는 습관이나 중독 증상을 갖고 있지는 않은가?

13. 나는 매일 들려오는 부정적인 뉴스나 기사에 얼마나 영향을 받는 편인가?

14. 나는 어느 정도의 인내심과 느긋함을 지니고 있는가?

15. 나는 착실한 사람인가?

16. 나는 하루일과를 계획하지만 상황에 따라 유연하게 대처할 줄 아는가?

17. 나는 일에 집중할 수 있는가?

18. 나는 과제나 일을 미루는 편인가?

19. 나는 건강한 식습관을 갖고 있고, 건강한 몸을 유지하기 위해 시간을 투자하는가?

20. 나는 내 재능에 대해 알고 있고, 그 재능을 계발하는가?

21. 내 의사소통 능력은 어느 정도인가?

   a) 내 의사를 똑똑하고 분명하게 표현할 수 있는가?

   b) 나는 적극적으로(주의를 기울여) 다른 사람의 말을 들을 수 있는가?

   c) 나는 다른 사람의 오해를 자주 사는 편인가?

질문을 얼마든지 더 추가할 수 있지만, 위의 스물한 개의 질문만으로도 자신에 대한 양심적인 대답을 해보기에 충분할 것이다. 이 답변을 잘 보관했다가 나중에 달라진 자신의 모습과 비교해보라.

시간을 잘 활용하기 위한 열쇠 중 하나가 바로 집중이다. 제2부에서는 집중을 통해 시간을 가장 효율적으로 활용하는 방법을 가르쳐줄 것이다.

시간 활용과 자기 인식은 어떤 관계가 있을까? 이미 말했듯이 시간은 에너지이다! 삶에서 중요한 부분에만 집중하고 시간을 낭비하지 않으면 더 많은 에너지가 남게 된다. 이 에너지를 이용해서 우리의 몸, 그중에서도 특히 머리에 활력을 불어넣을 수 있다. 몸이 건강하면 건강할수록 두뇌와 '배 속의 뇌', 그리고 나아가 직관이 제 기능을 더 잘 수행할 수 있게 된다. 즉, 주변 상황을 더 빨리 파악하고 더 많은 것을 배우게 된다는 것이다. 또한 남는 시간을 이용해 더 많은 일을 할 수도 있을 것이다. 그리고 중요한 것과 중요하지 않은 것을 구분함으로써 자신에게 더 많은 시간을 투자할 수 있다. 스트레스를 받고 시간에 쫓기다 보면 나무만 보고 숲을 보지 못할 때가 많다. 주변에서 일어나는 일들을 꿰뚫어 보지 못하고 핵심적인 것을 놓쳐버리는 것이다. 그럴 때에는 조용히 자신을 되돌아보거나 자연을 즐기는 것도 좋은 방법이다.

이제 영적·정신적 발달에서 시간 활용이 얼마나 중요한 것인지 이해했을 것이다. 그럼에도 불구하고 우리는 효율적인 시간 활용이라는 덕목을 과소평가할 때가 많다. 다시 강조하지만, 시간 낭비는 에너지의 손실을 의미한다. 에너지 손실은 무엇보다 건강에 치명적인 결과를 불러온다. 잘 알려진 바와 같이 모든 병의 근본적인 원인은 에너지 손실이다. 이를 분명히 보여주는 것이 우울증이다. 우울증에 걸렸다는 것은 많은 에너지를 잃었다는 것과 같은 말이다. 많은 사람들이 그릇된 시간 활용으로 인해 에너지를 잃었기 때문에 우울증에 걸린다. 우울증은 또 더 심각한 신체적 질병을 암시해주는 경고신호이기도 하다.

기분이 우울하고 가라앉은 상태라면 직관이 제대로 작용할 리가 없다. 항우울제가 뇌와 신경계에 지장을 준다는 사실은 이미 잘 알려져 있다.

우리는 다른 어느 곳이 아닌 바로 우리 내면에서 질병의 원인을 찾아내야 한다. 그것이야말로 우리를 질병으로부터 지켜줄 두터운 방패가 될 것이다.

그런데 우울증은 당사자가 전혀 인식하지 못하는 경우가 많다. 가벼운 우울증도 포함해서, 우울증만큼 많은 이들의 발전과 직관 계발을 가로막는 장애물도 없다. 또한 우울증은 경제적인 면에서도 많은 사람들에게 피해를 입히고 있다.

특히 현대사회에는 시간을 낭비하게 만드는 유혹들이 도처에 도사리고 있는데, 이를 나열하자면 끝이 없을 것이다. 수많은 사이비 종교와 즉각적인 치료를 약속하는, 효과가 매우 의심스러운 치료요법들도 시간을 낭비하게 하는 유혹거리이다. 그런 치료법들은 오히려 직관에 치명타를 입히고 내면의 목소리를 가로막아버리며, 결국 우리를 그릇된 길로 이끌 뿐이다.

시간 낭비는 우리의 영혼을 서서히 잠식해가는 독과 같다. 우리 주변에는 우리의 관심을 다른 곳으로 돌리는 미끼들이 여기저기에 널려 있다. 너무 많아서 무엇을 골라야 할지 고민될 정도다. 그런 유혹에서 빠져나오는 방법은 역시 직관적 지능을 계발하는 것뿐이다. 직관적 지능은 객관적이고 중립적인 자세를 갖게 해준다. 직관적 지능은 우리의 에너지를 앗아가는 시간 낭비라는 복잡한 미로에서 빠져나올 수 있는 길을 가르쳐줄 것이다.

겉모습을 통한 자기 인식

몸은 영혼을 비추는 거울이다. 몸을 잘 관찰해보면 한 사람이 지나온 길을 알 수 있다. 영혼이 보내는 메시지에 질병만 있는 것은 아니다. 말이나 몸짓도 영적 특성을 파악하게 해주는 중요한 열쇠다. 또한 습관이나 취미, 주변 사람들도 한 사람의 인성구조를 추리해볼 수 있는 도구가 된다.

자세, 걸음걸이, 제스처, 표정

자세가 굽은 사람을 보면 당신은 어떤 생각이 드는가? 어깨를 내밀고 다니는 사람들은 어떤 인상을 주는가? 어깨가 굽은 자세는 두려움, 불안함 그리고 소심함을 의미한다. 일반적으로 그런 자세를 지닌 사람들에게는 용기와 믿음, 자신감이 부족하다. 그들은 '아니요'라는 말을 잘 하지 못하고 자발적으로 많은 부담을 지고 살아가는 사람들이다.

걸음걸이를 봐도 그 사람의 성격을 알 수 있다. 물론 당당하게 걷는 법을 연습해서 불안감을 감출 수도 있겠지만, 대체로 등을 곧게 펴고 걷는 사람은 자신감이 있는 사람이다.

손의 압력도 많은 뜻을 내포하고 있다. 다른 사람과 악수를 나눌 때 당신과 상대방의 손의 압력은 어떠한지 관찰해보라. 만약 당신이 느슨하게, 주저하듯이 손을 잡았다면 그 뒤에 무엇에 대한 두려움이 숨어 있는지 알아보라. 당신이 상대방의 손을 힘주어 꽉 잡는 편이라면 악수를 통해 '누가 주인인지' 보여주려는 것이 아닌지 생각해보라. 그리고 상대방의 악력에도 주의해보라. 악수를 하는 방법만으로도 그 사람에 대해 많은 것을 알 수 있다.

제스처를 보고도 한 사람의 성격에 대해 많은 것들을 알 수 있다. 열린 제스처를 취하는 사람이라면 인격 또한 개방적일 가능성이 높다.

그리고 표정을 보고 그 사람이 낙관주의자인지 비관주의자인지를 알 수 있을 때도 많다. 사람의 얼굴을 그릴 때도 입꼬리를 위로 올릴 때와 아래로 내릴 때의 분위기가 전혀 다르지 않은가!

몸짓을 보고 사람들의 성격과 행동양식을 분석해보는 것은 매우 흥미롭다. 다른 사람, 그리고 무엇보다 자신을 잘 관찰해보라.

목소리와 언어

성격은 목소리에서도 드러난다. 자신이 어떤 톤으로 말하는지 주의 깊게 들어보라. "소리가 음악을 만든다"는 말이 있다. 이 말은 무슨 뜻일까? 당신은 작고 울먹이는 톤으로 이야기하는가? 아니면 단호하고 거칠게, 단정적으로 말하는 편인가? 당신의 목소리는 언제 커지고 언제 작아지는가? 당신의 목소리에서 온정과 사랑이 묻어나는가?

자신의 목소리를 잘 들어보라. 그리고 친구나 동료들에게 당신의 목소리가 어떤지 물어보라. 당신의 목소리가 당신의 어떤 성격을 대변하는지 생각해보라. 그러면 당신의 두려움과 불안감, 용기, 긍정적인 인생관, 고집 혹은 남을 비난하는 습관 등이 어디에서 온 것인지 알 수 있을 것이다.

예를 들어, 목이 자주 쉬거나 성대에 염증이 생기는 것은 '비난 중독증'의 결과일 수 있다.

언어는 자기 분석의 탁월한 도구다. 긍정적인 매력을 발산하는 사람들을 잘 관찰해보라. 무엇이 그들을 낙관주의자로 보이게 만드는가? 그들은 주로 긍정적인 단어들을 사용한다.

✒ 가능하면 다음의 질문들을 자주 하라.

- 나는 무엇을 말하는가?
- 나는 그 말을 어떻게 하는가?
- 나는 어떤 단어들을 사용하는가?
- 나는 언제, 무엇을 이야기하는가?
- 말을 할 때 적절한 단어가 떠오르지 않을 때가 많은가?
- 다른 사람은 내 말을 어떻게 이해하는가? 상대방이 내 말뜻을 다시 한번 물어오는 경우가 많은가?
- 어떤 사람과 커뮤니케이션을 할 때 주로 어떤 문제가 발생하는가?(거울의 법칙을 떠올려라!)
- 상대방이 내 말을 오해하는 경우가 많은가?
- 나는 대화를 주도하는 편인가, 조용히 듣는 편인가?
- 나는 상대방의 말을 주의 깊게 들을 수 있는가?
- 나는 다른 사람의 말을 끝까지 듣는 편인가, 중간에 말을 가로채는 습관이 있는가?
- 나는 열린 마음으로 솔직하게 대화를 나눌 용기가 있는가?

이제 자신의 답변을 분석해보라. 당신의 커뮤니케이션 방법 속에는 어떤 성격들이 숨어 있는가? 이 질문에 대한 답변을 찾았다면 이제 다음 질문, 즉 "나는 계속 그런 커뮤니케이션 방법을 유지할 것인가? 내 행동양식이 나와 남들을 불편하게 만드는 것은 아닌가?" 혹은 "어떻게 변화시킬 것인가?" 하는 질문들을 던져보라.

언어는 커뮤니케이션의 도구다. 의사소통 방법을 파악함으로써 자신에 대해 많은 것을 알아낼 수 있다.

피부

흔히 피부는 영혼과 몸의 상태를 비춰주는 거울이라고 한다. 독일어에서는 "자신의 처지에 만족하다"라는 말을 할 때 '처지' 대신 '피부'라는 단어를 써서 "자신의 피부에 만족하다"라고 말하기도 한다. 또, "누구의 입장에 서고 싶지 않다"고 할 때 '입장' 대신 '피부'를 쓰기도 한다. 이는 피부가 영혼과 몸의 거울이라는 것을 증명해주는 표현들이다.

영양의 불균형이나 나쁜 생활습관 때문에 피부가 나빠질 수도 있다. 그러나 식습관을 바꾸는 것만으로 해결되지 않는 피부 트러블이 더 많다. 피부 트러블의 내적인 원인은 용기 부족이나 자신감 부족이다. 피부가 깨끗하지 못한 사람은 '껍질을 깨고 밖으로 나올' 용기가 없다. 특히, 여드름으로 고민하는 사춘기의 청소년들이 이에 해당한다.

알레르기도 인성의 척도가 될 수 있다. 알레르기란 우리 몸이 특정한 것들을 고집스럽게 거부하는 것이다. 특정 음식을 받아들이고 소화하기를 거부하는 음식 알레르기를 예로 들어 보자.

심리학적으로 분석해보면 음식 알레르기는 영혼이 간절히 바라는 어떤 것을 그 사람이 받아들이지 않고 있음을 말해주는 것이다. 해야 할 일을 처리하지 않고 버티는 것도 알레르기의 원인이 될 수 있다!

의학적인 원인들은 일단 제쳐두고, 알레르기를 통해 영혼이 말하려는 것이 무엇인지 생각해보라. 우리 몸에 일어나는 모든 증상은, 우리 삶의 특정 부분을 바꾸라는 영혼의 절박한 목소리라는 점을 잊지 말라.

질병

영적인 문제가 발생하면 우리 몸에는 가장 먼저 가벼운 증상, 즉 '위험주의보'가 나타난다. 그렇다면 만성 질환이나 심각한 증상은 '위험경보'라고 할 수 있다. 우리는 질병을 통해 자신의 인성구조를 뚜렷이 파악할 수 있다. 질병이야말로 자기의 약점을 파악하고 고치라고 자연의 법칙이 우리에게 내린 '선물'이다.

이제 다시 마음속으로 '맞아, 그렇지만……'이라고 말할 때가 온 것 같다. 성격 때문에 병이 생긴다는 주장에 대해 의심이 들 수 있고, 반론을 하고 싶은 생각이 들 수도 있을 것이다. 그러나 이런 일들이 실제로 끊임없이 나타나고 있다. 조금만 깊이 생각해보더라도 '운명'이 왜 우리에게 이런 질병들을 안겨주는지 알 수 있다. 우리를 괴롭히기 위해서일까? 아니다. 오히려 질병은 우리 스스로가 제공한 어떤 원인에 대한 결과라고 보아야 한다. 우리가 바로 우리의 운명이다!

물론 우리는 영적 특성과 질병 사이의 관계를 금방 알아채지 못할 때도 있다. 특히 질병이라는 결과를 불러온 원인의 발생시점이 먼 과거일 때는 더욱 그렇다. '신의 물레방아'가 때로는 아주 느리게 돌아가기 때문이다.

질병이 발생하거나 만성적인 질환으로 발전하기 전에는 수많은 암시들이 있지만 우리가 대부분 이를 한쪽 귀로 흘려듣거나 표면적으로만 문제를 해결했기 때문에 무서운 결과가 나타나는 것이다.

당신은 신체적 증상이 나타날 때 어떻게 대처하는가? 머리가 아플 때 약을 먹는가, 대체의학의 힘을 빌리는가? 아니면 영혼이 무슨 말을 하고자 하는지 주의 깊게 들어보는가? 등에 통증이 올 때 안마나 주사로 통증을 없애는가, 아니면 영적인 원인을 철저하게 파헤쳐보는가? 물론 영적 원인을 파악하는 것만으로는 부족하다. 파악은 치료의 시작에 불과하다. 그리고 당신을 치료하는 것은 결국 당신 자신이다. 의사는 당신이 스스로 치료하도록 도와줄 뿐이다. 물리적 조치나 자연에서 채취한 약물들도 치료를 도와주기는 하지만 결국 당신의 병을 치료할 의사는 당신 자신이다.

우리가 몸의 소리에 대해 깨어 있고 몸의 소리를 알아들을 수 있는 감각을 발달시킨다면 무서운 질병들을 피해갈 수 있다. 우리 몸에 나타나는 증상들은 매우 값진 정보들을 상징적으로 전달해준다. 몇 가지 예를 들어보자.

▶▶ 두통과 편두통은 고민, 염려, 강박관념, 계속되는 부정적 사고 혹은 '되지도 않을 일에 머리를 싸매고' 억지를 부리거나 고집스럽게 자기주장을 관철시키려는 태도 등에서 비롯된다.

▶▶ 일반적으로 위통과 등의 통증은 용기가 부족하다는 사실을 알려준다. 어떤 문제 때문에 몹시 괴로울 때 '음식을 먹어봤자 체하기만 할 것 같은

느낌이 드는 것', 그리고 용기가 부족한 사람을 가리켜 '줏대(척추)가 없다'고 말하는 것도 모두 이런 이유 때문이다.

▶▶ 목과 경추 부분의 통증은 잘못된 자세나 과로에서 오는 것이기도 하지만, '목을 뻣뻣하게 세우고' 고집을 부리기 때문에 나타나는 것이기도 하다.

▶▶ 독일어 관용구에는 "화가 나서 쓸개즙이 넘친다" 혹은 "이 한 마리가 간 위로 지나간 것처럼 화가 난다"는 말이 있다. 쓸개나 간에 이상이 생겼을 때에는 자신이 왜, 무엇에 대해 화를 내고 있는지, 무엇에 앙심을 품고 있는지를 생각해보아야 한다.

다양한 통증이 우리에게 전하는 상징 언어들을 연구하는 것은 매우 재미있는 작업이다. 자연의 법칙을 알고 직관을 발달시킨다면 우리도 여러 질병의 원인을 미리 파악하고 질병을 예방할 수 있게 될 것이다.

질병은 그릇된 영적 특성과 마음가짐이 겉으로 드러나는 것이다.
병에 걸리지 않게 행동하도록 만들어주는 것도 직관적 지능이다.

수면

우리의 행동양식을 잘 보여주는 재미있는 잣대 중 하나가 바로 잠이다. 잠을 자는 동안 우리의 몸과 영혼은 재생된다. 따라서 잠을 제대로 자지 못하면 재생 에너지가 줄어든다. 앞서 말한 바와 같이 낮에 시간(에너지)을 낭비하면 밤에 잠을 잘 이룰 수 없다. 또, 비건설적인 생각과 걱정을 하느라 긴 시간을 허비했거나, 생각과 감정이 '지금, 이 자리에' 있지 않고 멀리 가 있는 것도 수면장애의 원인이 될 수 있다. 일의 우선순위를 바로 매기지 못하고 중요하지 않은 일에 시간을 낭비해도 편안한 잠을 이룰 수 없다. 혹은 강박관념에 시달리거나 뭔가에 집착하는 습관 때문에 불면증에 걸리기도 한다.

시간과 에너지를 효율적으로 활용하지 못한다고 해서 반드시 불면증을 앓는 것은 아니다. 언제, 어떤 환경하에서든 눈만 감으면 잠에 빠져드는 사람들도 있다. 이것은 사람마다 약점이 다르기 때문에 나타나는 현상이다. 즉, 에너지를 낭비하고 나면 자연의 법칙은 우리의 약점을 목표지점 삼아 경고신호를 보낸다. 그 결과 더 많은 잠을 불러와 시간을 낭비하게 만드는 것이다. 에너지 낭비가 반드시 수면장애로 이어지는 것은 아니다.

수면장애는 우리의 행동양식에 문제가 있음을 암시해준다. 잠을 이룰 수 없는 날들이 계속 이어지는 것은 생활습관을 바꾸라는 경고신호다. 우리는 이를 심각하게 받아들여야 한다. 수면장애는 다른 많은 신체적 질병의 전령사인 경우가 많기 때문이다!

습관과 중독

지금까지 늘 그렇게 해왔기 때문에 여전히 그렇게 하고 있는 일이 있는가? 당신은 어떤 습관들을 갖고 있는가? 당신은 어떤 중독증상을 갖고 있는가?

중독이란 지속적으로 혹은 정기적으로 어떤 것을 원하는 증상, 그것 없이는 살 수 없는 증상을 말한다. 중독의 대상은 사람일 수도 있고, 애완동물, 사물, 기호품, 약물 혹은 마약일 수도 있다. 그런 것들에 중독되게 만드는 것은 바로 우리 자신이다. 중독은 보통 공허함을 달래려는 마음에서 시작되는데, 반복되다 보면 습관과 중독이 우리를 구속하는 족쇄가 될 수 있다. 이 족쇄 때문에 우리는 다른 행동을 할 수 없게 된다. 우리가 진심으로는 바라지 않는 일을 계속하도록 내면에서 강압적인 명령을 내리는 것, 그것이 바로 중독이다. 중독은 스스로 지운 의무 속에서 살아가게 되는 것이다. 결벽증은 대표적인 중독증상 중의 하나다.

어떤 사람이나 사물에 의존하게 되면서부터 우리는 자신을 조종할 능력을 잃게 되고, 자신의 행동과 생각의 주인이 되지 못한다. 중독증상은 흔히 잠재의식 속에서 일어나기 때문에 우리는 그것을 잘 느끼지도 못한다. 또한 사소하고 비교적 피해가 적은 습관이나 중독도 제때에 발견하지 못하면 심각한 문제로 발전할 수 있다. 중독과 강박관념은 어떤 것을 포기하지 못하는 태도, 즉 고집과 관련이 있다. 또한 중독은 두려움에서 비롯되기도 한다.

다음의 사례들을 보면 알 수 있듯이 습관, 중독, 강박관념은 우리의 자유를 제한하고 자유의지를 꺾어버린다. 이런 특성들은 직관적 지능을 계발하는 과정에서도 결코 무시할 수 없는 장애물이다.

- 매일 마시는 커피에도 중독될 수 있다. 많은 사람들이 커피를 마시지 않으면 금단증상을 느낀다. 즉, 매일 커피를 마셔야만 되는 것이다.
- "영예롭게 권하는 술 한 잔은 누구도 거부할 수 없다"는 말이 있다. 그

러나 한 잔이 여러 잔이 되고, 술에 취하지 않으면 잠이 들 수 없을 정
도가 되면 문제가 심각하다. 술로 두려움이나 절망감을 씻어내려는 태
도는 특히 더 위험하다.

- 배우자, 부모, 우상, 종교 지도자 그리고 그들의 의견에 중독되는 경우
도 많다.

자신의 삶을 진솔하게 들여다보라. 당신에게 꼭 필요한 사람이나 사물
이 있는가? 없으면 불안하고 불행한 느낌이 드는 것들이 있는가? 그것을
취하지 않으면 금단증상이 일어나는 것들이 있는가? 그렇다면 그에 대한
동기를 찾아보라! 필요하면 전문가의 조언도 참고하라.

중독증상의 바탕에 깔려 있는 동기를 알고 나면 어떤 영적 특성을 고쳐
야 할지도 알 수 있다. 자신의 두려움과 약점을 알게 되는 것이다. 중독이
나 습관 뒤에 있는 영적 특성들은 베일에 가려져 있다. 이 베일을 벗겨내
는 것도 직관적 지능의 역할 중 하나다.

취미와 관심사

자신의 취미와 관심사를 분석해보면 성격을 알 수 있다. 당신은 독서와
같은 정적인 취미를 가졌는가, 아니면 동적인 취미를 가졌는가? 운동을 많
이 하는가? 그렇다면 어떤 종목을 주로 하는가? 혼자서도 조용히 잘 지내
는 타입인가, 아니면 끊임없이 누군가를 만나서 어떤 일을 해야 하는 타입
인가?

당신이 좋아하는 일은 당신의 마음가짐과 개성을 드러내준다. 당신은

어떤 분야에 특별한 관심을 지녔는가? 당신에게 부족한 면이 당신의 취미 때문이기도 하다는 사실을 알고 있는가?

다른 사람들을 관찰해보라. 한 사람의 기호(嗜好)와 성격 사이에 어떤 연관성이 있는지 연구해보라. 이를 통해 '무대 뒤'를 바라보는 통찰력과 직관적 지능을 계발할 수 있다.

파트너와 친구

괴테는 "누구를 사귀는지 말해주면 당신이 누군지 말해주겠다"고 했다. 배우자나 친구를 보면 그 사람을 알 수 있다는 뜻이다.

자신이 어떤 사람들을 만나며 살아가는지, 어떤 사람들에게 끌리는지, 어떤 사람들을 의식적으로 피하는지, 나아가 그 사람의 어떤 점이 마음에 들거나 들지 않는지 생각해보라.

때때로 우리는 자신과 같은 약점을 지닌 사람들을 만난다. 그런 사람들과 같이 있을 때면 심기가 불편해지기 때문에 그들을 피하게 된다. 그러나 그런 친구들 또한 우리를 비춰주는 거울이다.

배우자를 구하고 친구를 사귈 때 우리는 자신에게 부족한 점을 메워줄 사람을 찾곤 한다. 말이 많은 편이라면 과묵한 타입을 찾을 것이고, 고집이 센 사람이라면 상황에 유연하게 대처하고 양보할 줄 아는 파트너를 만나야 편안한 기분이 들 것이다. 이런 식의 선택은 각기 다른 강점들을 상대방에게서 배울 수 있다는 장점이 있다. 그러나 거기에는 서로의 약점을 지나치게 보완해버릴 위험도 도사리고 있다. 파트너가 내게 부족한 부분을 채워주기 때문에 그 부분에 대해서는 아예 신경을 쓰지 않게 될 확률이 높기 때문이다.

그러나 영혼은 오히려 같은 특성을 지닌 친구나 배우자를 환영한다. 상대방을 통해 자기를 알아갈 수 있기 때문이다. 같은 특성을 지닌 영혼 한 쌍은 서로에게 완벽한 거울이 된다.

누구를 모범으로 삼는지, 누가 그의 우상인지를 보고도 그 사람에 대해 많은 것을 알 수 있다. 모범과 우상 안에는 그 사람이 되고 싶어 하는 모습이 담겨 있기 때문이다. 당신은 어떤 강점을, 어떤 재능을 갖고 싶어 하는지 내면의 목소리에게 물어보라.

당신의 행동에 대한 다른 사람들의 반응을 주의 깊게 관찰하라.

위에 열거한 관찰 작업들은 한편으로는 인간에 대한 이해를 높여주고, 다른 한편으로는 자신의 영혼이 지닌 잠재력에 대해 많은 새로운 사실을 깨닫게 해준다.

결론적으로 나는 누구인가?

끊임없는, 그리고 집중적인 자기 인식 과정 없이는 직관도 발전할 수 없다. 현재 자신의 상태를 알고 받아들여야만 단점을 고칠 수 있다. 자신의 인성구조에 대한 '현황 분석'은 변화와 개선의 밑거름이다.

영혼과 영적 특성을 파악하는 것이 잠재력과 직관적 지능을 계발하는 과정의 출발점이다.

자연의 법칙, 감정을 다스리는 방법, 최적의 결정을 내리는 방법, 직관을 최대한 발전시키기 위한 여러 가지 훈련방법에 대한 지식과 더불어 자기 인식 또한 성공적으로 직관적 지능을 계발하기 위한 전제조건에 속한다.

재능과 장점은 성공의 원천

재능은 인격에 색깔을 부여한다

이른 여름 들판에 피는 꽃처럼, 재능은 우리의 생활에 색깔을 입히고 우리 자신을 꾸며준다. 자신의 재능에 대해 알고 있으면 더 큰 자신감이 생기고, 이와 더불어 직관에 대한 믿음도 커진다. 자신의 재능에 대해 알게 되면 내면의 목소리를 듣고 이에 따라 행동할 용기가 자라난다. 또한 '흐름을 거스르며 헤엄치는 것'에 대한 두려움도 사라진다.

자신의 재능에 대해 분명히 알고 있지 않다면 "나는 누구인가?", "나는 어떤 사람인가?"라는 질문에 대해 완벽한 대답을 할 수 없다. 자신의 내부에 어떤 잠재력이 숨어 있는지 모른다면 직관적 지능도 완전히 꽃필 수 없다.

먼저 우리가 알고 있는 재능에는 어떤 것들이 있는지 알아보자.

> 종이나 일기장을 준비하고 한글 자음의 첫머리를 이용하여 지금 떠오르는 모든 재능을 적어 목록을 만들어보라. 자신이 갖지 못한 재능들까지 모두 기록한 다음, 나중에 자신에게 해당하는 부분은 따로 표시를 해두라.

목록을 작성했으면 각각의 재능에 대해 자신이 진정으로 알고 있는지, 표면적으로 드러나는 특성뿐만 아니라 숨어 있는 특성까지 알고 있는지 생각해보라. 당신은 자신의 재능을 성공적으로 활용하고 있는가? 우리 안에는 우리가 생각하는 것보다 훨씬 많은 재능이 숨어 있다. 많은 사람들이 자신의 강점과 재능 목록을 작성하고 나서 자신에게 그렇게 많은 재능이 있다는 사실에 놀라곤 한다. 그리고 자기 안에 숨어 있는 잠재력에 대해 알고 나면 그 놀라움은 더욱 커진다.

목록을 작성하는 동안 여러 항목에서 "나는 이건 할 수 없어!" 혹은 "이건 잘 해낼 자신이 없어"라고 말했을 것이다. 이제부터 이 말들을 "아직은 나는 이건 할 수 없어!"로 바꾸길 바란다. 10년 전에는 우리가 할 수 없던 일 중에 지금은 할 수 있는 것들이 얼마나 많은가! 또, 어떤 일을 직접 시도해보고 그 일에 열중해보지 않은 이상, 그 일을 할 수 없다고 단정할 수는 없다.

여기서 중요한 점은 자신의 재능을 절대 다른 사람의 재능과 비교해서는 안 된다는 것이다. 같은 재능이라 하더라도 개인마다 각기 다른 결과가 나타나기 마련이다.

재능은 우리가 가만히 있어도 은쟁반에 담겨 나오는 것이 아니다. 우리는 영혼 속에 재능의 '씨앗'만 품고 태어나기 때문에 재능을 부모로부터 직접 물려받았다고 말하기도 어렵다. 그리고 재능 계발이 영혼 발달의 한 단계에서만 끝나는 것도 아니다. 재능은 각각의 영혼의 발달단계를 따라가면서 끊임없이 성장하는 것이다.

괴테는 세계적인 천재였지만 그의 아들은 오히려 평균 이하의 재능을 지녔을 뿐이다. 수많은 예술가들의 집안 내력을 살펴보면 그 외에 재능을 지녔던 사람이 단 한 명도 없는 경우도 많다.

재능의 씨앗은 우리의 영혼 안에 들어 있다. 그리고 재능의 발휘는 영적 특성, 그리고 강한 소망과 의지에 따라 좌우된다. 물론 부모가 적절한 모범을 제시해준다면 재능을 더욱 잘 계발할 수 있을 것이다. 그러나 재능은 결국 자신이 영혼을 계발한 결과로 주어지는 보상이다.

강점과 약점, 그리고 지능이나 직관과 마찬가지로 재능도 인성의 일부며, 무한대로 발전시킬 수 있다. 방금 말한 요소들은 모두 서로 영향을 미치는 정신적 에너지들이다. 상호작용을 통해 에너지가 늘어날 수도 있고 줄어들 수도 있다.

인성은 상호작용을 하는 다양한 에너지가 얽혀 있는 네트워크다.

재능은 우리의 성격을 개선하도록 도와준다. 반대로, 성격을 좋은 방향으로 발전시키고 몸과 영혼이 건강하면 재능을 잘 발휘할 수 있다. 그러나 어떤 경우에는 영적 특성이 재능 계발을 방해하기도 한다.

비관주의자가 자기 안의 재능을 활용하는 것을 상상해볼 수 있겠는가? 아마 어려울 것이다. 아무리 좋은 재능도 활용하지 않으면 아무 쓸모가 없다. 다음의 사례들을 보라.

▶▶ 환상적인 목소리를 가진 한 젊은 남자가 오페라 가수가 되기 위해 공부한다. 그러나 무대에 오를 때만 되면 위경련이 일어날 정도로 무대 공포증이 심하다. 그렇다면 그가 아무리 목소리가 좋은들 무슨 소용이 있겠는가!

▶▶▶ 아무리 매력적인 사람이라도 자신의 매력을 발휘하는 것을 두려워한다면 그 매력도 아무 소용이 없다. 용기가 있어야 재능도 빛나는 법이다.

▶▶▶ 당신에게는 '그림을 그려 보이는 것처럼' 생생하게 설명할 수 있는 탁월한 재능이 있다. 용기와 긍정적 인생관을 발휘한다면 이 재능을 한층 더 잘 활용할 수 있을 것이다.

위의 사례에서 우리는 재능을 발휘하고 나아가 성공적인 삶을 살기 위해서는 먼저 자신의 성격을 개선해야 한다는 사실을 알 수 있다. 따라서 영적 특성 계발, 그리고 재능과 지능의 계발을 한 쌍의 평행선으로 볼 수 있다.

재능은 인성의 다양한 분야에서 나타난다.

- 신체적 분야에서는 단정한 걸음걸이, 운동신경이 발달한 것, 옷을 어울리게 입는 센스, 춤을 잘 추는 것, 뛰어난 손재주 등의 재능이 있다.
- 정신적 분야에는 말을 잘하는 것 또는 교육적·수학적·음악적·예술적 재능 등이 있다.
- 영적 분야의 잠재력은 성공적인 삶의 근원이자 원동력이다. 신용, 시간엄수, 규칙준수, 개방성, 진실 등의 재능과 강점은 모두 정직에서 비롯되는 특성들이다. 용기를 기르면 판단력, 목표달성 능력, 그리고 책임의식도 함께 자라난다. 긍정적인 인생관과 관용적인 태도는 인내심, 여유, 균형 있는 삶, 원만한 대인관계, 쾌활함, 감정이입 능력과 사회성, 유연한 태도와 의사소통 능력을 계발하는 길잡이 역할을 한다. 그리고

올바른 시간 활용을 통해 우리는 조직력, 일의 우선순위를 올바르게 매길 수 있는 능력, 집중력 등을 기를 수 있다.

특별한 재능과 장점은 직관적 지능을 발달시킨다

창의력은 직관과 긴밀한 관계를 맺고 있다. 라틴어 'creare'는 '만들어 내다, 조직하다, 생산하다, 창조하다' 등의 뜻을 지닌 말이고, 직관은 우주의 지혜를 받아 무언가를 만들어내는 것을 뜻한다. 창의력을 기르기 위해서는 '지금, 이 자리에', '이 순간'에 집중할 수 있어야 한다.

고도의 집중력은 직관적 지능을 발달시키는 매우 중요한 재능이다.

창의력 계발의 또 다른 전제조건은 고집과 반대되는 특성인 유연성이다. '예스 버터(yes-butter)'라는 말을 들어본 적이 있는가? 예스 버터란 어떤 제안, 어떤 아이디어, 어떤 의견에도 '예, 그렇지만……(영어로는 yes, but……)'이라는 반응을 보이는 사람을 가리키는 말이다. '그렇지만'이라는 말은 고집스런 태도를 보여주는 잣대다. 꼭 입 밖으로 소리 내어 말하는 것만 이에 속하는 것이 아니다. 그렇게 생각하는 것만으로도 이미 창의력을 억누르기에는 충분하다. '예스 버터'의 반대는 유연한 태도이다. 유연한 태도는 새로운 것을 받아들이려는 열린 자세, 긍정적인 호기심을 발전시켜나가는 자세를 말한다.

유연성은 또 하나의 재능인 협동심의 바탕이 된다. 정직하고 개방적인 협동심을 지녔다는 사실은 직관에 날개를 달아주는 것과 같다. 여기에서 말하는 협동에는 사람들과의 협동뿐만 아니라 신이나 자연의 법칙과 협동하는 것도 포함되기 때문이다.

협동심에는 상대방을 이해하고, 커뮤니케이션하려는 자세가 포함된다. 커뮤니케이션 재능은 비단 자신의 의견과 감정, 그리고 중요한 정보를 조리 있게 전달하는 것만을 의미하지는 않는다. 의사소통을 잘한다는 것은 무엇보다 다른 사람의 말에 완전히 귀 기울이는 것을 말한다! 적극적으로 경청한다는 것은 의식적으로 귀 기울여 듣는 것을 뜻한다. 이를 위해서는 자아를 버리고 상대방에게 집중해야 한다. 적극적인 경청은 훌륭한 커뮤니케이션의 기초다. 직장이나 팀 내에서 혹은 결혼생활에서 커뮤니케이션이 잘 이루어지지 않으면 직관도 자유롭게 흘러갈 수 없다.

대인관계에서 매우 중요한 재능이 또 하나 있다. 바로 사교술이다. 여기에서 말하는 사교술은 정직함이라는 기초 위에서 다른 사람을 대하는 기술이다. 그러나 열린 자세로 남을 대하는 것이 원칙적으로는 올바른 태도지만, 사교술을 남용하면 남에게 해를 줄 수도 있다.

보통 이타적인 사람들이 사교술이 더 뛰어나다. 그들은 자신의 주장만을 관철시키거나 상대방을 비꼬지도 않고, 시기나 질투로 다른 사람에게 상처를 주지도 않는다. 그들은 다른 사람을 공격하는 것이 아니라, 결정 과정에서 다른 사람의 의견도 참작하며 다른 사람이 제안하는 대안을 너그럽게 받아들인다.

사교술과 직관적 지능은 밀접한 관계를 맺고 있다.

사교술을 보조하는 것은 화술이다. 사교술과 언변은 무엇보다 교육자,

지도자, 상담치료사들이 갖춰야 할 중요한 능력이다. 그런 능력을 활용하면 동료나 학생 혹은 환자들의 창의성과 직관 그리고 지능 계발을 뒷받침해줄 수 있기 때문이다. "그렇게 하면 안 돼요. 이렇게 해야 옳아요!" 혹은 "그 제안에 대해서는 토론할 가치도 없으니 좀 더 나은 제안을 만들어봐요!" 등의 말을 듣고 영감을 얻는 학생이나 부하직원은 아무도 없을 것이다. 이런 말은 상대방의 직관을 철저히 차단해버리는 말들이다. "굉장한 생각을 해냈군요, 이것만으로도 이미 훌륭합니다. 그렇지만 이렇게 하는 것은 어떨까요?" 혹은 "이것 말고 다른 해결책도 찾아볼 수 있겠어요?"라든가 "이것도 좋지만 다른 것도 한번 시도해보시죠" 등의 말은 앞의 말들보다는 훨씬 더 창의력과 직관을 북돋운다.

커뮤니케이션 능력과 교육적 재능을 통합하는 재능이 있다. 바로 공감을 자아내는 재능이다. 공감력은 다른 사람들을 따뜻하게 대하는 법, 이해심, 인내, 감정이입 능력과 인간에 대한 이해 등을 아우르는 종합적인 능력이다.

창의력과 직관을 기르는 데에는 예술적·음악적 재능이 커다란 도움이 된다. 예술적·음악적 재능을 직접 발휘해 자신과 다른 사람들에게 기쁨과 에너지를 더해주는 것도 물론 좋지만, 아름다운 것을 찾아내고 즐길 줄 아는 수동적 능력 또한 자신에게 커다란 기쁨과 행복감을 안겨준다.

보통 우리가 재능으로 인정하지 않지만, 매우 중요한 재능이 있다. 자신의 몸을 건강하게 유지하려는 노력이 그것이다. 몸이 정갈해야 직관을 받아들이는 '안테나'가 제 기능을 다할 수 있기 때문이다.

낙관주의, 삶에 대한 기쁨, 신에 대한 믿음, 그리고 무엇보다 부지런함, 자기 단련, 목표를 향해 일관성 있게 나아가는 끈기 등의 기본적인 재능을 갖추고 있다면 위에서 말한 모든 재능과 강점들을 무한대로 발달시킬 수 있다.

하지만 이를 위해서 '일 중독자'처럼 무조건 노력해야 하는 것은 아니다. 오히려 그것과는 반대로 에너지원을 고르게 분배하는 것이 더 중요하다. 재능과 강점을 발달시킬 수 있는 실제적인 방법들은 〈성공적인 삶으로 가는 13단계〉(p. 298)에 잘 나와 있다.

어떤 이들은 재능을 긍정적인 것과 부정적인 것으로 구분하기도 한다. 우리는 흔히 "너는 남의 성질을 건드리는 데에는 뛰어난 재능을 지녔어"라는 말을 한다. 그러나 이 말을 하는 목적은 상대를 비꼬기 위한 것이다. 재능은 근본적으로 긍정적인 것을 가리키며, 부정적인 재능은 보통 약점이라고 표현한다.

한편, 재능이 우리에게 늘 도움이 되는 것은 아니다. 기본적으로 파괴적인 성격과 행동양식을 지닌 사람은 자신의 재능을 이용해 자신과 주변 사람들을 해칠 수 있다. 목표를 향해 흔들리지 않고 나아가는 능력, 지구력과 같은 재능이 동료나 상사를 해치기 위한 목적 등 잘못된 곳에 사용되는 경우를 생각해보라. 혹은 끈기라는 재능을 적을 섬멸하려는 계획과 무기 개발에 사용한다면 어떻게 되겠는가? 또, 말주변이 좋고 재치 있는 사람이 다른 사람을 조종하기 위해 자신의 재능을 활용한다면 어떻게 되겠는가?

평화롭고 조화로운 삶을 누리기 위해서는 영적 특성을 끊임없이 계발하고 신과 자연의 법칙과의 고리를 놓치지 말아야 한다. 자기 계발과 인류의 발전, 우주의 발달을 위해 노력하고 우리를 행복하게 만들 일만 하겠다는 내면의 다짐도 평화와 조화의 밑거름이 된다.

영혼이 바라는 것은 우리가 우주의 지혜를 깨닫는 것이다. 여러 분야의 지식을 쌓고 다양한 재능과 강점을 더욱 확대시킨다면, 우리는 직관적 지능을 자유자재로 활용할 수 있게 될 것이다.

직관을 가로막는 걸림돌과 장애물

어떤 생각과 감정 그리고 행동양식들이 우리를 위기로 몰아가는가? 그중 어떤 것들이 걸림돌이고 장애물인가?

영적 특성과 자아 속에 자리 잡은 걸림돌을 찾아내는 것도 자기 분석의 일부다. 따라서 우리는 자기 발전에 걸림돌이 되는 특성과 행동양식을 자세히 살펴보아야 한다. 이러한 관찰 작업의 출발점은 자신의 내면의 동기를 파악하는 것이다.

먼저 모든 움직임은 에너지와 관계가 있다는 사실을 염두에 두고 다음 사례들을 읽어보라. 채널을 바꾸거나 볼륨을 조정하려고 할 때 리모컨과 텔레비전 사이에 커다란 물건이 있으면 리모컨이 작동하지 않는다. 중간에서 가로막고 있는 물건 때문에 전파가 목적지까지 도달하지 못하기 때문이다. 리모컨 버튼을 열 번을 눌러도 결과는 마찬가지다.

강물이나 시냇물도 중간에 커다란 바위나 장애물이 나타날 때까지만 일정한 방향으로 고요하게 흘러간다. 그러다가 바위를 만나면 우회로를 찾거나 그 바위를 뛰어넘어야 된다. 혹은 소용돌이를 만들며 빙글빙글 돌고 난 다음에야 다시 흘러갈 수 있다. 장애물이 있으면 전파나 강물의 흐름에는 더 많은 에너지가 소비된다.

모든 운동이나 흐름에는 에너지가 소비된다. 이 규칙은 물리적인 파장이나 물의 흐름뿐 아니라 직관이나 메시지 같은 정신적인 요소들의 흐름에도 똑같이 적용된다. 특정한 사고, 감정, 행동양식들은 직관의 메시지와 직관적 지능의 흐름을 막아버린다. 그것들은 우리의 인지능력을 무디게 만들고, 우리를 환영이나 환상에 사로잡히게 만든다. 그 결과 우리는 에너지를 잃거나 현실감각을 잃게 된다.

그렇게 되면 우리는 더 이상 내면의 목소리를 듣지 못한다. 우리는 내면의 메시지를 불분명하고 애매모호하게 만들거나 흐리는 혹은 직관이 보내지 않은 신호를 직관의 신호라 착각하게 만드는 걸림돌들을 철저하게 찾아내야 한다.

《직관적 지능》의 저자 리처드 콘티노는 이러한 걸림돌이 착각과 '예견된 맹목성'으로 이어진다고 말한다. 어떤 감각기관을 통해서든 우리에게 전달되는 모든 정보는 우리의 의식과 성격이라는 필터를 통과하게 되는데, 그로 인해 우리는 착각과 환상에 빠지고 결국은 실망감마저 얻게 된다. 기대, 선입관, 유연하지 못한 태도, 억측, 추측 등도 부정적인 확신, 저급한 가치관과 판단, 그리고 신념과 마찬가지로 맹목적 태도로 이어진다. 착각이나 맹목적 태도는 우리의 삶을 크게 제한한다. 사회나 학교, 부모, 우상 혹은 스스로 선택한 사이비 지도자들은 우리 삶을 착각으로 가득 차게 만들고, 우리의 인지능력을 흐리게 한다. 그러나 자신의 인지능력을 깨끗하게 유지하는 것은 전적으로 자신의 선택에 달려 있다.

생각과 감정이 자유로울수록 우주의 지혜가 더 자유롭게 우리 안으로 흘러들어 올 수 있다.

인지능력이 맑을수록 우리는 진리를 더 잘 파악할 수 있다. '감정 (feeling)'이 지나쳐 '정서(emotion)'가 되면 인지능력이 흐려진다. 그 결과, 자신의 의무를 잘못 이해하게 되고, 병적으로 남을 돕거나 자기를 희생하거나 남을 배려하게 되며 혹은 모든 일에 무관심하게 된다.

감정이 지나치면 정직할 수 없다. 정직이란 자신과 다른 사람을, 나아가 신과 우주를 솔직한 마음으로 대하는 것을 말한다. 부정직한 태도는 자기 인식과 직관적 지능 계발의 커다란 장애물이다.

두려움도 위에서 말한 부정적인 행동들을 하게 만드는 요인 중 하나다. 두려움은 직관적 지능이 도저히 뛰어넘을 수 없는 견고한 콘크리트 벽이라고 생각하면 된다. 자신감 부족과 용기 부족도 직관을 흐리는 독소들이다. 두려움은 에너지와 내면의 메시지가 흘러가는 길을 가로막아버린다.

조지 레오나르는 그의 저서《긴 호흡》에서 '항상성(homeostasis)'도 두려움으로 인해 일어나는 현상 중 하나라고 했다. 생리학에서 말하는 항상성이란 신체 내부의 균형을 유지하려는 성질을 말한다. 항상성이란 모든 것을 익숙해져 있는 상태 그대로 유지하려는 일종의 시스템이다. 그 시스템은 모든 변화를 자신의 항상성을 파괴할 위험요소로 간주하며 변화에 대해 커다란 두려움을 지니고 있다.

인간이라는 유기체를 포함한 지구상의 모든 시스템은 내적·외적인 변화에 일단은 저항하려는 성질을 갖고 있다. 시스템이 저항하고 있다는 사실은 물리적 증상이나 정신적 증상을 통해 알 수 있다. 이러한 메커니즘에 대해 알고 있으면 우리는 변화에 건설적으로 대처할 수 있고 다시 예전의 상태로 퇴보하는 일은 없을 것이다.

두려움과 긴밀한 관계에 놓여 있는 특성들로는 염려, 의심, 부정적 생각과 감정 등이 있다. 이러한 특성들을 갖고 있으면 '생각이 씨가 되어버리는' 일이 일어난다. 암에 걸릴까 봐 계속 두려워하는 것은 암에게 문을 열어주는 것과 마찬가지다.

부정직, 두려움, 부정적 인생관과 더불어 비관용도 중립성과 객관성을 흐리게 만든다. 부정적인 비판, 질투와 시기가 모두 비관용적 태도에서 비롯된다. 자기합리화, 독단적 태도, 지나친 자기 과시욕, 고집 등도 비관용에 뿌리를 두고 있는 직관의 방해자들이다.

두려움과 고집은 직관 계발을 방해하는 족쇄가 될 수 있다. 그리고 모든 종류의 강박관념은 우리의 생각과 감정, 그리고 행동의 자유를 제한하며, 이로써 직관적 지능의 계발을 방해한다.

이기적인 힘자랑, 자만 혹은 '구세주 콤플렉스'도 우리가 직관의 메시지를 받아들이는 것을 방해한다. 구세주 콤플렉스란 일종의 자기기만으로, 자신을 구원자로 착각해서 지나치게 자기를 희생하고 수난을 자청하는 행위를 말한다. 구세주 콤플렉스를 지닌 사람들은 자신이 이미 모든 것을 알고 있다고 믿고 있다.

우리는 다른 사람이 하는 말 속에서 중요한 메시지를 발견하는 경우가 많다. 따라서 남의 말을 주의 깊게 경청하지 않으면 직관과의 연결고리가 끊어져버린다. 남의 말에 귀 기울이기 위해 필요한 것은 집중력과 '자아' 희생적 정신이다. 자신의 자아는 뒷전으로 미뤄두고 다른 사람의 말에 완전히 주의를 기울이는 것에 익숙해지려고 노력하라. 그러면 그에 합당한 대가를 반드시 얻을 것이다.

잘못된 시간 활용은 직관 계발의 또 다른 걸림돌이다. 대표적인 직관 계발의 방해자는 스트레스이지만 허송세월을 보내며 시간을 낭비하는 것 또한 인지능력을 흐리는 요인이다. 자연의 법칙의 관점에서 보자면 중요하지 않은 일을 하며 보내는 시간 전부가 시간 낭비다. 또, 어떤 일을 너무 많이 혹은 너무 오랫동안 하는 것도 시간 낭비에 속한다.

욕심 또한 직관 계발의 걸림돌이다. 우리 주위에는 지식을 '먹어야만' 살 수 있는 사람들이 있다. 지식에 대한 욕구도 중독으로 발전할 수 있으며, 지식중독도 우리를 구속하는 족쇄가 된다. 지식중독은 우주의 지혜로 들어가는 입구를 가로막아버린다.

유연성 부족과 고집에서 비롯되는 습관들은 자기 스스로 자신에게 지우는 짐과 같다. "지금까지 계속 이렇게 해왔어" 또는 "그런 건 아직 한 번도 안 해봤어!" 등은 직관적 지능 계발에 치명타를 입히는 말들이다. 이런 말들을 계속해서 하다 보면 내면의 목소리는 점점 더 작아질 것이다.

또한 우리가 습관적으로 하는 행위가 인지능력을 무디게 만들 수도 있다. 이러한 맥락에서 간과해서는 안 되는 것이 바로 계속되는 소음이다. 특히 시끄러운 음악에 계속 노출되는 것은 매우 위험하다. 계속되는 '귓가의 노크 소리'는 장기적으로 볼 때 청력에 문제를 일으킬 뿐 아니라 그 외의 다른 인지능력 또한 떨어뜨릴 수 있다.

영적 · 정신적 가치를 희생해가며 물질적 · 신체적 측면만 지나치게 강조하는 것도 직관 계발의 걸림돌이 된다. 예를 들어, 건강 유지를 위해 물리적인 의술이나 처방에만 의존하는 것은 자연의 법칙의 관점에서 볼 때 시간을 적절히 활용하지 못하는 것이며, 직관을 가로막는 행위다.

자기 인식과 직관적 지능 계발에 심각한 악영향을 미치는 것으로 몽상이 있다. 여기서 말하는 몽상은, 우리가 어떤 활동을 하는 동안 정신이 다른 곳에 가 있는 상태를 뜻한다. 생각이 지금 하고 있는 일에 모여 있지 않고 과거나 미래에 가 있는 것을 말한다. 직관을 가로막는 이러한 습관은 집중력과 주의력 훈련을 통해 하루빨리 떨쳐버려야 한다.

감정의 세계

말의 저편에 있는 언어가 있다.
말이 엇는 그 언어의 비밀을 풀수 있다면 세상의 비밀도 풀 수 있을 것이다.
– 파울로 코엘료

감정은 직관을 이끄는 방향 안내자

브라질 출신의 베스트셀러 작가 파울로 코엘료가 위의 문장에서 사용한 '언어'는 감정, 느낌, 그리고 직관을 뜻한다. 이 언어의 비밀을 풀 수 있다면 우리는 말의 벽을 뛰어넘어 언어의 다음 단계로 나아갈 수 있을 것이다. 언어의 다음 단계란 신과 자연의 법칙의 언어, 지혜의 언어, 직관적 지능의 언어를 일컫는다.

성공적인 삶으로 가는 길 위에서 감정이라는 방향 안내자를 활용하기 위해서는 먼저 자신과 다른 사람의 감정과 느낌을 인지하고, 수용하고, 이해할 수 있어야 한다. 당신은 자신의 감정의 세계를 잘 알고 있는가? 자신의 감정에 대해 잘 알고 있는가? 다음에 나오는 훈련을 해보면 이 질문에 대한 답변을 찾을 수 있을 것이다.

🖐 먼저 눈을 감는다. 지금 이 순간, 어떤 느낌이 드는가? 무엇을 느끼고, 무엇이 들리며, 무슨 냄새를 맡을 수 있는가? 주변의 분위기와 몸으로 전달되는 느낌들을 파악해보라. 그 느낌을 3~5분간 마음속으로, 또는 입 밖으로 소리 내어 표현해보라. 여기까지 끝낸 다음 자신의 느낌에 대해 메모를 남겨두면 더 큰 효과를 얻을 수 있다.

자신의 감정을 표현하는 것이 당신에게는 쉬운 일인가, 힘든 일인가? 학교에서는 감정을 표현하는 방법을 가르쳐주지 않는다. 학교는 이성적인 인간을 길러낼 따름이다. 그 때문에 진정한 내면의 방향 제시자인 감정은 소홀히 취급된다. 위의 훈련을 매일 실시하라. 자신의 감정에 대해 더 잘 알 수 있게 될 것이다.

🖐 한글 자음들을 이용하여 당신의 감정 목록을 만들어보라. 종이 가운데에 세로줄을 그어 둘로 나눈 다음, 왼쪽에는 각 자음으로 시작하는 감정들 중 부정적이거나 불쾌하다고 생각되는 감정들을 적고, 오른쪽에는 긍정적이고 유쾌한 감정들을 적는다. 어떤 자음으로 시작되는 감정들은 많이 떠오르고 어떤 것들은 떠오르지 않을 것이다.

감정을 표현하는 단어들을 가능한 한 많이 적어보라. ㄱ, ㄴ, ㄷ 등의 자음들로 시작하는 감정들을 찾아보는 것은 창의성을 기르는 연습이 되기도 한다. 그리고 답변을 적을 때에는 "외로운 느낌이 든다", "보호받고 있다는 느낌이 든다"와 같이 "어떠어떠한 느낌이 든다"라는 표현을 사용하라.

떠오르는 감정들을 모두 적은 다음, 처음부터 훑어보며 자신이 자주 느끼는 감정은 무엇이고, 각 감정들을 읽는 순간 어떤 느낌이 드는지 기억해두라. 자신에게 가장 많이 나타나는 감정에는 따로 표시를 해두라. 그 감정은 어떤 성격적 특성과 관련이 있는가?

✎ 자신이 겪었던 다양한 상황들을 떠올려보고 그때 어떤 느낌이 들었었는지 설명해보라. 특정 인물을 대하거나 특별한 상황에 처했을 때 들었던 감정을 말로 표현해보라. 이때 해볼 수 있는 질문들로는 다음과 같은 것들이 있다.

1. 회사의 사장을 떠올릴 때 나는 어떤 느낌이 드는가?
2. 부모님이 살고 계신 집, 어머니, 아버지를 떠올릴 때 나는 어떤 느낌이 드는가?
3. 내 앞에 닥친 과제를 떠올릴 때 나는 어떤 느낌이 드는가?
4. 치러야 할 시험을 떠올릴 때 나는 어떤 느낌이 드는가?
5. 어떤 사람과 마지막으로 나눴던 대화를 떠올릴 때 나는 어떤 느낌이 드는가?
6. 어떤 결정을 내렸을 때 나는 어떤 느낌이 들었는가?

그러한 감정들을 불러오는 원인과 그 의미에 대해 생각해보라. 그 결과를 활용하여 영적 특성을 계발할 방법에 대해 생각해보라.

스스로에게 질문을 하는 동안 두려운 마음이 들어 자신의 감정을 억누르려고 할 수도 있다. 그럴 때에는 그 두려움은 도대체 무엇에 대한 두려움이며, 무엇으로부터 자신을 보호하기 위해 자신의 감정을 숨기려고 하는지 내면의 목소리에게 물어보라. 혼자서 답변을 찾아내기 어려우면 전문가의 도움을 받는 것도 좋다.

위의 훈련은 자신의 감정을 알고, 이해하고, 그것을 말로 표현하게 하는 훈련이다. 이런 훈련을 함으로써 자신의 감정을 모르고 지나치는 일이 없도록 하려는 것이다.

자신의 감정을 똑바로 인식하고 감정 깊은 곳을 들여다보라. 감정이 자신에게 말하고자 하는 바가 무엇인지 생각해보라. 이것도 직관을 계발하는 한 방법이다. 이때 자신의 감정을 남에게 알리는 것을 두려워하지 말아야 한다. 그것이 바로 조화로운 인간관계의 기초가 되기 때문이다.

자신의 감정을 분명히 아는 것은 개방적이고 상호 이해적인 대인관계를 끌어가기 위한 첫걸음이다. '게 눈 감추듯' 오성이 감정을 잽싸게 집어삼키는 경우는 얼마나 많은가! 자기 감정에 대해 잘 알면 내면의 목소리로 가는 문을 열 수 있다. 내면의 목소리는 무엇보다 감정을 통해 드러나기 때문이다.

나아가 자신의 감정을 정확히 알면 다른 사람의 감정을 예측하고 그에 대해 적절하게 반응할 수 있다. 다른 이의 감정을 이해하는 것, 감정이입 능력, 자기의 의견처럼 다른 사람의 의견도 존중할 줄 아는 것을 우리는 공감이라고 한다. 공감할 수 있는 능력이 없다면 직관적 지능을 무한대로 계발할 수 없다.

그렇다면 감정을 일으키는 것은 무엇일까? 누구 혹은 무엇이 우리에게 특정한 감정을 갖게 만드는 것일까?

감정은 주관적으로 무언가를 인지하는 것이다. 감정 대신 흔히 기분이라는 단어를 사용하기도 한다. 감정은 '아니 땐 굴뚝'에서 저절로 생기는 것이 아니다. 신과 자연의 법칙을 인간보다 한 차원 높은 권능으로 받아들이는 사람이라면, 우리의 모든 감정이 '위'에서부터 우리에게 전달되는 그림을 떠올릴 수 있을 것이다. 그러나 궁극적으로 특정한 감정을 불러일으키는 것은 우리 자신이다! 인과율과 작용·반작용의 법칙에 따르면 우리가 한 어떤 행동(작용)은 우주의 법칙의 반응(반작용)을 불러일으킨다고 했다. 이때, 행동이라는 말에는 생각도 포함된다. 말과 행동만이 감정을 유발시키는 것이 아니라, 우리의 생각과 말로 표현할 수 없는 것들조차도 감정을 유발시킨다는 의미다.

감정의 추는 진동 반경이 매우 크다. 우리는 하늘을 날아갈 듯이 기쁠 때도 있고, 자살하고 싶을 만큼 절망할 때도 있지 않은가? 또, 열광적으로 기뻐할 때도 있고, 한없는 슬픔에 빠지기도 하지 않은가?

감정의 깊이와 지속되는 시간은 사람마다 다르게 나타난다. 이는 인성구조의 차이 때문에 나타나는 현상이다.

결론적으로 말하자면 우리의 감정과 감정의 강도는 우리 스스로의 영혼의 업적, 즉 인성구조, 행동, 결정, 그 순간의 기분 등에 의해 결정된다. 그렇지 않다면 왜 같은 사건이나 상황에서도 사람들마다 다른 감정을 느끼겠는가?

또한 우리는 같은 사건을 두고도 때로 다른 감정을 느끼기도 한다. 감정의 차이를 불러오는 것은 그 순간의 기분이나 이전에 했던 생각과 행동들이다. 특히 예전의 어떤 기억으로 인해 유쾌하거나 불쾌한 감정이 촉발되기도 한다.

190

▶▶ 의식적으로든 무의식적으로든 특정 음악을 들을 때 기분이 좋았던 상황이 떠오른다면 그 음악은 당신에게 유쾌한 감정을 자아낼 것이다.

▶▶ 어떤 새로운 사람을 만나는데, 그 사람을 보니 당신이 아는 어떤 사람이 생각난다. 그 사람에 대한 당신의 감정이 어떤가에 따라 새로운 사람을 만나는 순간 당신 내부에서는 자동적으로 좋은 감정이나 나쁜 감정이 생길 것이다. 혹은, 아무런 감정이 들지 않는 상태, 즉 중립적 감정이 들기도 한다.

▶▶ 어떤 사람의 태도에서 당신은 당신의 아버지를 떠올린다. 당신의 아버지가 매우 엄격한 사람이고 당신이 그런 아버지를 무서워했다면, 그 사람을 만날 때 당신은 두려운 감정을 느낄 것이다.

▶▶ 어린 시절에 큰 부상을 입었거나 학대받은 경험이 있다면 특정한 상황에서 혹은 특정한 사람들의 행동을 봤을 때 그 기억이 되살아날 수 있다. 그렇게 되면 당신 내부에는 두려움이나 증오심이 일어날 것이다.

이럴 때 우리는 어떻게 대처해야 할까? 감정도 우리의 성격과 관련된 것이다. 부정적인 감정을 없애려면 두려움이나 증오심을 녹일 수 있는 방법을 알아야 한다. 두려움이나 증오심은 비관용, 부정적 생각, 자신감 부족(용기 부족) 등과 관련이 있다. 두려움과 증오심을 없애려면 영혼을 강도 높게 단련시켜야 한다. 자신에게 상처를 주었거나 자신을 위협한 사람을 용서할 수 있는 능력이 커질수록 그 사람에 대한 기억 때문에 두려움이나 증오심이 생기는 횟수도 줄어들 것이다. 이렇듯 감정은 영적 특성과 밀접한 관련을 맺고 있다.

우리 스스로가 자신의 감정을 유발하는 것이 사실라면 우리는 긍정적이고 유쾌한 감정, 그리고 행복감도 만들어낼 수 있다. 또, 언제든지 부정적인 감정에서 벗어날 수도 있다. 결정은 우리에게 달려 있다! 우리 스스로 우리의 기분을 결정한다! 따라서 우리는 자신을 행복하게 만들어줄 행동, 감사와 기쁨을 느낄 수 있는 행동만을 할 것을 다짐해야 한다. 이렇게 하기 위해서는 먼저 자신과 자기 주변, 그리고 우주와 조화를 이루는 생각과 행동을 하는 습관부터 지녀야 한다. 이런 기본적인 바람과 다짐이 우리의 행동을 이끈다면 그다지 유쾌하지 않은 상황에서도 우리는 긍정적인 감정의 스위치를 켤 수 있다.

그런데 '긍정적' 혹은 '부정적'으로 감정을 구분하는 것이 과연 옳은 일일까? 어떤 것이 우리 영혼에 도움이 되고 어떤 것들이 방해가 되는지 우리는 진정으로 알고 있는가? 객관적으로는 부정적인 감정도 어떤 사람들에게는 긍정적으로 작용하고, 도움이 될 수 있다. 부정적 감정은 위험을 알려주고 자신에 대해 더 많이 알 수 있는 기회를 제공해준다는 특성이 있기 때문이다. 따라서 감정을 긍정적인 것과 부정적인 것으로 구분하기보다는 유쾌한 것과 불쾌한 것으로 구분하는 편이 더 옳을 것이다.

우리는 긍정적인 감정이 생길 때에 그것을 당연한 것으로 받아들이는 습관이 있다. 우리는 대체로 어떤 감정이 생기더라도 그 원인에 대해서는 궁금해하지 않거나, 궁금해한다 하더라도 부정적인 감정으로만 그 범위를 제한한다. 그리고 부정적인 감정이 싹틀 경우에는 보통 희생양을 찾는다.

여기서 중요한 점은 유쾌한 것이든 불쾌한 것이든 감정이 일어나는 원인을 항상 자기 자신에게서 찾는 습관을 가지는 것이다. 또, 좋은 감정이 생기는 원인을 공부해보는 것도 자신에 대해 더 많이 알 수 있는 좋은 방법이다. 행복, 안정감, 기쁨, 자신감, 신의, 사랑 등의 감정은 이유 없이 그냥 생기는 것이 아니다. 그런 감정들도 우리의 특정한 태도와 결정들로 인해 나타나는 것이다. 한 가지 예를 들어보자.

▶▶ 직장에서 혹은 가정에서 당신은 자신과의 오랜 싸움 끝에 뭔가를 포기하기로 결정했다. 쉽지 않은 결정이고, 약간은 고통스럽기까지 하다. 그렇지만 그 결정으로 인해 당신은 안정감, 확신, 만족감을 느꼈다. 무엇이 이런 감정들을 불러왔는지 곰곰이 생각해보라. 그리고 자신이 마침내 그것을 포기한 것에 대해 기뻐하고 감사하라. 이런 방법을 반복하다보면 당신은 긍정적인 결정을 통해서도 점점 더 많은 것을 배우게 될 것이다. 실수를 통해서만 배우라는 법은 없다.

🖎 오늘부터 이틀 동안 유쾌한 감정과 편안하고 행복한 느낌이 드는 상황에 특별한 주의를 기울여보라. 그런 감정과 상황이 어떻게 생겨나게 되었는지, 그 과정을 되돌아보고 결과를 기록해두라. 좋은 감정은 긍정적인 행동과 올바른 결정에 대한 보상이다. 행복한 감정이 생기는 과정을 자주 추적해볼수록 당신은 자신의 생각과 감정을 점점 더 긍정적으로 만들어갈 수 있고, 긍정적인 감정을 통해 더 많은 것을 배우게 될 것이다.

감정과 직관

감정이 늘 직관과 일치하는 것은 아니다. 그러나 감정이 직관이나 인식을 이끌어내는 경우가 많다. 우리의 정신이 충분히 깨어 있기만 하면 감정은 우리가 무엇을 하고 무엇을 하지 말아야 할지, 어떤 행동을 취해야 할지에 대해 많은 암시를 준다. 여기에 대해서는 〈사고 자극제〉와 〈감정과 사고 자극제의 종류〉에 잘 나와 있다.

우리는 사고와 감정을 통해 우주 그리고 고차원의 존재와 연결되어 있다. 자연의 법칙과 신은 사고와 감정을 이용해서 우리와 대화를 나누기 때문이다.

내면의 목소리를 듣고 따르게 만드는 것 혹은 자아의 목소리가 내면의 목소리를 덮어버리게 만드는 것도 영적 특성들이다. 앞서, 내면의 목소리를 통해 전달되는 메시지는 우리의 인성구조라는 필터를 통과하는 동안 변질된다고 했다. 그것 때문에 걷잡을 수 없이 복잡한 감정이 드는가 하면 오성이 직관의 탈을 쓰고 나타나 우리를 그릇된 길로 이끌기도 하는 것이다.

직관은 우리에게 올바른 방향을 지시해주는 좋은 친구다. 직관은 다음과 같은 것들을 암시해준다.

- 어떤 일을 하는 것이 옳은지, 하지 않는 것이 옳은지 암시해준다.
- 어떤 결정이 우리의 인성 계발에 도움이 되는 올바른 것인지 암시해준다.

194

- 어떤 일을 할 때 올바른 시점이 언제인지 암시해준다.
- 어떤 길을 가야 할지 암시해준다.
- 다양한 가능성 중 어떤 것이 가장 좋은 것인지 암시해준다.
- 현재 당신이 만나는 사람이 믿을 만한, 정직한 사람인지 암시해준다.
- 상대방이 '분명한' 사람인지, 다시 말해 그 사람의 말이 그 사람의 생각 그리고 감정과 일치하는지 암시해준다.
- 당신이 듣고 있는 것이 진실인지 암시해준다.
- 어떤 것이 당신에게 유혹이 될 수 있는지 암시해준다.
- 마음속에 일어나는 두려움이 근거가 있는 경고신호인지 혹은 극복해야 할 장애물인지 암시해준다.

따라서 우리가 자신의 감정에 대해 분명하게 아는 것은 매우 중요하다. 자신의 감정의 세계를 이해하는 법을 배우라. 감정은 직관적 지능을 계발하는 매우 중요한 도구 중 하나다.

감정과 정서

감정(feeling)은 조용하고 이완된 분위기에서는 직관으로 표출되지만, 불안하고 긴장된 상태에서는 정도를 넘어서 정서(emotion)가 된다.

사전에는 정서를 "감정의 동요, 흥분된 기분"으로, '감정적(emotional)'이라는 말은 "쉽게 흥분하는"으로 풀이한다. 라틴어 'emovere'는 '밖으로 들어내다, 제거하다'를 뜻한다. emovere는 '밖으로, 어디에서 떨어져' 등을 뜻하는 접두어 'e(x)'와 '움직인다'는 뜻의 'movere'로 구성되어 있다. 따라서 이모션은 '자신의 바깥으로 움직이다', '자신으로부터 먼 곳으로 옮기다' 등으로 해석할 수 있다. 감정은 우리 내부에서 움직이는 것이다. 그러나 정서는 우리를 중심으로부터 멀어지게 만드는 것이다. 그리고 정서는 언제나 에너지 수위의 변화를 불러온다.

정서도 물론 일종의 감정이다. 그러나 이 두 가지가 완전히 일치하는 것은 아니다. 그렇지만 일상적으로 두 단어를 동의어처럼 쓰기 때문에 '감성 지능(emotional intelligence, EQ)'이라는 말이 나온 것이다.

화, 분노, 원망, 증오, 시기, 질투 등은 부정적인 정서다. 열정도 정서에 속한다. 열정은 고통을 동반할 수 있기 때문이다. 예를 들어, 사랑에 빠질 때 기분이 지나치게 들뜨는 것, 즉 도취되는 것 또한 정서의 영역에 속하고, 이는 일종의 경고신호다. "사랑에 빠지면 눈이 멀게 된다"는 말은 근거 없는 이야기가 아니다. 여기에서 말하는 사랑이란 깊고 고요한 사랑이 아니라, 맹목적이고 '눈먼' 사랑을 뜻한다.

부정적인 정서는 우리를 우리 자신의 중심에서 멀어지게 만든다. 우리 안에 부정적인 정서가 생기면 우리는 더 이상 중립적인 태도를 취하지 못하게 된다.

부정적인 정서는 객관성을 변질시키고, 현실을 왜곡한다.

그렇다면 우리는 부정적인 정서에 어떻게 대처해야 할까? 정서도 우리 삶의 일부이자 일종의 경고신호인데, 이를 그냥 밀쳐버리면 영혼은 더욱 무서운 수단을 써서 우리가 '말귀를 알아듣도록' 할지도 모른다. 또한 정서가 우리에게 전하고자 하는 성격에 대한 다양한 암시들을 놓쳐버릴 가능성도 있다. 우리는 정서를 일단 받아들이고 관찰하며 그에 대해 깊이 인식해야 한다. 이런 방법을 통해 자신의 성격적 특성을 알아갈 수 있기 때문이다. 이때는 오성을 활용하는 것도 좋은 방법이다. 오성은 정서를 유발하는 내적 동기를 분석하고, 정서가 우리에게 무슨 말을 하려는지 알 수 있게 도와준다.

오성을 활용하면 부정적인 정서 때문에 우리가 중심에서 너무 멀리 벗어나는 것도 막을 수 있다.

정서를 활용한다는 것은 다음의 네 가지를 의미한다.

첫째, 정서를 확실하게 인식하는 것,

둘째, 정서와 일정한 거리를 유지하는 것, 그리고 자기 자신, 자신의 성격, 자신의 행동양식 안에 숨은 원인을 찾아가면서 어느 정도 거리를 두고 정서를 관찰하는 것,

셋째, 분석 결과를 통해 더 많은 것을 배우고 자신의 약점을 극복하는 것,

넷째, 자신과 다른 사람의 감정을 존중하며 상호 존경심을 유지하는 것이다.

이렇게 할 때 우리의 감성지능이 발달하고, 그 결과로 마음의 수양, 공감, 진심이 담긴 커뮤니케이션, 긍정적 매력 등이 나타날 것이다.

생각을 자극하는 사고 자극제

감정을 통해 우리는 자신과 다른 사람들에 대해 더 많은 것을 알 수 있고, 인생의 미로에서 빠져나올 수 있다. 고도로 문명화된 사회를 살아가는 현대인들은 합리성만 추구하고, 물질적 사고에 물들어 있으며, 자신의 감정을 무시하고 감정의 소리를 들으려 하지 않는다. 따라서 자연의 법칙은 감정이라는 수단 외에 사고 자극제라는 도구를 이용하기도 한다. 어떤 일에 대해 깊이 생각하고 다시 한번 생각하도록 자극하는 것이 바로 사고 자극제다.

우리는 생각이 우리 내면에서 자라나는 것이라고 믿고 있다. 그런데 실제로는 외부 세계와 자연의 법칙이 하루에도 수없이 많은 미묘한 사고 자극을 우리에게 주고 있다.

하지만 우리는 우리에게 주어지는 사고 자극제의 4분의 1도 활용하지 못한다. 우리가 주의를 더 기울이고 집중하면 이 조용한 암시들을 잘 인지할 수 있게 될 것이다.

사고 자극제는 내적 자극제와 외적 자극제 두 가지로 구분할 수 있다.

내적 자극제

감정은 내적 자극에 속한다. 착상, 영감, 아이디어, 돌발적으로 떠오른 생각 등의 고전적인 개념의 직관도 내부로부터 발생하는 사고 자극제들이다. 이러한 자극이 없으면 창의성도 존재할 수 없다. 위대한 시인과 작곡가들은 이러한 자극을 통해 영감을 얻었다.

사고 자극제는 일상생활에서도 커다란 도움이 된다. 예를 들어, 잊어서는 안 될 일이나 급히 처리해야 할 일이 문득 떠오르는 경우가 여기에 해당한다. 전혀 생각하지 못하고 있다가 어떤 문제의 해결책이 떠오를 때도 있고, 광고 문구, 새로운 컨셉 개발을 위한 아이디어, 오랫동안 고민해오던 결혼이나 가족문제에 대한 해결책이 떠오를 때도 있다. 복잡하게 얽혀 있던 구조가 갑자기 뚜렷하게 정리되어 눈에 들어오는 것이다.

그러나 이때 주의해야 할 점도 있다. 방금 떠오른 착상으로 인해 지금 하고 있는 일에 집중하지 못할 수가 있기 때문이다. 일반적으로 두려움이나 염려는 부정적인 생각을 불러일으켜서 우리의 집중력을 시험해보는 사고 자극제들이다.

▶▶ 운전을 하고 가다가 오늘 아들아이가 시험을 치른다는 사실이 떠오른다. 그 순간부터 아들이 '시험 준비는 제대로 했을까?', '잘 해낼 수 있을까?', '지난번보다는 잘 봐야 할 텐데!' 등등의 생각이 들면서 사고의 수레바퀴가 끊임없이 굴러간다.

▶▶ 샤워를 하던 중 오늘 사장과 면담을 해야 한다는 사실이 떠오른다. 그때부터 '끝내야 할 모든 업무를 처리했는가?', '사장 기분이 어제보다는 좋아야 될 텐데', '이번에도 야단만 치면 어쩌지? 그러면 나는 뭐라고 말하지?' 등의 걱정을 하게 된다.

두려움과 염려에 휩싸일 것인지, 아니면 생각의 수레바퀴를 멈추고 다시 원래 하던 일에 집중할 것인지를 결정하는 사람은 우리 자신이다. 염려는 우리를 부정적인 생각과 감정에 빠져버리게 만드는 일종의 유혹이다. 계속해서 이런 약점을 드러내다보면 당연히 부정적인 자극제에 더 많이 노출되게 된다. 하지만 자연의 법칙은 이러한 부담스러운 약점을 떨칠 수 있도록 우리를 도우려고 한다. 우리가 건설적이고 유용한, 도움이 되는 사고 자극제와 감정만 받아들이겠다고 마음속으로 다짐하면 부정적 자극제 → 염려와 걱정 → 부정적 자극제로 이어지는 악순환을 깰 수 있다.

외적 자극제

외적인 사고 자극제는 전혀 생각하지 못한 방향에서 나타날 수 있다. 다음의 사례들을 보자.

▶▶ 한 여성 환자가 직업상의 결정을 앞두고 있었다. 그녀는 주어진 과제를 자신이 감당할 수 있을지 의심하고 있었다. 그러다 뮌헨을 방문했을 때 짧은 간격으로 두 번 연달아 'M-UT(Mut는 독일어로 용기라는 뜻)'라는 번호판을 봤다. 그녀는 그것을 용기를 내어 도전을 받아들이라는 암시로 해석했다.

▶▶ 한 여성은 남편과 이혼하고 성인이 된 딸과 함께 전셋집을 얻을 생각을 하고 있었다. 마음 같아서는 얼마 동안은 혼자 살고 싶었고, 그녀의 딸도 그녀로부터 조금씩 독립해가는 법을 배워야 할 것 같았다. 그러나 그녀에게는 이를 실천에 옮길 용기가 없었다. 게다가 딸과 같이 살 경우 경제적으로도 이익이 되었다. 그녀는 신문에 집을 구한다는 광고를 냈다. 광고

200

가 나온 후 그녀는 자신이 전화번호를 잘못 적었다는 것을 알게 되었다. 그래서 그 전화번호로 전화를 걸었더니 '프라이레벤('자유로운 삶'이라는 뜻)'이라는 이름의 부인이 전화를 받았다. 그것은 무슨 의미였을까? 그것은 바로 그녀 자신의 바람과 감정에 따르고 완전히 '자유롭게 살라는', 즉 딸과 떨어져 살 것을 생각하게 해보는 자극제였다.

▸▸ 한 여성이 오랜 고민 끝에 예전의 남자친구와 다시 만나기로 결심했다. 며칠 후, 주차장에서 빠져나오려는 순간, 그녀는 뒤차를 보지 못하고 후진하다가 충돌해버렸다. 그녀는 이것이 자신의 결정을 다시 한번 생각해보라는 사고 자극제라는 것을 알았다. 차가 주인에게 암시를 주는 경우는 흔히 일어난다. 그날의 사고는 예전으로 다시 돌아가면 그녀 자신의 발전에 좋지 않을 것이니 돌아가지 말라는 암시였다. 늘 그런 것은 아니지만, 예전으로 되돌아가는 것은 퇴보를 의미할 때가 많다. 이때, 되돌아가는 대상이 부모든, 예전의 애인이든 옛 직장이든 마찬가지다.

▸▸ 당신은 광고 문구를 생각해내느라 고심하고 있다. 그러던 중, 공중에 큰 풍선이 떠가는 것을 보았다. 당신은 거기에서 아이디어를 얻었다. 풍선이야말로 당신에게 필요한 상징물이었다.

▸▸ 당신의 팀은 어떤 프로젝트를 준비하기 위해 회의를 하고 있다. 회의가 제대로 진행되지 않아 팀장과 팀원 모두들 힘들어하고 있다. 그때, 비서가 들어와서 팀장에서 중요한 소식을 전달한다. 비서의 말을 듣던 중, 팀장에게 좋은 아이디어가 떠오른다. 비서가 전하는 소식 안에 프로젝트의 해

결책이 될 만한 사고 자극제가 들어 있었던 것이다.

▶▶ 당신은 지금 컴퓨터 앞에 앉아서 일에 집중하고 있다. 그런데 길거리에서 갑자기 바람이 빠질 때 나는 것과 같은 소리가 들려온다. 그러자 당신은 시계를 들여다본다. 아차! 이미 약속 장소로 출발했어야 할 시간이다. 그래도 서두르면 약속 시간에 맞춰 도달할 수 있을 것이다.

▶▶ 당신은 어딘가에 머리를 부딪쳤다. 이것은 당신이 '되지도 않을 일에 머리를 싸매고' 억지를 부리고 있다는 것을 암시해주는 것은 아닐까? 이 사고 자극제는 당신의 고집스럽고 융통성 없는 태도를 경고하기 위한 것이다.

▶▶ 팔이 부러지거나 손을 다치는 것은 보통 당신이 뭔가를 꽉 잡고 있다는 것을 암시한다. 이런 종류의 부상은 당신이 잡고 있는 그것이 무엇이든 놓아버리라는 암시다.

사고, 질병, 불운 등은 어떤 행동이나 상황 혹은 결정에 대해 다시 한번 생각해보라는 사고 자극제가 될 수 있다.

어떤 것을 다시 한번 생각해볼 때, 머리로만 생각해서는 안 되기 때문에 사고 자극제를 통해 감정에도 변화를 일으키는 것이다. 이런 맥락에서 우리는 감정 자극제라는 단어를 만들어낼 수도 있을 것이다. 다시 한번 생각한다는 뜻으로 재고(再考)라는 단어가 있듯, 다시 한번 감정을 정리한다는 뜻에서 재감(再感)이라는 단어도 있어야 하지 않을까?

위의 사례들은 사고 자극제와 감정 자극제라는 무한한 세계의 극히 일부만을 보여준 것이다. 우리의 의식이 더 깨어 있을수록, 모든 일에 더 큰 주의를 기울일수록 사고 자극제와 우리의 감정은 우리에게 더욱 많은 것을 가르쳐줄 것이다.

감정과 사고 자극제의 종류

감정과 사고 자극제는 크게 세 가지로 구분할 수 있다.

1. 암시와 경고신호
2. 유혹과 시험
3. 보상과 선물

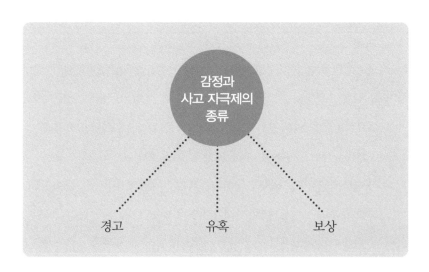

암시와 경고신호

경고신호는 우리가 무엇을 하는 동안에 전해지지만 일을 끝낸 다음에 전해지기도 한다. 그러나 보통은 사전경고의 형태로 나타난다. 위험을 미리 암시해줌으로써 우리를 위험으로부터 구하려는 것이다.

▶▶ 다음은 한 친구한테서 들은 이야기다.

"난 어릴 때부터 스키를 즐겨 타고, 또 잘 타는 편이었어. 무섭다는 생각은 거의 해본 적은 없어. 그러다가 2년 전, 슬로프의 상태가 별로 좋지 않았던 해에 친구와 함께 스키를 타러 갔지. 우리는 어떤 슬로프를 선택할지 고민했어. 보통 슬로프를 택할 것인지, 그보다 훨씬 경사가 심하고 어려운 코스를 택할 것인지 말이야. 친구와 나는 둘 다 중급 이상의 실력은 됐기 때문에 우리는 어려운 코스를 선택했어. 슬로프는 꽁꽁 얼어 있었고, 스키를 타도 그다지 재미있지 않았어. 다음번에 내려올 때에 우리는 일반 코스를 택했어. 그러나 나는 다시 한번 비탈이 심한 슬로프를 타고 싶은 마음이 들었지. 왠지 조금 꺼림칙하고 약간은 두려운 마음도 들었지만 '내가 언제부터 슬로프를 무서워했지?' 하는 생각이 들어서 다시 어려운 코스로 갔어.

폴을 몇 번 지칠 때까지는 느낌이 아주 좋았어. 그러다가 갑자기 빙판이 나왔어. 언덕 아래로 구르면서 나는 멈출 수 없다는 것을 깨달았어. 등과 머리를 부딪치며 언덕 아래까지 굴러갔지. 그 몇 초간 나는 너무나도 무서워서 하늘에 대고 기도를 하고 정신을 차리려고 애를 썼지.

그렇게 하염없이 굴러서 언덕 아래까지 와서 보니 그래도 나는 운이 좋았다는 것을 깨달았어. 뼈가 부러지지는 않았거든. 그리고 전체적으로 큰 부상을 입지는 않았어. 내게 두려움을 불러일으키며 경고신호를 보내온 내면의 목소리를 내가 무시했기 때문에 그런 일이 일어났던 거야. 게다가 다음 날 아침에는 예전에 자주 들었던 교훈까지 떠올랐어. 등의 통증은 일반적으로 용기 부족과 관련이 있다는 말이 갑자기 기억났어. 물론 슬로프 사고는 용기 부족 때문이 아니라, 오히려 잘못된 용기, 즉 사만으로 인해 일어난 것이었지. 나는 나 자신과 친구에게 내 능력을 보여주고 싶었거든!"

두려움, 불편한 심기, 꺼림칙함과 같은 감정들은 어떤 행동을 하지 말거나 적어도 다시 한번 검토해보라는 사전경고일 수 있다.

여기에서 우리는 특정한 대상물이 있는, 다시 말해 근거 있는 두려움과 내면의 문제로 인해 싹트는 근거 없는 두려움을 구분해야 한다. 이에 대해 한 가지 예를 들어보자.

▶▶ 만약 당신이 특별한 이유가 없는데도 운전하는 것을 두려워한다면 그것은 개인의 용기 부족 문제일 뿐 경고신호는 아니다. 그러나 빨리 운전을 해야 할 때 두려운 마음이나 꺼림칙한 기분이 드는 것은 경고신호로 간주할 수 있다.

특히 결혼이나 직업 선택과 관련된 큰 결정을 앞두고 있을 때 우리의 감정은 훌륭한 경고신호가 된다.

▶▶ 다음은 한 여성이 들려준 이야기다.
"저는 지금까지도 결혼식 전 며칠 동안의 일을 기억하고 있어요. 그때 우리는 신혼집을 꾸미고 있었죠. 저는 접착제를 붙인 타일조각들을 손에 들고 거실에 서 있었어요. 그런데 가능한 한 빨리 타일을 붙이고 도망가고 싶다는 기분이 들었어요. 거의 공포에 가까운 느낌이었어요. '이제 모든 것이 끝났다, 이제 내 자유도 끝이다'는 생각이 들면서 말이에요. 이런 느낌은 며칠 동안 계속 됐어요. 그렇지만 나는 그 느낌을 떨쳐버리려고 노력했어요. 결혼은 이미 오래전에 결정된 사실이었으니까요. 결혼식 계획도 구체적으로 세워놓았고요. 양가 어른들도 많이 기뻐하셨죠. 남편이 될 사람과 저는 굉장히 오랫동안 사귄 사이였고, 서로 말도 잘 통했어요. 말하자면 저는 모든 걸 다 가지고 있는 셈이었지요.

결혼을 앞두고 몸이 좋지 않았고 몸무게도 줄었지만 그것도 무시했어요. 결혼식 전날 밤, 어머니가 급성천식으로 응급실에 실려 갔을 때도 저는 그것이 사전경고라고는 생각조차 못했어요.

지금 생각해보면 자연의 법칙은 당시 제게 그 결혼이 이상적인 결혼이 아니라는 것을 말하려 했던 것 같아요. 이제는 당시의 감정들이 사전경고였다는 것을 알아요. 이제는 당시 내가 결혼을 위해 얼마나 많은 것을 포기해버렸으며, 결혼을 스스로 결정한 것이 아니었다는 것을 알아요. 저는 그저 상황이 흘러가는 데로 따라갔을 뿐이었어요. 어쩌면 혼자 사는 것이 두려워서, 아니면 사회적 기대나 경제적 이유 때문이었는지도 모르겠어요.

그러다가 3년 후 결혼생활 최대의 위기가 닥쳤어요. 그렇지만 저는 이혼할 용기가 없었어요. 혼자되는 것이 두려웠고 남편에 대한 동정심('내가 이 사람에게 어떻게 그럴 수 있어!') 때문이기도 했어요. 우리는 둘 다 직장에 다녔기 때문에 경제적으로는 문제가 없었어요. 그러다가 6년이 지나자 다시 위기가 찾아왔어요. 그때는 제 마음이 이미 남편에게서 멀리 떠났을 때였어요. 그래서 저는 정말로 이혼할 것을 결심했고 실천에 옮겼어요.

이혼하고도 이렇게 잘 살 수 있다는 걸 미리 알았더라면 더 일찍 결정을

했을 거예요. 그리고 그 결정은 남편을 위해서도 옳은 것이었어요. 남편도

인생에서 중요한 것을 배웠을 거예요."

이 사례는 우리가 내린 어떤 결정이 우리의 영적 발달에 도움이 되지 않을 경우 다가오는 경고신호에 관한 것이다. 경고신호를 무시하고 이미 결정한 길을 계속 가더라도 우리는 이후의 인생을 살아나가는 데 귀중한 경험을 하게 된다. 따라서 실수를 두려워할 필요는 없다. 돌아가더라도 우리는 목표에 도달할 것이며, 때로는 돌아가는 길에서 더 중요한 것을 배우기도 하기 때문이다.

신체적인 고통과 증상은 항상 뭔가를 암시하거나 경고해주고, 우리가 바꿔야 할 약점들을 지적해준다. 만성질환이나 심각한 질병은 커다란 경고신호이자 사고 자극제다.

유혹과 시험

사고 자극제와 감정 중에는 유혹도 많다. 우리는 우리의 자유의지를 나와 다른 사람의 안녕을 위해서 사용할 수 있고 반대로 나와 다른 사람의 안녕을 해치기 위해서 사용할 수 있다. 자연의 법칙은 우리 영혼의 결정에 따라 적절한 유혹과 시험을 끊임없이 제시한다. 이를 통해 우리는 무엇이 우리의 발전에 도움이 되고, 무엇이 방해가 되는지 점점 더 잘 알게 된다. 그렇다면 무엇이 옳은 결정일까? 어떤 것이 올바른 해답일까?

유혹은 직관을 발달시킬 기회다.

유혹을 알아차리는 횟수가 늘어날수록 우리는 내면의 목소리에 더욱 익숙해진다. 그뿐만 아니라 내면의 목소리에 대해 더 큰 믿음을 가지게 된다. 또, 내적 확신, 즉 자신감도 커진다. 자신감은 우리를 시련이 닥쳐도 흔들리지 않는 든든한 바위로 만들어준다.

우리는 어떤 감정을 유혹이라고 부르는가? 몇 가지 사례를 보자.

▶▶ 당신은 지금 사랑에 푹 빠져 있다. 감정적으로 매우 들뜬 상태다. 황홀감에 빠진 당신은 새 연인과 관련된 모든 것을 '제 눈의 안경'을 통해 본다. 그러나 황홀감은, 단어 자체에서도 이미 느껴지듯이 당신을 도취상태에 빠뜨려버린다. 황홀감을 느낄 때에는 객관적인 태도를 유지할 수 없기 때문에 엄청난 유혹에 무방비 상태가 된다. 당신은 환상에 빠질 위험에 처해 있는 것이다. 환상은 언젠가는 실망으로 변한다!

▶▶ 당신은 건강을 위해 백설탕이 많이 든 단 음식은 먹지 않기로 결심했다. 그런데 갑자기 케이크 한 조각이 너무나도 먹고 싶어진다. 왜 이런 느낌이 드는 걸까?

이유는 많겠지만 그중 하나는 당신의 건강이 나빠졌기 때문일 것이다. 그렇기 때문에 자연의 법칙이 당신에게 건강을 유지하겠다는 의지가 정말 있는지 시험하는 것이다. 아니면, 자신한테 좋다고 생각되는 음식을 다른 사람에게도 강요했기 때문일 수도 있다. 그러다가 결국 자기를 단련시키는 혹독한 시험을 치르게 된 것이다.

유혹을 이기지 못하면, 그다음에는 더 많은 시험을 치러야 한다. 이는 자연의 법칙이 심술을 부리는 것이 아니다. 오히려 당신의 인격과 건강을 향상시키기 위해 자연의 법칙이 도와주는 것이다.

우리는 특히 금전을 지출하는 것과 관련해 유혹이라는 사고 자극제와 우리를 나쁜 길로 이끄는 감정들과 싸우게 된다. 불필요한 것에 많은 돈을 쓰고 싶은 마음이 드는 것이 그 예이다. 금전과 관련된 유혹은 나쁜 결과를 가져올 수 있다. 특히 재테크를 잘못한 경우 나타나는 결과는 그야말로 치명적이다. 우리 주위에는 아주 높은 이자를 주겠다는 말을 믿었다가 자신의 전 재산을 잃는 경우가 종종 일어난다.

이렇듯, 감정은 때때로 우리를 유혹한다. 그런데 우리가 감정을 스스로 만들어내듯 유혹 또한 우리 스스로 불러오는 것이다. 그렇다고 너무 끔찍하게 생각할 필요는 없다. 유혹은 자신을 파악하고, 많은 경험을 할 수 있는 기회이자, 큰 성장을 이룰 수 있는 계기가 되기 때문이다. 이러한 관점에서 자신의 하루 일과를 잘 관찰해보라. 생각과 말, 행동을 통해 자신이 어떻게 유혹과 시험을 불러오는지 관찰해보라.

보상과 선물

몇 가지 사례에서 알 수 있듯이 감정은 우리에게 내적 안정감, 감사하는 마음, 만족, 확신, 인정, 존경, 내적 안식, 조화, 단결, 행복, 기쁨, 사랑 등과 같은 보상을 주기도 한다.

당신의 발전을 방해하던 것에 집착하다가 그것을 놓아버렸을 때 어떤 기분이 들었는지 기억해보라. 분명히 내적 안정, 만족, 확신과 같은 감정이 생겼을 것이다.

좋은 뜻으로 다른 사람에게 선물을 할 때도 행복과 기쁨을 느낄 수 있다. 선물이라고 해서 물질적인 것만 말하는 것은 아니다. 다른 사람을 위해 시간을 투자하거나, 그 사람에게 중요한 문제가 있을 때 그 사람의 이야기에 귀 기울이기만 하더라도 행복과 기쁨이 느껴진다.

'당신의 의지가 곧 나의 의지'라고 생각하고 그에 맞게 행동하려는 마음가짐이 있으면 안정, 조화, 기쁨, 사랑 등의 선물을 받을 수 있다. 선물을 받을 때에는 그 원인을 찾아보는 습관을 지녀야 한다. 그렇게 하면 긍정적인 것으로부터 배움을 얻을 수 있다. 그러한 선물들은 당신이 가고 있는 길이 옳은 길이라는 내적 확신을 준다. 그리고 감정의 선물들에 대해 일기에 적어두라. 용기와 자신감이 더욱 커질 것이다.

창조적인 착상과 천재적인 아이디어도 일종의 보상으로 이해할 수 있다. 일상생활에서 중요한 어떤 사실을 까맣게 잊고 있다가 필요한 순간 다시 떠올리는 것도 보상과 선물이다. 그런 사고 자극제들이 생길 때면 고맙다고 말하는 습관을 지녀라.

감정과 사고 자극제의 기능

위에서 언급한 세 가지 사고 자극제와 완전히 일치하지는 않지만, 인성이나 기분에 대해 많은 것을 알려주는 감정들이 있다. 감정의 세계는 여러 층으로 구성되어 있고, 그 결과는 매우 놀랍다. 직관적 지능의 계발과 관련해 감정은 크게 세 가지 역할을 한다.

1. 자기 인식의 도구
2. 커뮤니케이션의 도구
3. 결정의 도구

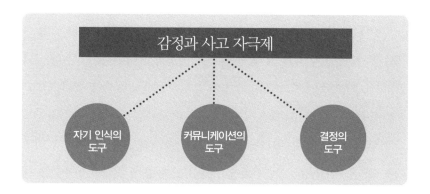

자기 인식의 도구

📝 감정과 사고를 활용해 자신을 파악하기 위해서, 먼저 다음 질문들에 답해 보라.

- 나는 어떤 감정을 자주 느끼는가?
- 나는 어떤 감정이 들 때 힘든가?
- 나는 어떤 감정이 들 때 혼란스러운가?
- 나는 언제 행복한가?

감정은 자신의 성격이 지닌 크고 작은 약점들을 보여주기도 한다. 예를 들어, 오랫동안 죄책감이 드는 것, 시기심과 질투심이 드는 것은 자신과 다른 사람들을 더 많이 용서하라는 암시다. 쉽게 흥분하거나 화를 내는 것 혹은 격분하는 것 또한 용서를 배우라는 암시다. 다른 이들을 비난하는 것은 중립성과 관용정신을 키우고 긍정적인 생각으로 사람들을 대하라는 암시다.

두려움과 불안감이 드는 것은 더 많은 용기, 확신, 믿음을 가지라고 주의를 주는 것이다. 비양심적인 행동을 합리화하는 버릇은 정직성이 부족하다고 가르쳐주는 것이다. 몸이 지치고 피곤한 것은 시간을 적절히 활용하지 못했다는 뜻이다.

이렇듯 감정 안에는 우리를 강하게 만들고 성격을 발전시켜줄, 나아가 영적 발달을 꾀할 수 있는 기회들이 숨어 있다. 위에 언급한 감정들을 더 잘 관찰하고 우리 안의 어떤 원인이 그런 감정들을 불러오는지를 자신에게 물어보라.

커뮤니케이션의 도구

자신과 다른 사람의 기분과 감정을 잘 인지할수록 감정이입을 하기도 쉬워진다. 이는 곧 따뜻한 커뮤니케이션의 밑거름이 된다. 감정교류는 말 없이도 마음속의 생각이 전달되는 이치와 비슷하다. 우리는 이것을 '이심전심'이라 부른다. 여기에 빗대어 우리는 감정의 교류를 '이감전감(以感傳感)'이라 부를 수도 있을 것이다.

당신과 아주 긴밀한 영적 관계를 맺고 있는 사람이 당신이 생각하고 있는 바로 그것을 말하는 것을 듣거나, 자신이 그 사람이 하려던 말을 먼저 한 적이 분명히 있을 것이다. 아니면, 아무 이유 없이 갑자기 누군가에게 전화를 걸어야겠다는 생각이 들 때, 그 사고 자극제를 따라서 친구에게 전화를 걸었더니 친구가 당신에게 "그렇잖아도 네게 막 전화하려던 참이었어" 하고 말한 적이 있을 것이다. 생각과 마찬가지로 감정도 종종 전이되기 때문에 이런 일들이 일어나는 것이다. 물론, 생각과 감정이 섞여서 전이되는 경우도 있다.

우리 모두는 말의 범위를 넘어서는, 다양한 언어를 구사할 수 있다. 다만 그 능력을 조금밖에 활용하지 않고 있을 뿐이다. 제2부의 앞부분에 나오는 훈련들은 이 재능을 개발하는 데 도움이 될 것이다. 감정으로 의사소통을 하는 능력도 직관적 지능의 일부다.

🖊 가능한 한 자주 다른 사람들에게 자신의 감정을 보내고 다른 사람들은 그 순간 무엇을 느끼는지 알아보라. 또, 자신이 경험한 바에 대해 다른 사람들에게 이야기해보라. 그렇게 하다보면 자연히 자신의 감정에 주의를 기울이게 되기 때문에 직관을 더욱 계발할 수 있다.

결정의 도구

자신의 감정을 분명히 아는 것이 직관 계발에 얼마나 큰 도움이 되는지는 다음 사례를 통해 잘 알 수 있다. 자신의 감정을 파악하는 훈련은 자신에 대한 믿음을 키워주고 좀 더 자신감을 가지고 결정을 내릴 수 있도록 도와줄 것이다.

▶▶ 당신이 어떤 투자 결정을 내려야 할 상황에 처해 있다고 가정해보자. 당신에게는 세 가지 가능성이 있다. 당신은 조용히 각각의 가능성에 대해 생각해보고, 그 가능성들 안에 어떤 기회가 숨어 있는지 알아본다. 그리고는 무엇이 옳은지 내면의 목소리에게 물어본다. 세 가지 중 특정한 한 가지 투자 형태를 생각할 때마다 당신은 편안한 기분이 든다. 필요한 전문적인 정보를 가지고 있는 상태에서 지속적으로 이런 느낌이 든다면, 이것은 당신의 직관이 그 형태가 옳다고 충고하는 것이라고 생각해도 좋다.

▶▶ 위장에 불쾌하고 묵직한 느낌이 들 때가 있다. 이런 느낌은 당신을 위험에 빠뜨릴 수 있는 결정으로부터 당신을 구해주기 위한 것이다. 무모한 결정을 하지 말라는 신호인 셈이다. 사방이 어두운 곳에서 앞차를 추월을 하려고 할 때 이런 감정이 생기는 것은 위험이 다가오고 있다는 신호다.

들뜬 *감정으*로 중대한 결과를 불러올 결정을 내려서는 안 된다. 들뜬 상태에서는 보통 객관적인 결정을 내릴 수 없기 때문이다.

결정의 순간
직관을 활용하는 법

생각하는 사람은 많지 않다.
그러나 누구나 결정은 내리려고 한다!
– 프리드리히 대제

위 인용문에서 프리드리히 대제가 한 '생각한다'라는 표현은 이성적으로 심사숙고하는 것을 가리키는 말이다. 또, '생각을 돌아보다'나 '감정을 돌아보다'를 뜻하는 말이기도 하다. 위의 말을 "생각과 감정을 돌아보는 사람은 많지 않다. 그러나 누구나 결정은 내리려고 한다!"라고 바꿔도 뜻이 통한다.

따라서 우리는 논리적으로 생각을 정리하는 동시에 감정, 내면의 목소리, 영혼, 고차원의 자기(self), 신, 우주의 소리에 귀 기울일 줄 알아야 한다. 즉, 자신의 내면의 목소리를 들어야 한다는 말이다.

이때 우리는 "이 결정이 내게 도움이 되는 것인가, 내 영적 발달과 내 삶의 과제에 도움이 되고 우주의 지혜와도 일치하는가?" 하는 질문을 해 볼 수 있다.

이 질문을 해봄으로써 자신의 자아(ego)로부터 조금씩 벗어나고 객관적인 자세를 지니게 될 것이다. 이를 통해 우리는 낯선 것에 대한 두려움을 벗어버리고, 차원 높은 세계에 대한 더 넓은 시각과 통찰력을 가질 수 있게 된다. 이로써 우리는 올바른 직관으로 가는 문을 여는 것이다.

공적이든 사적이든 중대한 사안을 결정해야 할 때면 누구나 자신이 확실한 직관을 지니고 있기를 바란다. "사소한 결정을 하는 데는 아무런 문제가 없어요. 그러나 막중한 책임이 따르는 큰 결정을 할 때, 그것도 그런 결정을 빨리 내려야 할 때면 어떤 확신 같은 게 있었으면 좋겠어요" 하고 말하는 사람들이 많다. 하지만 다른 어떤 것을 배울 때와 마찬가지로 직관을 계발하는 데에도 '연습이 대가를 만든다'는 원칙이 그대로 적용된다. 아무리 먼 길도 항상 '한 걸음부터' 시작해야 하는 법이다.

중요한 결정을 내릴 때 분명한 직관을 갖고 싶다면, 먼저 일상적인 결정들을 내릴 때 자연의 법칙에 부합해서 행동하는 것을 연습해야 한다. 일상적인 상황에서 자신의 감정에게 물어보는 습관을 길러라. 이를 통해 직관을 단련시킬 수 있다. 이를 반복하다 보면 업무상 중대한 결정을 내릴 때와 삶의 목표를 파악할 때에도 내면의 목소리를 더 잘 인식하고 거기에 따를 수 있게 된다.

또, 자신의 감정에게 많은 질문들을 던지다 보면 스스로에 대해서도 새로운 사실들을 많이 알게 된다. 이를 통해 우리는 우리가 어떤 것에 찬성하거나 반대하는 이유, 어떤 특정한 목표를 세우는 이유도 알 수 있게 될 것이다.

동기는 결정의 원동력

　모든 결정에는 하나 혹은 그 이상의 동기가 들어 있다. 그중에서 중심이 되는 동기는 오성의 동기다. 누군가 우리에게 동기가 뭐냐고 물어볼 때 대답하는 동기가 오성의 동기다. 그러나 자세히 들여다보면 그것은 남들에게 이야기하기 위해 일부러 만들어낸 이유이거나 자기가 내린 결정을 정당화하기 위한 수단에 지나지 않는 경우가 많다. 그런 표면적인 동기 뒤에 잠재적인 동기가 숨어 있다. 잠재적인 동기는 내적인 희망이나 욕구와 관계된 것이다. 그것은 영혼 깊숙이 닻을 내리고 있는 동기, 영적 특성, 가치관, 세계관과 관련된 동기다.

　앞서 〈동기 파악은 자기 인식의 열쇠〉 부분을 읽으면서 이미 자신의 행동 뒤에 숨은 동기에 대해 생각해보았을 것이다. 이제 우리는 어떤 결정의

바닥에 깔려 있는 동기들을 구체적으로 살펴보려고 한다.

"나는 왜 이 일을 하려 하는가? 왜 나는 이 일을 하겠다고 혹은 하지 않겠다고 결정하는가?"라는 질문을 끊임없이 해보라. 그것은 결정을 내리기 전에 더 많은 객관성을 확보하는 가장 좋은 방법이다. 무엇보다 우리는 이런 질문을 함으로써 스스로 자기 감정을 조작하는 것을 막을 수 있다.

다음은 여러 가지 결정 상황에서 나타난 다양한 동기들의 사례다.

▸▸ 컴퓨터 공학자인 헬무트는 새 직장을 구하고 있다. 그는 여러 회사에서 연락을 받았다. 그중 하나는 월급이 꽤 많은 곳이다. 그러나 그곳에서는 배울 것이 그리 많지 않다. 그렇지만 그는 크게 상관하지 않는다. 많은 돈을 벌 수 있다는 매력이 그의 마음을 끈다. 드디어 그렇게 바라던 스포츠카도 살 수 있고 다른 소원들도 실천에 옮길 수 있을 테니 말이다. 이런 기대가 그가 결정을 내린 가장 큰 동기이다.

▸▸ 게르하르트는 IT 분야에서 일하고 있다. 그는 여러 회사에서 서로 데려가고 싶어 하는 인재다. 한 유명 회사가 그에게 거액의 연봉을 제시한다. 동시에 다른 대기업의 자회사에서도 연락이 온다. 그 회사도 괜찮은 편이지만 월급이 그다지 많지 않다. 그는 두 기업 모두에서 면접을 본다. 면접을 보면서 그는, 두 번째 회사에 갈 경우 자신이 원하던 바로 그것, 자신의 전문성을 더욱 발전시켜줄 지식과 경험을 쌓을 수 있을 것이라는 사실을 알게 된다. 회사 분위기도 좋다. 그런데 돈이 문제다. 그렇게 많은 돈을 포기하는 것이 옳은 것일까, 자신에게 물어본다. 그는 포기하는 것이 옳다고 결정한다. 그에게는 배움의 기회가 더 중요하기 때문이다.

▶▶ 안나는 매력적인 젊은 남자를 만난다. 그러나 얼마 지나지 않아 그 남자가 심약한 사람이라는 것을 알게 된다. 겉으로는 자신감 넘치게 행동하고 매력적으로 보이지만 마음속은 매우 불안하고 안나에게 의지하려는 남자다. 그녀는 그로 인해서 자신의 인성 계발 영역이 자꾸만 좁아지는 것을 느낀다.

그는 그녀와 결혼하고 싶어 한다. 그녀가 필요하기 때문이다. 그녀는 그에게 동정심을 느낀다. 그가 자신을 원하기 때문에 그녀는 자신이 중요한 사람이 된 것 같은 느낌이 든다. 이런 동기로 그녀는 그와 결혼한다. 혼자 되는 것이 두렵기 때문이기도 하다. 이런 동기도 분명 숨어 있다. 몇 년 후 안나의 결혼은 파국으로 치닫는다.

직업 선택, 직장 선택, 결혼 등은 인생 전체에 커다란 영향을 미치는 것들이므로 특히 더 신중하게 결정해야 된다. 이처럼 중요한 결정뿐만 아니라, 일상생활 중에서도 결정을 내려야 하는 상황은 매우 많다.

▶▶ 마음에 드는 재킷을 두고 사야 할지 말아야 할지 고민할 때가 있다. 그럴 때면 당신이 그것을 진정으로 원하는지, 진정 그 재킷이 필요한지 혹은 그런 옷이 유행이라고 소개한 패션잡지를 읽었기 때문에 사고 싶어 하는 것은 아닌지 잘 생각해보라. 혹은 그 옷을 입고 나가서 친구들 앞에서 과시하려는 것은 아닌가?

▶▶ 당신은 지금 최신형 휴대폰을 사려고 한다. 당신 주변 사람들은 이미 모두 이 휴대폰을 갖고 있다. 혹은 당신은 최근에 출시된 진공청소기나,

TV를 사려고 한다. 그 이유는 무엇인가? 지금 가지고 있는 것이 기능이 나쁘거나 수명이 다해서인가? 아니면 최신형을 사라는 누군가의 설득에 넘어간 것은 아닌가?

어떤 결정에 대한 내적 동기를 탐구해봄으로써 당신이 유혹에 빠진 것이 아닌지 쉽게 알아낼 수 있다. 다행히 위의 사례들은 유혹에 빠지더라도 그다지 여파가 큰 사안들은 아니다. 그러나 거액을 투자하거나 중요한 정치적 결정을 하기 전에는 반드시 내적 동기를 유심히 파악해보아야 한다.

중요한 결정을 올바르게 내리고 싶다면 먼저 작은 것부터 시작하라! 먼저, 사소한 결정들을 내릴 때의 자신의 내적 동기를 탐구해보라. 이것이 몸에 익을 때까지 훈련하면 된다. 이를 반복하다 보면 자신이 하려는 일이 영적 발달을 위한 최상의 길인지 감지할 수 있는 능력이 생길 것이다.

▶▶ 월요일이다. 오늘 저녁에는 당신이 좋아하는 작가의 강연회가 열린다. 몇몇 사람만 초대하는 강연인데, 당신도 초대를 받았다. 그러나 오늘 당신이 속한 모임에 방송사에서 취재를 나온다. 당신도 그 자리에 있어야 한다. 당신은 어느 쪽을 선택할 것인가? 물론, 두 곳 모두 참석하지 않고 집으로 갈 수도 있다. 지난 주말에 세미나에 참가하느라 쉬지 못해서 매우 피곤하기 때문이다. 당신은 어떤 결정을 내릴 것인가?

만약 당신이 '감초 가족'에 속한다면 위의 사례에서 당신은 분명 방송 취재 건을 선택할 것이다. '감초 가족'은 어느 곳에나 끼려고 하는 사람을 말한다. 이러한 성향은 중독이 될 수 있다. 그 뒤에는 보통 이미지 관리나

지나친 자기 과시욕 같은 동기가 숨어 있다. 가끔은 혼자 남는 것이 두려워서 그렇게 하는 사람들도 있다.

누구나 흔히 다음과 같은 일상적인 갈등들을 경험해봤을 것이다.

- 동료의 업무를 도와주어야 할 것인가?
- 휴가지에서 엽서를 보내려고 보니 그 수가 너무 많다. 내가 그 많은 엽서들을 보내야 하는 이유는 무엇인가?
- 이 이야기를 지금 해야 할 것인가, 하지 말아야 할 것인가? 이야기를 해야 한다면 그 동기는 무엇인가?
- 크고 비싼 차를 살 것인가, 작은 차를 살 것인가? 큰 차를 사고 싶어 하는 이유는 무엇인가?
- 정원을 어떻게 꾸밀 것인가? 이웃집 정원보다 예쁘게 보이려는 동기가 있는가?
- 나는 첫 줄에 앉는 편인가, 두 번째 줄에 앉는 편인가? 왜 그런가?
- 나는 세미나에서 나온 질문에 대한 답변을 알고 있다. 손을 들어 대답을 할 것인가? 나는 왜 그렇게 하는가? 혹은 나는 왜 답변하지 않는가?

일상생활 속에서 가능한 한 자주 동기를 찾는 훈련을 하라. 동기를 알면 선택도 쉬워진다. 거기에 특정한 훈련들을 더하면 최고의 결정을 내릴 수 있게 될 것이다.

그런데 우리 앞에 펼쳐진 다양한 길 중 어떤 길이 자연의 법칙과 부합하는 올바른 길인지 구분하기 힘들 때가 많다. 또, 어떤 결정에 대한 동기를 늘 쉽게 찾을 수 있는 것도 아니다. 이럴 때엔 직관에게 물어보는 수밖에 없다. 이때, 물어보는 형식이 매우 중요하다. 예를 들어, "어느 것이 더 나을까?"라는 질문을 생각해보자. 이 질문에서 '더 낫다'는 말은 너무 포괄적이다. 내 행동 뒤에는 어떤 동기가 숨어 있을까? 더 나은 이미지를 위해서인가? 돈을 더 많이 벌기 위해서? 경력을 더 많이 쌓기 위해서? 더 나은 자기실현을 위해서? 등과 같이 질문을 할 때에는 매우 구체적으로 해야 한다.

직관적 지능을 발달시킬 수 있는 동기를 알고 싶다면 다음의 질문들을 해보라.

- 무엇이 나와 내 주변 사람들을 위한 최선의 방법일까?
- 어떻게 하면, 그리고 어디에서 나는 가장 많은 것을 배울 수 있을까?
- 무엇이 내 영적 발전에 도움이 될까?
- 그 행동을 함으로써 내가 다른 사람의 인성 계발에도 기여할 수 있을까?

보잘것없는 '나-나-나'

동기를 알아보기 위해 질문을 할 때에는 진실한 마음으로 물어보아야 한다. 자연의 법칙은 '알리바이 질문'이나 입으로만 하는 고백을 금세 알아챈다. 당신의 숨은 동기가 이미지와 체면이라면, 다시 말해 인정과 칭찬을 받고 그 자리의 주인공이 되려는 동기를 지니고 있다면 감정도 그런 욕구를 충족시켜줄 수 있는 방향으로 흐를 것이다. 모든 감정이 '위'로부터오는 것은 아니다. 우리의 감정은 보잘것없는 '나-나-나'에서 비롯되는 경우가 더 많다. 누가 보더라도 옳은 행동을 하려는 간절한 바람이 있어야 우주의 지혜가 우리를 이끌어줄 것이다.

자연의 법칙은 우리의 '자아' 희생 정신을 시험해본다. 이것은 우리의 보잘것없는 '나-나-나'가 고차원의 권능의 힘 아래로 자기를 낮추는지 알아보려는 시험이다.

자아를 낮추지 못할 때 싹트는 동기 중 하나가 독단이다. 이 동기는 직관의 스위치를 꺼버린다. 독단적인 삶을 살 것인지, 행복한 삶을 살 것인지, 결정하는 것은 자기 자신이다.

독단적인 태도는 자신의 내적 동기, 즉 사랑받고 인정받으려는 동기에 역행하는 태도다. 오스트리아의 작가 알렉산더 레르네트 홀레니아가 말했듯이 독단적인 태도는 미움을 받을 수 있는 확실한 방법이다.

자기주장만 내세우는 이유와 목적에 대해 내면의 목소리에게 물어보라. 주장을 관철시키지 못했을 경우에는 어떻게 되는지, 그때 당신의 기분은 어떨지, 인정과 사랑을 받지 못할까 봐 두려워하는 것은 아닌지, 다른 사람들이 내 불안을 알아챌까 봐 두려운 것은 아닌지 등을 자신에게 물어보라.

자기 과시라는 동기 안에는 두려움, 불안, 용기 부족 등이 숨어 있다.

물론 누구나 자신의 이기심이나 체면을 살리는 결정을 내릴 권리를 가지고 있다. 때문에 자유의지라고 부르지 않는가! 그러나 스스로 결정하는 만큼 그 결과에 대한 책임도 스스로 져야 한다. 자신의 결정이 최선이 아니었다 하더라도 그 책임을 고차원의 권능, 운명 혹은 다른 사람에게 돌릴 수 없다. 그러므로 우리는 항상 장기적인 시각을 지녀야 한다. 보통, 너무 표면적인 것에 치우쳐서 결정을 내리면 단기적으로는 이득이 될지 몰라도 장기적으로는 아무 소용이 없는 결정이 될 수 있다. 또, 그런 결정들은 새로운 문제를 불러오기도 한다. 이는 하나의 증상이 다른 곳으로 전이되는 것과 비슷하다. 질병의 근본적인 원인인 영적 문제를 해결하지 않고 겉으로 보이는 경고신호들만 없애면, 영혼은 더욱 극단적인 방법을 통해 구원해달라고 호소한다는 사실을 우리는 이미 잘 알고 있다.

자아 중심의 결정들만 내리다보면 직관은 주인을 배신하게 된다. 자아, 즉 보잘것없는 '나-나-나'의 목소리가 너무 높으면 조용한 내면의 목소리는 자아의 벽을 뛰어넘을 수 없기 때문이다.

우리는 많은 일들을 이기심이나 체면 때문에 한다. 그러나 만약 우리가 인성발달로 동기의 초점을 옮긴다면, 다시 말해 이미지보다는 인성을 갈고닦는다면, 도저히 답이 없어 보이는 문제들도 의외로 쉽게 풀 수 있다.

지구상의 많은 오해들을 풀려면 정직, 용서, 품위, 삶에 대한 경외, 관용, 신의, 신뢰 등의 기초적인 가치를 존중하는 방법밖에 없다. 그리고 참된 의미에서 행복한 삶, 성공적인 삶을 살기 위해서는 우주에서 가장 강한 에너지, 즉 사랑에 의지하는 수밖에 없다.

스티븐 코비는《성공하는 사람들의 7가지 습관》에서 '이미지 윤리'와 '인격 윤리'라는 말을 사용하여 표면적인 해결책과 기본적인 가치들을 구분했다. 코비는 이미지 윤리란 이기심 때문에 존경, 권력, 금전 등을 좇는 것과 겉으로 드러나는 증상만 치료하는 수박 겉핥기식 대책을 가리키고, 인격 윤리란 영원한 가치를 되새겨보는 것을 가리킨다고 했다.

이제 결과를 중시할 것인지 원인을 중시할 것인지 스스로 결정하라.

겉으로 드러나는 이미지에 지나치게 신경을 쓰다 보면 두려움, 지나친

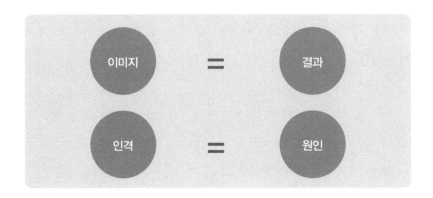

자기 과시욕, 고집, 편리함 등의 동기가 싹트고, 결국 이기적인 행동을 하게 된다. 그러나 이미지보다 인성 계발에 삶의 초점을 맞춘다면 우리는 자기(self)를 더 높은 차원으로 발달시키려고 애쓰게 된다. 이것이 바로 우리를 자연의 법칙 혹은 우주의 지혜와 연결시켜주는 것, 즉 내면의 목소리로 향하는 길이다.

결과보다 원인을 더 중요하게 여기는 사람이라면 스스로 다음과 같은 질문들을 해볼 것이다.

• 내 목표는 무엇인가?
• 그 목표에 도달하려는 이유는 무엇인가?
• 나는 이 결정을 통해 무엇을 얻으려고 하는가?

우리는 언뜻 보기에 이익이 될 것 같아서 어떤 행동을 하곤 한다. 그러나 관점을 조금만 바꾸면 그 이익이나 자신을 둘러싼 보호막들이 결국 쓸모없는 것임을 알게 된다. 어떤 일이 가져다주는 이익을 생각할 때에는, 그 이익이 자신과 주변 사람들에게 진정으로 득이 되는지 꼼꼼하게 검토해보아야 한다.

▶▶ '편리한' 결정을 내리거나, 큰 노력 없이 달성할 수 있는 목표를 세운다면 분명 쉽게 목표에 다다를 수 있을 것이다. 그러나 '불편한' 결정이나 목표가 우리를 더 강하게 키워주고 더 큰 자신감을 준다는 사실을 잊지 말아야 할 것이다.

▶▶ 당신이 친구나 연인에게 마음을 완전히 열지 않기로 결심했다고 가정해보자. 그렇게 하면 그들로부터 큰 상처를 받지 않을 것이다. 그러나 우정은 마음을 더 많이 열수록 깊어지는 것이다. 깊은 우정은 자신을 더 잘 파악하게 해주고, 행복감도 선물해준다.

우리는 늘 자신의 동기와 그 동기에 따른 장·단점을 되짚어보는 습관을 지녀야 한다.

• 결정을 내리고 난 뒤 나는 어떤 기분이 드는가?
• 다른 결정을 내린다면 어떤 느낌이 들 것인가?

자신에게 완전히 마음을 열고 동기를 파악하라. 그리고 그 동기가 자신의 행동양식을 결정할 것이라는 사실을 받아들이라. 그리고 그 결과를 가지고 자신을 심판하지 마라! 진정한 동기를 찾아내고, 그로부터 무언가를 배울 수 있다는 데에 감사하라.

다음과 같은 기준으로 모든 동기를 검토해보라.

- 영적 · 정신적 발전이 최종 목표인가?
- 자연의 법칙에 부합하는 삶을 살 것인가?
- 근본적인 동기가 기쁨, 건강, 행복, 다른 사람들과의 조화로운 삶, 사랑 등과 같은 긍정적인 것인가?

위에서 말하는 행복은 순간적인 재미나 들뜬 기분이 아니라, 참된 삶의 의미를 발견하고, 오랫동안 행복해하며, 감사하는 마음을 지니는 것을 말한다.

에리히 프롬은 《소유냐 존재냐》에서 감사와 행복이라는 근본적인 마음가짐에 대해 기술하고 있다. 그는 우리가 내리는 결정의 밑바닥에 숨은 동기는 소유하려는 마음과 신과 자연의 법칙 안에서 존재감을 충족시키려는 마음이라고 말한다.

지구상의 모든 위기는 소유욕에서 비롯된 생각과 행동의 결과이며, 거기에서 인류의 공생을 위협하는 동기, 즉 이기적인 권력욕이 비롯된다. 이러한 권력욕은 직관적 지능의 흐름을 방해한다. 이는 인류의 역사를 보면 잘 알 수 있다. 그렇지만 굳이 먼 과거의 역사를 되돌아보지 않아도, 자신의 일상만 봐도 알 수 있다. 가정에서나 직장에서 우리가 얼마나 많은 힘겨루기를 하는지 생각해보라.

우리는 다른 사람에게 권력을 행사하려 하기보다는 건전한 의식과 자신감을 키워나가야 한다. 성숙한 영혼과 정신을 지니기 위해 노력하고 리더로서의 책임을 마다하지 않는 사람에게는 자동으로 권력이 주어진다.

그리고 인성이 발달한 사람이라면 책임감 있게 그 권력을 발휘할 것이다. 책임감 있는 권력 행사란 윤리적 가치와 목표를 항상 염두에 두고 권력을 적절하게 사용하는 것을 가리킨다.

두려움이라는 동기

어떤 결정을 내릴 때 가장 밑바닥에 깔린 동기가 두려움일 때가 있다. 그런데 이는 치명적인 결과를 불러올 수 있다. 혹은 두려움으로 인해 결정 자체를 내리지 못할 수도 있다. 두려움으로 인해 우선 안전해 보이는 방법을 택하게 될 수도 있다. 안전한 방법을 선택하는 것이 틀렸다는 말은 아니다. 근거 없는 두려움 때문에 어떤 결정을 내린다면, 그 결정이 우리를 잘못된 길로 인도할 수 있다는 말이다.

자신이나 다른 사람을 협박하며 공포감을 조성할수록 상황은 더 나빠진다. 다음의 예를 보라.

▶▶ 연인에게 배신당하고 "당신이 날 버린다면 난 달리는 기차에 몸을 던질 거야!"라고 말하는 사람들이 종종 있다.

▶▶ 한 여성이 젊은 시절 남자친구에게 협박을 받았던 경험에 대해 이야기했다. 그녀가 반년 동안 외국에서 일하게 되었을 때, 그는 그녀를 떠나버리겠다고 위협했었다. 그녀는 그의 위협에 지고 말았고, 그 외에도 몇몇 경고신호가 더 있었지만 그것들을 무시한 채 그와 결혼했다. 1년 후, 그들은 이혼했다.

➤➤ 때로는 자신을 돌보지 않으면 유산을 물려주지 않겠다는 말로 부모가 성장한 자녀들을 협박하기도 한다.

다른 사람의 협박에 못 이겨 어쩔 수 없이 내리는 결정 뒤에는 뼈아픈 고통들이 기다리고 있을 때가 많다.

두려움은 신에 대한 믿음 부족과 자신과 타인에 대한 애정 부족에서 오는 것이다. 신이 인간을 사랑하고 인류가 잘되기를 바란다는 사실을 의심하기 때문에, 신과 자연의 법칙이 정의롭다는 사실을 의심하기 때문에 두려움이 생기는 것이다.

자연의 법칙은 우리가 풀 수 없는 과제를 내주지 않는다. 때로 어떤 문제를 도저히 해결할 수 없을 것 같은 느낌이 든다 하더라도 분명 해결책은 존재한다. 우리가 그 해결책을 찾지 못하고 있을 뿐이다.

문제해결의 열쇠는 신과 자신에 대한 믿음이다. 신은 우리의 부탁을 들어주신다. "두드려라, 그러면 열릴 것이다!"라는 성경구절도 있지 않은가! 또, 아빌라의 성녀 데레사는 "신은 우리의 수고를 덜어주기를 즐거하신다"고 말했다.

하지만 자기 안의 두려움을 알아채지 못하면, 더 많은 믿음과 사랑을 심어주는 행동들만 하겠다고 분명하게 결정하지 못한다면, 내면의 목소리의 도움도 기대하기 어렵다. 내면의 목소리가 아예 흐르지 못하거나 혹은 올바른 충고를 해주기는 하지만 당신이 그 목소리를 듣지 못할 것이다.

직관적 지능은 올바른 직관을 지니는 것 이상을 의미한다. 올바른 직관에 따른 올바른 행동이 뒤따라야 한다.

'아는 것'과 '실천하는 것' 사이에는 커다란 골이 있다. 그 구덩이에 빠지지 않도록 주의하라! 그 구덩이에는 두려움과 자기 과시욕 외에 다른 '악어'들도 입을 벌리고 먹이를 기다리고 있다. 그중 한 악어는 자기 과시욕의 이웃사촌인 고집이다. 자기 과시욕과 고집은 주로 짝을 이루어 나타난다. 또 다른 악어는 편함만을 추구하는 마음, 즉 게으름이다. 또, 지나친 부지런함이나 지나친 공명심도 직관의 실천을 방해하는 요소들이다!

다음의 사례들을 보면 두려움이라는 동기로 내린 결정 혹은 내리지 않은 결정이 우리에게 어떤 영향을 미치는지 알 수 있다.

▶▶ 남편이나 남자친구와 끊임없이 마찰이 생긴다고 가정해보자. 당신은 불만에 가득 차서 그 사람과 헤어지는 것을 고려해볼 것이다.

헤어지기를 바라는 혹은 헤어지지 않으려는 참된 동기를 알지 못한 상태에서 내리는 결정은 근본적인 문제를 해결해주지 못한다. 이때, 자녀가 없거나, 자녀들이 이미 성장했다고 가정해보자.

헤어지지 않으려는 동기는 혼자되는 것에 대한 두려움, 고독에 대한 두려움, 외면당할 것에 대한 두려움, 생계를 이어갈 것에 대한 두려움 등이 될 것이다. 다시 전일제 직장을 다녀야 하고, 어쩌면 직장을 구하기 위해 다시 뭔가 새로운 것을 배워야 할지도 모른다는 두려움도 있을 수 있다. 이런 동기들은 용기 부족과 게으름에서 비롯된다. 혹은, 동정심이나 파트너에게 당신이 필요할 것이라는 마음에서 나오는 희생정신, 함께 살 수 있는 집과 함께 누리던 물질적인 것들에 대한 애착 때문에 헤어지지 않겠다고 결정할 수도 있다. 이런 모든 것들 뒤에는 과시욕과 집착(고집)이 숨어 있다.

자신의 동기를 연구해보고, 그 안에 위에서 언급한 부정적인 근본 동기들이 숨어 있다면 그것들을 없애도록 노력하라. 그런 약점을 고스란히 가지고 있다면 새로운 사람을 만난다 하더라도 다시 비슷한 문제들에 부딪치게 될 것이다.

문제의 원인을 치료하기

마음속 깊은 곳에 깔려 있는 동기를 탐구하다 보면 때로 위기의 원인을 발견하기도 한다. 위기의 근본적인 발생 원인은 자기 자신에게 있을 때가 많다. 따라서 자신의 문제점을 치료함으로써 문제의 근본적인 발생 원인을 뿌리 뽑을 수 있다. 그러고 난 다음에는 자신에게 진정으로 이익이 되는 결정을 내릴 수 있다. 다음의 사례를 보라.

▶▶ 구미가 당기는 직장에서 취업을 제안받았다. 그런데 그곳에서 일하려면 추가 교육을 받아야 하고, 출퇴근길이 너무 멀어 이사도 가야 한다. 당신이 그 직장을 선택한다면 혹은 선택하지 않는다면 그 동기는 무엇인가? 당신의 감정을 정리해보라! 당신은 즐겁게 도전을 받아들이고 에너지를 투자할 준비가 되어 있는가? 아니면, 두려움, 게으름, 고집이 앞서는가?

▶▶ 마고트는 자신의 직장에 만족하지 못하고 있다. 자신이 그 직장에 꼭 필요한 사람이라는 느낌이 들지 않기 때문이다. 그녀에게는 스스로의 힘으로 일어설 아이디어와 재능이 있다. 그녀는 유기농산물 가게를 개업할 생각을 하고 있다.

그런데 그렇게 불확실한 일을 감행해도 좋을지, 고정적인 수입을 포기해야 하는지 등 두려움과 편리함이라는 동기가 그녀 속에서 고개를 든다. 이곳은 유기농산물 가게가 들어서기에는 좋지 않을지도 모른다는 의심도 든다. 결국 그녀는 자신의 아이디어와 계획을 포기한다. 두려움과 부정적인 인생관으로 인해 꿈을 포기한 것이다.

1년 뒤 그곳에 다른 사람이 유기농산물 가게를 개업했다. 얼마 지나지 않아 그 가게는 유명해지고 어마어마한 매상을 올렸다.

▶▶ 피부 트러블 때문에 이 병원에서 저 병원으로 전전하던 한 남자는 상담을 통해 자신의 성격과 인생관 속에 잠자고 있던 근본 원인을 알아냈다. 이제 문제는 분명해졌고, 그는 감정에 따라 올바른 길은 선택할 수 있게 됐다. 그러나 그는 몇몇 습관과 성격을 쉽게 고치지 못한다. 특히 식습관을 바꾸는 데에 어려움이 많다. 몇몇 음식과 기호식품을 절대 포기하지 못하기 때문이다.

고집과 게으름, 그리고 오성이라는 동기 때문에 그는 쉽게 결정을 내리지 못한다.

내면의 목소리를 흐리게 하는 다른 동기로는 화, 분노, 증오, 복수심, 질투, 시기심 등이 있다. 동기를 파악하고 그것을 다시 한번 검토해보는 것이야말로 인성 계발의 열쇠이다. 또, 자신의 동기를 되짚어보고 감정을 정리해보면, 직관적 지능에 따른 결정을 방해하는 요인들을 찾을 수 있다.

올바른 동기를 지니면 직관적 지능 계발에 방해가 되는 요인들을 제거할 수 있다. 올바른 동기는 올바른 결정으로 이어진다.

크고 작은 결정들 속에 숨은 참된 동기를 찾는 일은 결코 쉽지 않다. 그럴 때에는 먼저 지금까지의 결정들과 그 결과를 되돌아보면 도움이 된다.

✎ 과거에 당신이 내린 다양한 결정들을 되짚어보라. 당시, 어떤 내적 동기로 인해 그런 결정을 내렸는지 기억해보라. 종이에 쓰면서 답하라.

1. 당시 상황은 어떤 것이었나?
2. 나는 어떤 결정을 내렸나?
3. 그 후 내 기분은 어땠나? 어떤 느낌이 들었나?
4. 어떤 바람과 목표들이 동기가 되었나?
5. 그 결정의 결과는 어떠했나?

각자의 행동양식과 신념을 발견했는가? 어떤 결과가 발생했나? 항상 그렇듯, 죄책감이 싹트지 않도록 주의하라! 당신의 행동을 있는 그대로 받아들이도록 노력하라. 그로부터 뭔가를 배울 수 있다는 점에 감사하라. 그리고 자신을 용서하라!

다음은 직관적 결정과 영적 발전을 가장 많이 가로막는 동기들이다.

• 두려움
  - 실패에 대한 두려움, 자신감 부족, 용기 부족("난 할 수 없어.")
  - 뭔가를 잃을 것에 대한 두려움
  - 생존에 대한 두려움

-혼자되는 것, 고독에 대한 두려움

-거부에 대한 두려움, 사랑받지 못할 것에 대한 두려움

-체면을 잃을 것에 대한 두려움

(마지막 두 개는 자기 과시욕과도 긴밀한 관계가 있다.)

• 강한 과시욕(주인공이 되려는 욕심 / 인정받고, 칭찬받고, 사랑받으려는 마음 / 칭찬

받기 위해 자신을 희생하는 것 / 평판에 대한 두려움)

• 이기적인 권력욕

• 고집

• 편리성

• 기대심리

• 병적으로 도와주기(동정심과 잘못된 의무감)

• 질투와 시기심

• 화, 분노, 증오, 복수심, 다른 사람에게 '정의의 심판'을 내리려는 마음

다음은 각자의 인성 계발을 촉진하고, 조화롭고 평화로운 공동생활을
가능하게 해주는 동기와 바람들이다.

• 영적 계발

• 진심으로 행복해지는 것(순간적 행복이 아님)

• 다른 사람들을 사랑으로 대하기(그에 대한 대가를 기대하지 않아야 함)

• 다른 사람에게 기쁨을 선물하기(그에 대한 보상을 기대하지 않아야 함)

• 건강하게 살려는 욕구

• 정신적 건강을 유지하려는 욕구

- 지능을 계발하려는 욕구

- 책임을 지는 것

- 이해심을 지니는 것

- 공감하는 것(동정심이 아님)

- 희생적이 아닌, 올바른 도움을 주려는 마음. 즉, 스스로 일어날 수 있도록 도와주려는 마음

- 강점과 재능을 계발하기

- 경험을 통해 배우려는 자세

- 긍정적인 호기심(지식욕 계발)

- 긍정적인 모범을 제시하려는 마음

- '자아'를 희생하여 꼭 필요한 사람을 도우려는 마음

- 삶의 목표를 찾고 이루려는 마음

- 삶의 과제를 수행하려는 마음

- 우주 안에서 값진 '톱니바퀴'가 되려는 마음

결단력이 차이를 만든다

"틀린 결정이라도 아무런 결정을 내리지 않는 것보다는 낫다"는 말을 들어본 적이 있을 것이다. 다음의 사례를 보라.

▶▶ 페터는 현재 직업이 자신에게 맞지 않다는 것을 느끼고 직업을 바꾸려고 한다. 그래서 여기저기 알아보고 다양한 가능성을 고려한다. 그러나

아무리 고심해봐도 결정을 내릴 수 없다. 틀린 결정을 하지 않을 확신이 없기 때문이다. 또한 새로운 것을 시작할 용기도 없다. 그래서 일단은 현재 분야에서 교육을 좀 더 받기로 결정하는 한편, 새로운 회사도 알아봤다. 그러나 계속해서 안 좋은 일들이 일어나면서 결국 그는 새 직장 찾기를 포기할 지경에 이르렀다. 안 좋은 예감도 계속 들었다. 그러던 중 새로운 일자리를 찾았지만 그것은 '강등'에 가까운 자리였고, 월급도 너무 적었다.

진지하게 고민하고 내면의 목소리에 귀 기울여 본 결과, 그는 마침내 자신이 용기가 부족해서 새로운 일을 시작하지 못하고 있다는 사실을 깨달았다. 자신의 현재 직업이 자기 계발에 도움이 되지 못한다는 것도 알게 됐다. 새로운 일에 대해 열린 자세를 지니고 나니 새로운 분야의 만족스러운 직장을 찾게 됐고, 덤으로 직업 연수까지 받을 수 있게 됐다.

먼 길을 돌아간 것이 그에게는 약이 된 셈이었다. 그로 인해 그는 자신의 성격 중 '용기'와 관련한 부분에 문제가 있다는 사실을 발견하고 그런 단점을 고쳐야겠다고 결심했다. 먼 길을 돌아가지 않았다면 그는 새로운 일을 시작할 자신감이나 유연한 태도를 갖지 못했을 것이다. 우회로를 택한 것이 최적의 결정은 아니었지만 어쨌든 그는 스스로 결정을 내렸기 때문에 결국 자신의 목표를 달성할 수 있었다.

그릇된 결정에서도 배울 점이 있다. 그릇된 결정이라 하더라도 아무런 결정을 내리지 않는 것보다는 낫다. 어떤 도전을 받아들이거나 문제를 해결하겠다고 결심을 하면 성공할 확률은 보통 반반이다. 그러나 아무 결정도 하지 않으면 성공 확률은 제로다('가만히 놓아둬도 해결되는' 문제들은 여기에서 제외된다). 두 개의 건초더미 중 어느 것을 먹어야할지 결정하지 못해서

굶어 죽은 당나귀 이야기처럼 결정을 하지 않으면 문제를 해결할 수 없다. 괴테가 말했듯이 결정할 수 있는 사람은 고통도 이길 수 있다.

당신은 결정을 미루는 타입인가? 결정을 미루는 것도 용기 부족, 다시 말해 도전을 받아들이는 것을 두려워하는 마음 때문이다. 특히 직업적인 도전을 받아들이는 데에는 용기가 필요하다. 결정을 해야만 뭔가를 배우고 성장할 수 있다. 문제에 대한 해답 찾기나 결정을 미룰수록 해결은 점점 더 어려워진다. 이것은 쌓인 눈을 치우는 일과 비슷하다. 삽을 오래 세워놓고 기다릴수록 눈 더미는 커지기 마련이다.

우유부단함은 보통 악순환으로 이어지고, 결국은 아무런 결정도 내리지 못하게 된다. 문제의 핵심은 건드리지 못한 채 주위만 빙글빙글 돌면서 계속 고민만 하고 불가능한 일들만 찾게 된다. 그렇게 주저하다 보면 에너지는 에너지대로 소비되고 기회는 모두 날아가버린다. 그리고 결국 당신이 아닌 다른 사람들이 대신 결정을 내리고, 당신은 자신을 무능하게 느끼면서 패배감과 좌절감을 느낄 것이다. 자신감에도 커다란 손상을 입게 될 것이다. 당신은 다음 번 결정도 내리지 못하게 되고, 사람들은 당신의 의견을 물어보려 하지도 않을 것이다. 당신은 자신이 점점 더 작고 힘없게 느껴질 것이다.

그러나 당신에게는 악순환을 선순환으로 바꿀 수 있는 힘이 있다. 결단력은 자신감을 키워준다. 사람들은 단호한 사람을 존경한다. 계속 존경을 받으면 자신감이 다시 상승한다. 이러한 자신감을 바탕으로 때로는 그릇된 결정도 내릴 용기를 갖게 되고, 그릇된 결정을 통해서도 많은 것을 배우게 될 것이다. 당신은 자신을 있는 그대로 받아들일 수 있게 되고 자신의 직관, 그리고 자신에 대한 믿음은 점점 커질 것이다.

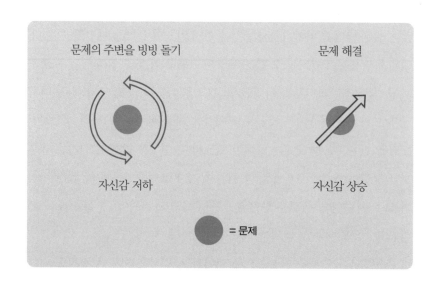

문제의 주변을 빙빙 돌기   문제 해결

자신감 저하   자신감 상승

● = 문제

한편, 너무 서둘러 결정하는 것도 이유 없이 결정을 미루는 것만큼이나 치명적인 결과를 불러올 수 있다. 때로는 인내심이 필요하다. 모든 결정에는 그 결정을 내릴 '올바른 때'가 있게 마련이다.

그런데 '때가 왔다'는 것을 우리는 어떻게 알 수 있을까? 그것을 알 수 있게 해주는 마법의 단어는 바로 직관적 지능이다. 다른 모든 분야에서도 그랬던 것처럼 여기에서도 가장 중요한 것은 자연의 법칙에 부합하게 행동하겠다는 마음가짐이다. 나아가 '지금, 이 자리에' 있을 수 있는 능력도 필요하다. 즉, 암시와 신호를 알아챌 수 있는 집중력이 필요하다는 말이다. 거기에 여유와 인내심이라는 재능까지 지니고 있다면 올바른 때가 올 때까지 기다리는 일이 지루하게 느껴지지는 않을 것이다.

우유부단한 사람은 다른 사람이 대신 결정을 내리도록 만든다.

자신의 일을 자신이 결정하지 못하고 주저하고 있으면 결국 다른 사람들이 그 결정을 내려버린다. 당신도 이 자연의 법칙을 경험해봤는가? 결단을 내릴 용기가 없었기 때문에 하기 싫은 일을 해야 되는 상황에 빠져봤는가? 우리는 일상에서 다음과 같은 사례들을 흔히 볼 수 있다.

▶▶ 부부 중 한 사람이 마음에 들어 하지 않는 피서지에 가는 경우가 얼마나 많은가! 그 이유는 무엇일까? 귀찮다는 이유로 상대방에게 모든 것을 맡겨버렸기 때문은 아닌가?

▶▶ 무엇을 먹고 싶은지 말하지 않았다면 나온 음식에 대해 불평할 권리도 없다.

▶▶ 자신에게 중요한 것들을 확실히 정해놓지 않았다면 결코 마음에 드는 직장을 구할 수 없다.

▶▶ 당신은 친구들과 함께 재미없는 행사에 참가하고 있다. 다른 결정을 내릴 용기가 없었기 때문이다.

결단력이란 분명한 선택을 하는 것, 그리고 나머지 가능성들을 분명한 이유에서 거부하는 것을 말한다. 즉, 나머지 가능성에 대해서는 문을 닫아버리는 것이다. 필요할 때 다시 돌아오기 위해 한쪽 발을 문틈에 끼워놓고 있는 한 우리는 분명한 결정을 내릴 수 없다.

'양다리를 걸치는 것'에는 항상 많은 에너지가 소비된다. 선택하지 않은 가능성들에 연연하거나 선택을 주저하는 것에도 많은 에너지가 소비된다. 결정을 내리고도 확신이 없어서 처음부터 다시 생각해보기를 반복하면서 '미칠 지경'에 이르러 본 적이 있는가? 그런 과정을 거듭하다 보면 결국 계획을 실천에 옮길 에너지가 모자라게 된다. 또 '생각이 씨가 된다'는 법칙이 적용되면서 실제로 그 일은 실패로 돌아간다. 의심은 두려움에서 나온다. 감정과 내면의 목소리에 자신의 동기와 결정을 비춰보고 나면 의심은 사라진다.

결단력이 성공의 비밀이다. 어떤 결정을 내렸으면, 그런 결정을 내린 자신을 믿고 따르라.

결단력이란 적극적으로 어떤 것을 결정하고 그 결정을 지지하는 것을 말한다. 우리는 때로 더 나은 가능성이 없기 때문에 어떤 결정을 내리기도 한다. 하지만 그것은 적극적인 결정이 아니다.

▶▶ 마리나는 12월 31일에 무엇을 해야 할지 결정하지 못하고 있다. 친한 동료 두 명이 자신들의 집에서 저녁을 함께 보내자는 제안을 하기는 했다. 다른, 더 재미있는 제안이 없다면 그렇게 할 계획이다. 혼자 집에 있는 것보다는 그것이 낫기 때문이다. 그런데 29일에 친구 한 명이 호텔에서 개최하는 파티에 그녀를 초대한다. 참가비를 낼 필요도 없다고 한다. 초대를 받는 순간 그녀는 '그래, 바로 이거야!'라고 생각한다. 그 호텔에서 연말을 보내고 싶다는 생각을 자주 해왔기 때문이다.

그런데 이상하게 전혀 기쁘지가 않다. 그녀는 무엇이 자신에게 옳은지 진지하게 고민해본다. 두 가지 가능성 모두를 직관적으로 느껴본다. 그 결과, 그녀는 친구들과 보낼 저녁을 생각할 때 기분이 더 편안하다는 것을 느낀다. 결국 그녀는 친구들과의 저녁을 적극적으로 결정한다. 파티에 초대받기 전에는 수동적인 결정이고 기쁨이 없는 결정이었지만 이제는 상황이 달라졌다.

자연의 법칙은 그녀에게 직관적이고 적극적인 결정을 내리게 하기 위해 파티 초대라는 방법을 동원한 것이다.

이런 경우 보통 오성이 고개를 들고 결정을 합리화하려는 경향이 나타난다. 그러나 자신이 버린 가능성에 대해 미련은 버리되 그것을 무조건 나쁜 것으로 몰아세울 필요는 없다. 직관에 따라 어떤 결정을 내린 다음, 우리는 그에 대한 논리적인 설명을 찾으려 한다. 그 결과, 우리는 우리가 선택한 가능성 외에 다른 어떤 가능성도 없었다는 듯이 행동하게 된다. 그렇게 해서 자기 자신을 합리화하려는 것이다. 그런데 논리적인 설명을 찾지 못할 때도 많다. 그저 뭔가를 해야 할 것 같다는 강한 느낌만 들 때도 많지 않은가? 그 느낌이 바로 그 길을 선택하라고 강력하게 충고하는 내면의 목소리다. 일단 선택하고 나면 되도록 선택하지 않은 길에 대한 미련은 버리는 것이 좋다.

마음속 깊은 곳('배 속의 뇌')에서 우러나는 결정을 내려야 한다. 이 결정은 이루고 싶은 모든 일들을 실현시켜 줄 열쇠다.

'열쇠 결정'과 그에 따른 연쇄작용

앞으로 맞을 인생에 커다란 영향을 미치는 결정들이 있다. 그런 중요한 결정들을 독일에서는 '열쇠 결정'이라고 부른다.

특이한 점은, 열쇠 결정을 내려야 할 시기가 닥쳐올 때면 그 전에 미리 열쇠와 관련된 문제들이 발생한다는 사실이다. 열쇠를 찾아 헤매는 일이 잦아지거나, 열쇠를 잃어버리거나 혹은 열쇠를 꽂아둔 채로 집에 들어오거나 열쇠가 없어 못 나가거나 들어오지 못하는 등의 문제가 발생한다는 것이다. 그런데 모든 열쇠 결정들이 결혼 결정이나 직업 선택처럼 곧바로 삶에 커다란 변화를 가져오는 것은 아니다. 열쇠 결정은 작은 일들의 연쇄작용을 일으켜 중대한 결과로 이어지게 하는 역할을 한다.

열쇠 결정이 연쇄적인 결과를 불러오는 이유는 무엇일까? 그것은 에너지의 법칙 때문이다. 자연의 법칙에 맞는 결정을 내릴 경우, 우리는 우주의 에너지와 같은 방향으로 나아간다. 따라서 우리의 에너지와 직관은 아무런 방해 없이 자유롭게 흐를 수 있다. 나아가, 우리는 올바른 결정을 통해 이전에 묶여 있던 에너지까지 자유롭게 풀어줄 수도 있다. 올바른 열쇠 결정은 이렇게 긍정적인 연쇄작용을 불러일으키는 것이다.

그러나 자연의 법칙에 위배되는 결정은 에너지의 흐름을 가로막는다. 그뿐만 아니라 인과율은 그 결정이 그릇된 결정이라는 것을 가르쳐 주기 위해 더 많은 에너지를 써야 하는 과제들을 우리에게 제시한다. 그릇된 결정으로 인해 많은 에너지가 날아가버리는 것이다. 그렇게 되면 영혼도 발전을 멈춘다. 또, 우주의 정신과의 연결고리도 약해진다. 그 결과, 직관은 그다음 결정들을 내릴 때에도 제 기능을 발휘하지 못하게 된다.

결혼과 직업 등을 선택할 때

열쇠 결정 중에서도 중요한 것을 꼽으라면 직업 선택, 삶의 동반자 선택, 결혼, 임신 등이 있을 것이다. 이 문제들은 삶 전체를 결정한다고 해도 과언이 아니다. 이 결정들은 배우자, 아이들, 직장 동료 등 다른 사람의 미래에도 영향을 미치게 되는 만큼, 이러한 결정을 내릴 때에는 특별히 신중을 기해야 한다.

앞서 잠깐 언급했던 바와 같이, 안타깝게도 우리는 삶의 동반자나 배우자를 선택할 때에 그것이 미칠 영향을 충분히 고려하지 않는다. 들뜬 기분, 고독에 대한 두려움, 안정, 금전적 이유, 사회적 지위, 이미지 등과 같은 이유에서 결정을 내릴 때가 많다. 그리고 두려움, 사회적 지위, 금전적 유혹 때문에 직업을 고르기도 한다. 이 모든 것은 직관적 지능의 계발과는 거리가 먼 것들이다.

'열쇠' 결정은 우리 삶의 새로운 장을 '열어준다.' 따라서 그 결정들이야말로 '변화를 위한 열쇠'라고 할 수 있다.

열쇠 결정들이 어떤 부정적인 연쇄작용을 불러올 수 있는지, 다음의 사례를 보라.

▶▶ 우울증을 앓고 있던 한 젊은 여성에게 하반신에 물혹이 생겨서 고민이 이만저만이 아니었다. 그녀의 어릴 적 꿈은 간호사가 되는 것이었다. 그러나 아무리 찾아봐도 그녀를 수습간호사로 써주는 곳이 없었다. 그녀는

다른 직업은 꿈에도 생각하지 못하고 있었다. 그녀는 주변 사람들을 돕고 싶어 하고, 기꺼이 자신을 희생하는 사람이었다. 결국 그녀는 외국에서 수습간호사로 일하기로 결심했다.

이후, 그녀는 다시 독일로 돌아와 직장을 구했다. 그러나 그녀가 일하던 병원은 인간미라고는 찾아볼 수 없는 곳이었다. "월급은 환자와 잡담이나 하라고 주는 것이 아니라 업무를 빨리 처리하라고 주는 것"이라는 꾸지람이나 들어야 했다. 그녀는 불행했다. 다른 병원으로 옮겨봤지만 상황은 크게 달라지지 않았다.

그러자, 얼른 결혼해서 아이를 낳으면 더 이상 직장에 다니지 않아도 될 것 같은 생각이 들었다. 그녀는 곧, 한 남자를 만나 결혼하고 임신했다. 그러나 그 남자는 허구한 날 술만 마시는 사람이었다. 그녀는 그런 남편을 도우려고 했다. 그러면서 그녀는 많은 에너지를 잃었다. 결국, 정신적 · 신체적으로 부정적인 증상들이 하나둘씩 나타나더니, 증상은 점점 더 심각해졌다.

직업과 관련해 한 번 품은 계획을 끝까지 고집하는 것이 이 경우 열쇠 결정이었다. 수습자리를 구하지 못한 것은 경고신호였지만 그녀는 자신의 결정에 대해 다시 한번 진지하게 고민하지 않았다. 그 결과, 부정적인 일들이 연쇄적으로 일어났다. 직장에서 만족을 얻지 못하자 그녀는 결혼을 결심하지만, 결혼생활 역시 그녀를 행복하게 만들어주지는 못했다. 그런 영적 부담은 결국 절망과 신체적 질병이 되어 겉으로 드러났다.

이것이 바로 인생이라는 학교다. 인생이라는 학교에서 무엇을 배울지를 결정하는 것은 우리의 영혼, 즉 우리의 영적 특성이다. 자연의 법칙은 우리의 결정에 대해 적절히 반응함으로써 우리의 영혼을 발달시킬 의무를 지니고 있다. 이런 이유 때문에 자연의 법칙은 우리로 하여금 자신의 행동에 주의를 기울이도록 만드는 것이다.

우리가 '자발적으로' 내면의 목소리에 귀 기울일 자세를 갖추지 않을 때면(원인), 정신적·신체적 고통이 닥쳐오곤 한다(결과). 그 결과는 결국 우리 스스로 초래한 것이다! 직관이 작은 암시들을 끊임없이 주지만 우리가 자아를 내세우며 그 암시들을 무시하기 때문에 결국 더 강도 높은, 뼈아픈 고통들을 겪게 되는 것이다.

이 문제를 해결할 열쇠는 바로 직관적 지능이다! 직관적 지능을 잘 활용하면 아무리 작은 암시라도 놓치지 않는다. 직관적 지능은 우리를 뼈아픈 경험으로부터 지켜줄 것이다. 불행이나 시련이 닥쳐올 때면 정확히 우리 내면 어디에 그 원인이 있는지 진지하게 생각하고 느껴보아야 한다.

한 세미나 참가자는 올바른 열쇠 결정을 내림으로써 긍정적 연쇄작용을 경험할 수 있었다고 한다.

▶▶ 수공업자인 S씨는 자신의 직업을 진심으로 좋아했지만, 왠지 지금 직장은 마음에 들지 않는다. 그 직장에는 자기 계발을 방해하는 요소들이 많았다. 그는 직장 내에서 리더격이었는데, 인사문제와 관련해 복잡한 일들이 많이 일어났다. 사장은 납득하기 어려운 결정들을 내리는 사람이었다. 그는 무엇보다 사장이 부정한 결정을 내리는 것을 참을 수 없었다. 자영업을 해야겠다는 생각이 여러 번 들었고, 친구들도 그렇게 하라고 격려하는 분위기였다.

그가 실제로 자기 사업을 하려고 굳은 마음을 먹자 모든 일이 착착 진행

되었다. 자신이 하려는 사업에 딱 맞는 공간을 빌려주겠다는 사람을 '우연히' 찾게 됐고, 그것도 그가 살고 있던 대도시의 평균 임대료보다 훨씬 싼값에 빌려주겠다고 했다. 은행과의 대출상담도 아무런 문제없이 진행됐고, 능력 있는 직원들도 빠른 시일 안에 채용할 수 있었다. 비교적 적은 비용으로 광고를 했음에도 불구하고 주문은 충분히 들어왔다. 창업한 지 일 년도 지나지 않아 S의 회사는 손익분기점을 넘어섰다.

어떤 일이나 직장이 자기계발에 (더 이상) 도움이 되지 않을 때 일어나는 부정적인 연쇄작용으로는 무엇보다 '집단 따돌림'을 꼽을 수 있다. 집단 따돌림은 직장의 전반적인 상황이 그 사람에게 맞지 않다는 것을 알려주려고 자연의 법칙이 보내는 신호이다. '왕따'를 시키는 사람의 악의적인 행동들이 나쁘지 않다는 말이 아니다. 그렇지만 집단 따돌림 뒤에 숨어 있는 근본적인 원인과 의미를 솔직하게 파악해보면, 그 직장이 더 이상 자신에게 도움이 되지 않고 배울 것도 없기 때문에 그런 일이 일어난다는 것을 피해자도 알 수 있을 것이다. 따라서 집단 따돌림을 당할 때면 자신에게 어떤 변화가 다가오고 있다고 생각해도 좋을 것이다. 때로는 집단 따돌림이 일에 대한 부정적인 시각에서 오는 것일 수도 있다. 혹은, 공명의 법칙이 작용하는 것일 수도 있다. 다시 말해, 왕따를 시키는 사람들이 우리의 약점을 비추는 거울일 수도 있다는 뜻이다.

집단 따돌림에 대한 해석이 너무 단정적으로 느껴질 수도 있을 것이다. 그러나 인과율의 법칙에 따르면, 영혼에 아무런 문제가 없다면 집단 따돌림 같은 일도 일어나지 않는다. 따라서 왕따를 당할 때 다른 사람들에게서만 원인을 찾으려 하지 말고, 그 상황이 자신에게 무슨 말을 하려는지, 스스로 제공한 원인은 무엇인지 생각해보아야 할 것이다.

심한 집단 따돌림을 당했을 때 자신에게서 문제를 찾아보기는 물론 쉽지 않다. 집단 따돌림은 심각한 정신적인 고통을 불러오기 때문이다. 그렇게 되지 않도록 미리 주의하는 것이 최선의 방법이다. 직관적 지능을 계발할수록 우리는 초기 신호들을 더 빨리 감지하고 그 신호에 건설적으로 대처할 수 있게 된다. 오성의 목소리가 낮을수록 우리는 어떤 직장이 자신에게 도움이 되는지 아닌지 더 빨리 알 수 있다. 그리고 그렇게 되면, 괴롭힘을 당하다가 결국 쫓겨나는 사태는 아예 일어나지 않을 것이다.

직관적 지능이 발달하면 '잘못된' 직장을 선택하는 일도 없고, 자신의 발전에 방해가 되는 일을 금방 알아챌 수 있을 것이다.

건강과 관련해서

자연의 법칙을 염두에 두고 치료를 받는 환자들에게서도 긍정적 연쇄작용이 자주 나타난다. 예전에 암을 앓은 적이 있는 한 친구는 이것을 확실히 체험했다고 한다. 그녀는 자기규율, 용기, 확신을 가지고 자신의 생활 습관을 바꿔나가기로 결정했다. 그녀에게는 영적 원인들을 찾아서 제거함으로써 병을 고치겠다는 의지가 있었다. 그러자 여러 방면에서 그녀에게 도움의 손길을 뻗쳐왔다. 하루하루 그녀의 상태는 호전됐다. 몇 년이 지난 지금 그녀는 의사들의 예측과는 달리 최상의 건강을 누리고 있다.

그 후, 자연의 법칙은 그녀에게 더 많은 보상을 내렸다. 그녀는 더 많은 에너지를 얻었고, 그로 인해 직관도 발달했다. 그녀가 내리는 결정들이 모두 옳은 것으로 드러났고, 그에 따라 용기와 확신도 커졌다. 이를 통해 그녀의 사고가 정화되었다. 사고가 정화된다는 것은 긍정적인 생각을 지니게 된다는 말이다. 그녀의 병은 완전히 나았고, 그녀는 더 많은 기쁨과 행복을 누리며 살아가고 있다. 삶의 질이 완전히 달라진 것이다.

일상생활에서

열쇠 결정들이라 해서 전부 다 인생을 뒤흔드는 커다란 결정들은 아니다. 우리는 일상생활에서 수많은 열쇠 결정들을 내린다. 식습관은 올바른 결정을 내리기 위한 연습을 해볼 수 있는 적절한 분야다.

▶▶ 당신의 내면의 목소리가 지금 당신은 커피를 마셔서는 안 된다고 분명하게 말하고 있다. 당신은 생크림 케이크를 더 이상 먹지 않겠다고 결심도 했다. 그러다가 친구들과 함께 커피숍에 가게 된다. 당신은 '딱 한 잔만'이라는 유혹을 물리치지 못한다. 그때까지 생크림 케이크에 대한 생각은 전혀 들지 않았다. 그런데 커피를 마시자 케이크도 먹고 싶어진다. 유혹을 이기지 못하고 먹었지만, 소화가 잘 안 된다. 다음 날 아침이 되니 평소에는 거르지 않고 마시던 건강음료를 마시고 싶은 생각이 싹 사라졌다. 매일 아침 영양가 있는 아침식사를 위해 시간을 투자했었는데, 오늘은 그렇게 하고 싶은 마음도 들지 않는다. 지금까지 노력해서 겨우 없앤 옛날 버릇들이 모두 되살아났다.

커피 한 잔이라는 사소한 결정이 건강에 해로운 결정들로 꼬리에 꼬리를 물게 만든 것이다.

▶▶▶ 발터와 에바는 친구들을 초대했다. 그들은 흥미로운 주제에 대해 이야기를 나눈다. 그러던 중 에바의 내면의 목소리가 이제 저녁을 준비할 시간이라고 알려준다. 그러나 에바는 대화에 푹 빠져 있다. 그로부터 얼마가 지나자 발터는 갑자기 배가 고파진다. 식사가 준비되려면 오래 걸릴 것 같다. 모두들 너무나도 배가 고픈 상태에서 식사가 나오기만 기다린다. 고대하던 식사가 나오자 에바를 비롯해 그 자리에 있던 모든 사람들이 과식을 한다. 술도 많이 마신다. 술자리의 이야기는 끝이 없고, 모두 아주 늦은 시각에 잠이 든다.

에바는 잠을 잘 이루지 못하고 몇 번이고 잠에서 깬다. 발터도 마찬가지다. 다음 날 아침까지도 에바와 발터는 녹초가 되어 있고, 친구들과 함께 등산을 가기로 약속한 것이 부담스럽기만 하다.

일상생활에서 일어날 수 있는 부정적 연쇄작용의 예를 두 가지만 더 들어보자.

▶▶▶ 어느 날 저녁, 사비네는 사진에 관한 매우 흥미로운 책을 읽고 있다. 그녀의 취미는 사진 찍기다. 그녀의 내면의 목소리는 '피곤하니까 이제 그만 자자'고 조르지만, 그녀의 오성은 '조금만 더 보고!'라고 저항한다. 보던 장(章)을 끝가지 다 읽고 나니 세미나에 참가했던 남편이 돌아온다. 그는 사비네가 아직 잠들지 않고 자신을 기다린 것을 보고 매우 기뻐한다. 그는 세미나에 대해 얘기하기 시작한다. 사비네는 많이 피곤했지만 호기심이 발동해서 그의 이야기를 듣는다. 늦은 시각까지 그들은 이야기를 나눈다. 다음 날 아침이 되어도 피로가 가시지 않는다.

나중에 확인해보니, 사비네와 발터 모두 이제 그만 자러 가라는 내면의 목소리를 들었다. 그러나 둘 중 누구도 조용한 암시에 귀 기울이지 않았다. 부정적 연쇄작용을 불러온 열쇠 결정을 한 것은 사비네였다. 남편이 도착하기 전, 책을 덮고 침대로 가라는 내면의 목소리를 무시하는 바람에 그 모든 결과가 발생한 것이었다.

▶▶ 오늘 아침 당신은 평소보다 30분에서 1시간 정도 일찍 눈을 떴는데, 다시 잠들지 못한다. 당장 이불을 박차고 나오고 싶은 마음도 들지 않아서 한동안 이불 속에서 뒤척인다. 그러고 난 뒤 일어났더니 몸이 개운치 않다. 개운치 않은 기분으로 욕실로 향한다. 누가 이미 욕실을 쓰고 있다! 당신은 화를 낸다. 그러다가 옷을 입는데 바지의 지퍼가 고장 났다. 큰일이다! 이제 서둘러 나가보아야 한다. 지하철은 당신의 코앞에서 떠나가버린다. 회사에 도착하니 동료들은 "어젯밤 잠을 못 잤니?"라고 놀리듯이 한마디씩 던진다. 하루의 시작부터 엉망이다! 눈을 뜬 즉시 일어나지 않은 것이 결국 부정적인 결과들을 불러온 것이다.

우리가 아침에 눈을 뜨는 순간, 행복한 하루가 될 것인지, 문제투성이의 하루가 될 것인지 대부분 결정된다. 다음으로 그날의 분위기를 결정하는 것은 눈뜨고 난 다음의 한 시간이다. 그 한 시간 동안의 집중력이 강할수록 그날은 무리 없이 더 잘 흘러간다. 한번 시험해보라.

직장생활에서

자신감 없는 사업가는 지속적인 성공을 거둘 수 없다. 그런 사람은 고객과 직원들에게 끊임없이 칭찬과 인정받기를 바라고, 칭찬과 인정을 위해서라면 무슨 일이든 하기 때문이다. 직장생활에서도 열쇠 결정이 어떻게 긍정적 연쇄작용을 불러오는지 다음의 사례를 보면 알 수 있다.

▶▶ 로버트는 용기가 부족하고 자기 주장을 잘 관철시키지 못한다. 그는 '아니요'라고 해야 할 때 항상 '예'라고 말해버린다. 그는 고객들의 모든 요구를 들어주려 한다. 고객을 잃어버릴까 두렵기 때문이다. 자신의 의견을 분명하게 말하지 않고, 어쩔 수 없이 누군가를 해고할 때도 상황 설명을 분명하게 하지 않기 때문에 직원들과의 마찰도 적지 않다.

그러다가 그는 자신의 용기 부족으로 인해 부정적인 결과들이 연쇄적으로 발생한다는 것을 알게 된다. 그 후 그는 다음번 주문접수 시에는 지불관계가 확실치 않은 고객들에게는 반드시 선불을 조건으로 내세울 것을 결심한다. 그리고 그 결심을 실천에 옮긴다. 그러자 그의 말을 듣고 주문을 취소하는 고객이 생겼다. 하지만 얼마 후 다시 주문을 하고, 미리 지불하라는 그의 요구에도 크게 항의하지 않는다. 그러자 그는 자신감을 갖게 됐고, '더 이상은 불가능한 선'까지 값을 깎자고 흥정하는 고객들에게도 강경한 태도를 취할 수 있었다. 그 고객들도 그와의 거래를 끊지는 않는다.

그렇게 하자 그는 더 많은 존경심을 얻게 된다. 그 회사는 고품질의 상품을 생산하는 업체이기 때문에 고객에게 굽실거릴 필요도 없다. 얼마 지나지 않아 그는 큰 성공을 거둔다.

▶▶ 한 여성이 남편과 단둘이서 회사를 운영했는데, 나날이 사업이 번창했다. 주문이 물밀듯이 밀려왔고, 그 분야의 시장도 급성장했다. 하지만 그녀는 직원을 더 고용할 용기가 없었다. 직원이 늘어나면 그만큼 책임도 커진다고 생각했기 때문이었다. 그렇지만 그녀는 책임에 대한 두려움 때문에 사업이 성장하지 못하고 있다는 사실을 알게 됐다.

그녀는 직원 한 명을 뽑기로 결심했다. 얼마 지나지 않아서 직원은 다섯 명의 정직원과 한 명의 프리랜서로 늘어났고 회사는 모범적인 소규모 기업으로 성장했다.

▶▶ 직원이 백 명 이상 되는 사업체를 소유한 한 젊은 기업가는 동업자와 잦은 의견충돌을 겪었다. 그는 파트너가 더 이상 자신과 맞지 않다고 생각했다. 그렇지만 그 사람과의 동업을 중단할 용기가 없었다. 자신과 잘 맞는 파트너를 찾지 못할까 봐 두렵기도 했고, 회사에 대한 책임과 위험을 혼자서 질 것에 대한 부담도 컸다. 그런데 그 회사는 전망이 밝은, 급성장하는 기업이었다. 어느 날 그는 동업자와 대화를 나눈 뒤, 계속 그와 일해도 괜찮겠다고 생각한다. 그런데 다음 날 그는 팔이 부러지는 부상을 입었다.

일반적으로 손이나 팔과 관련된 부상과 질병은 집착과 관련된 것이다. 이 기업가는 직관적 지능을 활용하여 경고신호를 알아차린 다음, 자신에게 솔직히 질문을 던져봤다. 그는 자신의 내면의 목소리가 이미 오래전부터 동업자와의 관계를 끊으라고 말해왔던 것을 깨달았다. 그는 결단을 내리고 그것을 실천했다. 이 열쇠 결정으로 인해 긍정적인 결과들이 연쇄적으로 나타났고, 그의 회사는 제2의 번성기를 맞이했다.

어떤 것이 열쇠 결정인지 조기에 알아차리는 것도 훈련을 해야 한다. 내면의 목소리에 물어보는 습관을 지녀라. 내면의 목소리에 따라 내린 결정을 실천에 옮길 용기를 지니도록 자기를 단련하라. 그리고 무엇보다 결정을 내리지 못하고 주저하는 태도를 버려라!

유혹 물리치기

주기도문에 "우리를 유혹에 빠지지 않게 하옵시고……"라는 말이 나온다. 자연의 법칙이 어떻게 작용하는지를 관찰하다보면 위의 말을 "우리로 하여금 유혹을 통과하게 하옵시고……" 혹은 "우리를 유혹 속으로 인도하옵시고……"라고 바꿔야 할 것 같다. 그러나 유혹에 빠지고 싶어 하는 사람은 물론 아무도 없을 것이다.

유혹이 없다면 경험을 쌓고 성장할 기회도 없다.

우리는 유혹을 통해 값진 경험을 쌓을 수 있다. 유혹이 다가올 때면 그 유혹을 시험으로 알아차리고 덫에 빠지지 않는 연습을 할 수 있기 때문이다. 주기도문대로 유혹이 없다면 우리는 경험을 쌓고 배움을 넓힐 수 있는 기회를 얻지 못할 것이다. 자유의지를 활용하며 무엇이 우리에게 최상의 선택인지를 판단해볼 기회도 줄어들 것이다. 자연의 법칙이 우리를 유혹에 들게 하는 이유는 자신감을 키워주려는 목적도 있다. 어떤 유혹을 유혹으로 알아차리고 성공적으로 물리치고 나면 우리는 그만큼 강해진다. 혹은, 유혹에 빠진 다음에 그것이 유혹이었다는 것을 나중에 알아차린다 하더라도 그만큼의 경험을 쌓은 것이니 손해될 것은 없다.

유혹은 배움의 범위를 넓혀준다. 직관적 지능이 발달할수록 유혹에 빠질 횟수는 줄어들 것이다. 수많은 유혹들을 이기며 지능을 계발할수록 우리는 더 많은 자신감을 얻게 되고, 반대로 자신감이 커질수록 유혹에 빠질 필요는 점점 적어진다.

어떤 결정을 내릴 때, 그것이 유혹이 아닌지 항상 검토해보라! 유혹은 다양한 형태로 나타난다.

- 사고 자극제의 형태
- 감정의 형태
- 친구, 배우자, 직장 동료, 상사, 우상, 종교 지도자 등 다른 사람의 형태
- 사건의 형태
- 대중매체의 형태

당신에게 고쳐야 할 영적 특성이 있을 때, 유혹은 특히 그 분야에서 자주 나타난다.

▶▶ 예를 들어, 당신이 금연을 결심했다고 가정해보자. 그런데 당신에게는 자제력과 추진력, 그리고 '아니요'라고 말할 수 있는 용기가 부족하다. 갑자기 '딱 한 대만' 피우고 싶다는 욕구가 강하게 일어난다. 그 욕구는 순전히 당신 자신의 감정에서 비롯된 것일 수도 있지만 다른 사람이 당신에게 담배를 건넸기 때문에 싹튼 것일 수도 있다. 또는 TV나 신문의 광고 때문

에 그런 마음이 생긴 것일 수도 있다.

▶▶ 한 친구가 당신에게 전화를 걸어 극장에 가자고 말한다. 영화는 저녁 8시 반에 시작한다. 그런데 당신은 오늘 일찍 잠들 계획이었다. 이때 당신의 친구는 당신의 자제력을 시험하는 '시금석'일 수 있다.

▶▶ 당신은 비난하기를 좋아한다. 바로 당신의 그런 특성 때문에 당신도 비난받아 마땅한 상황에 처하거나 비난하기 좋아하는 사람들과 얽히게 되는 것이다. 이는 당신의 비난을 자제하는 능력을 시험하는 것이다.

▶▶ 당신은 식습관을 바꾸기로 결심했다. 그런데 잡지를 읽던 중, 특별히 다른 처방을 하지 않아도 그것만 먹으면 살도 빠지고 건강상태도 좋아지게 만드는 '특효약'에 대한 기사를 읽었다. 게으르다는 약점을 지닌 당신은 그 특효약에 마음이 혹한다.

여기에서 우리는 자극과 원인을 구별해야 한다. 유혹의 원인은 우리 내면에서 나오는 것이다. 우리의 성격 중 고쳐야 할 부분이 있다면 그것이 곧 유혹이 나타나는 원인이 된다. 이렇게 다가오는 유혹을 통해 우리는 영적 발전을 꾀할 수 있다. 반면 자극은 다른 사람이나 잡지 등 외부에서 오는 것이다. 이 경우 사람들은 보통 "무엇 때문에 내가 어떻게 하게 됐다"는 식의 변명을 하곤 한다. 외부로부터의 자극을 '희생양'으로 삼는 것이다.

유혹은 '올바른' 직관과 '그릇된' 직관, 두 가지 모두를 유발하기도 한다. 담배의 유혹을 예로 들어보자. 내면의 목소리는 즉각적으로 "견뎌야

돼!"라고 말할 수도 있겠지만 "한 번쯤은 뭐 어때!"라고 말할 수도 있을 것
이다. 이때, 자제력의 강도에 따라 다른 결정이 나올 것이다. 자제력에 문
제가 있는 사람들은 유혹에 쉽게 빠지고, 변명을 찾는 데도 단련이 되어
있다. 자연의 법칙은 자제력이 약한 사람에게 더 많은 시험을 준다.

어떤 결정을 앞두고 있을 때에는, 자제력 부족뿐 아니라 자신에 대한 정
직성 부족이나 두려움이 원인이 될 수도 있다. 그리고 자제력 시험은 식습
관이나 생활습관과 관련된 분야에서도 나타난다. 어떤 음식이 우리 몸에
맞지 않다는 것을 알면서도 그 음식을 취한다면, 그것은 자신과 자신의 몸
에 대해 정직한 태도가 아니다.

유혹을 통해 성격을 단련시키고 강화할 수 있다.

정직과 관련한 유혹은 주로 금전문제에서 나타난다.

• 계산대에서 실제보다 많은 잔돈을 받았을 때 당신은 그 돈을 돌려주
  는가?
• 어떤 회사에서 당신에게 유료 서비스를 제공하고도 청구서를 보내지
  않는다. 당신은 '잊어버리는 사람 잘못이지!'라고 생각하는가, 솔직하
  게 알려주는가?
• 버스를 타면서 카드 찍는 것을 깜박했다. 운전기사도 눈치채지 못했
  다. 당신은 나중에라도 카드를 찍는가?

건강 혹은 질병과 관련된 분야에서는 자신에게 더욱 솔직해야 하고 용

기도 필요하다.

- 빠르고 편안한 방법으로 통증을 없애고 싶은 마음은 누구나 다 가지고 있다. 그러나 재빨리 두통약을 먹어버리면, 두통이 자신에게 무엇을 말하려는지에 대해 생각을 하시 않게 된다. 등의 통증은 주사 및 대만 맞으면 사라지겠지만 영적인 원인은 치료되지 않는다!

용기와 관련된 유혹들은 주로 직장생활에서 나타난다.

- 나는 더 큰 책임이 따른다 하더라도 승진을 위해 노력하고 직업적인 도전을 받아들일 용기가 있는가, 아니면 두려움이나 게으름이 승리하게 내버려두는 편인가?
- 나는 혁신적인 컨셉을 개발하고 자신의 아이디어와 영감을 실현시킬 자신감을 지니고 있는가, 아니면 안전한 방법을 택하고 싶은 유혹에 빠져버리는가?
- 내 내면의 목소리, 그리고 다양한 암시들이 자영업을 해보라고 권하지만 나는 정기적으로 월급을 주는 안정된 직장의 유혹을 뿌리치지 못하는가?
- 나는 내 내면의 목소리가 인간적인 면에서 추천할 만하다고 지목하는 사람을 고용하는가, 아니면 인간적인 면모보다는 전문적인 지식에 훨씬 더 큰 비중을 두고 싶은 유혹을 이기지 못하는가?

긍정적인 인생관, 그리고 관용과 관련된 유혹들도 매우 많은데, 넓은 의미에서 이 유혹들은 '자아'희생을 시험하는 것들이다.

- 나는 다른 사람을 비난만 하는가 혹은 그 사람의 강점도 보려고 노력 하는 편인가?
- 여러 개의 과일이 쟁반 위에 있을 때, 제일 예쁘고 큰 과일을 집고 싶 은 유혹을 못 이기는가, 아니면 겸손한 태도로 다른 사람에게 그것을 양보하는가?
- 나는 내 자신을 특별한 사람으로 간주하는가, 아니면 다른 사람들과 조화를 이루려고 노력하는가?
- 나는 일등을 하고 최고가 되고 싶은 유혹에 자주 빠지는가?
- 나는 다른 사람을 쉽게 용서하는가, 아니면 언제나 시기, 질투, 원한 등의 유혹에 빠지는가?
- 나는 남편이나 아내, 자녀, 미래, 재정상태 등에 대해 끊임없이 염려 하는가?
- 나는 우리 인생 곳곳에 장애물이나 위험이 도사리고 있다고 생각하 는가?

유혹은 두려움이라는 밑거름 위에 자란다. 두려워하는 마음이 있으면 유혹의 덫에 쉽게 걸릴 수밖에 없다. 그러나 그 두려움을 알아차리고 신에 대한 믿음, 자신에 대한 믿음, 그리고 자신과 이웃을 사랑하는 마음을 가지 려고 노력하면 그 덫을 피해갈 수 있다.

시간 활용과 관련해서도 수많은 유혹이 나타날 수 있다.

- 나는 아무런 도움이 되지 않는다는 것을 알면서도 영화를 끝까지 보는가?
- 나는 피곤하다고 느껴지면 모임에서 일찍 자리를 뜨는가, 아니면 끝까지 그 자리에 남아 있는가?
- 내가 듣고 있는 강의가 내 인성계발에 도움이 되는가?
- 나는 어떤 책을 읽는가?
- 나는 어떤 사람들을 만나는가?
- 어떤 취미를 유혹으로 규정할 수 있는가? 어떤 취미가 도움이 된다고 말할 수 있는가?
- 나는 주의력이 산만한 편인가?
- 나는 휴가를 어떻게 보내는가?

위의 사례들은 일상생활에서 다가오는 사소한 유혹들이다. 이보다 훨씬 치명적이고 커다란 결과를 가져오는 유혹들도 수없이 많다. 용기를 과시하기 위해 오토바이를 타면서 곡예운전을 하다가는 목숨까지 잃을 수 있다. 아름다워지려는 욕심이 지나쳐 몸을 혹사하는 것도 남은 삶에 큰 지장을 불러올 수 있다. 또, 유혹적인 투기나 노름에 빠져 전 재산을 날리는 사람들도 얼마나 많은가!

"이 행동을 할 때 내 기분은 어떤가?", "심기가 불편해지지는 않는가?", "예전에 이와 비슷한 경험을 한 적은 없는가?"와 같은 질문을 내면의 목소리에게 던져보는 습관을 지녀라. 그것이 바로 유혹을 유혹으로 알아차리는 방법이다.

방금 당신은 유혹이 다가오는 길목을 지키고 있다가 그것을 물리칠 수 있는 방법을 배웠다. 이제 직관을 흐리는 필터는 더욱 깨끗해졌고, 당신은 직관을 더욱 잘 인지할 수 있게 됐다. 유혹을 유혹으로 알아차리고, 유혹에 빠지지 않게 해주는 것이 바로 직관적 지능이다. 이에 대한 자세한 사항은 〈성공적인 삶으로 가는 13단계〉에 잘 나와 있다. 그곳에 소개된 방법들을 참조하여, 더욱 객관적이고 독립적으로 결정을 내리는 훈련을 하라!

유혹이 쓰고 있는 가면을 벗길 수 있는 좋은 방법 중 하나는 행동 뒤에 숨어 있는 동기를 알아보는 것이다. 이를 위해서 다시 앞으로 돌아가 〈동기는 결정의 원동력〉을 읽어보는 것도 좋을 것이다. 자아와 두려움이 자신의 행동 뒤에 숨은 동기가 아닌지 알아보고, 만약 그렇다면 자신에 대한 믿음을 지니고 내면의 목소리를 들으면서 두려움을 극복하라.

오성과 감정의 끊임없는 싸움

지금 자리에서 일어날까, 조금 더 머무를까? 내 생각을 지금 말해야 할까, 아니면 말하지 않아야 할까? 이 주차장에 차를 세울까, 아니면 집에서 더 가까운 곳에도 차를 댈 만한 곳이 있을까? 페터에게 전화를 걸어 그 말을 해야 할까, 아니면 전화를 하지 말아야 할까? 지금 당장 전화를 할까, 아니면 내일까지 기다려보는 것이 좋을까? 극장에는 오늘 갈까, 내일 갈까? 산책을 할까, 비디오를 볼까? 전철을 타고 갈까, 내 차로 갈까?

위와 같은 질문을 나열하자면 끝이 없을 것이다. 이 질문들은 일상생활 속에서 우리가 얼마나 많은 결정들을 내려야 하는지 보여준다. 하루에도 우리는 몇 번씩 이런 사소한 결정들을 내리면서 오성과 감정 사이를 오간다. 아무런 결정을 내리지 않는 날은 단 하루도 없다. 매일매일 결정들을 내려야 한다! 결정을 내리지 않고 그냥 지나갈 수는 없기 때문에 오성과 감정의 '싸움'도 매일 일어난다.

가정에서, 친구들 사이에서, 직장에서 혹은 어딘가로 가는 도중에 우리는 자신도 모르게 많은 결정들을 내린다. 그것을 의식하지 못하는 이유는 집중력이 부족하기 때문이다. 우리의 영혼과 정신이 '지금, 이 자리에' 있지 않기 때문이다.

눈 깜짝 할 새에 뭔가를 결정하고 반응해야 하는 경우도 매우 많다. 그럴 때에는 오성과 감정 중 무엇을 더 강조할지 생각해볼 여유도 없다. 따라서 우리는 평소에 미리 이 두 가지 모순을 하나로 통일하는 훈련을 해야 한다.

오성이 앞서느냐, 감정이 앞서느냐 하는 문제는 태어날 때부터 이미 정해진 것이라고 주장하는 사람들도 있을 것이다. 그 말도 부분적으로는 옳다. 감정을 드러내라고 북돋우는 분위기에서 자라고 교육을 받았느냐, 누구를 모범으로 삼느냐, 어떤 주변 환경의 영향을 받으며 성장했느냐 등과 같은 문제들에 따라 오성과 감정이 차지하는 비율이 달라질 수 있기 때문이다. 그러나 우리의 재능, 강점, 약점, 행동양식을 만들어내는 것은 바로 우리의 영혼이다. 우리의 인성구조를 결정하는 것도 크게 보면 우리 자신이고, 우리의 인성구조를 무한히 발달시키는 것도 우리 자신이다. 우리는 비판적이기만 한 오성 앞에 언제든지 감정과 직관을 내세울 수도 있다. 이 훈련을 계속 하다 보면 오성보다 감정을 중시하는 습관이 완전히 몸에 익을 것이고, 그렇게 되면 무의식중에 결정을 내린다 하더라도 직관이 우위를 차지할 것이다. 또, 의식적으로 결정을 내릴 때에도 오성과 감정이 '싸우는' 일은 없을 것이다.

오성과 감정이 조화를 이루어야 한다

이제 범위를 의식적인 결정으로만 좁혀서 다시 생각해보자. 제1부 〈정신과 자아의 융합〉에서 확인한 바와 같이 오성을 완전히 배제해버려서는 안 된다. 오성도 분명 필요한 것이다. 다만, 현대인들에게 오성이 차지하는 비율이 너무 높다는 것이 문제다. 오성과 감정이 조화를 이루어야 우리는 이성적인 결정을 내릴 수 있게 된다.

오성과 감정의 비율을 조정하려면 먼저 우리 내면에서 싸움을 하는 주체들에 대해 알아야 한다.

자아는 영혼과 싸움을 벌이고, 오성은 감정과 싸움을 벌인다. 머리가 배와 싸우는 것이라 말해도 좋을 것이다. 제1부에서 '배 속의 뇌'에 관한 학계의 연구들과 감정이 배에서 나온다는 주장에 대한 이유를 밝힌 바 있다. "배 속에서 전해오는 감각에 따라 결정하다"라거나 "머리가 무겁다"와 같은 표현은 감정과 오성의 차이를 잘 드러내주는 표현들이다.

누가, 언제, 어떻게 우리에게 이야기를 하는지 파악해보라. 오성이 강할수록 자아의 목소리가 더 크게 들릴 것이고, 감정과 느낌에 주의를 기울일수록 직관의 목소리가 더 크게 들릴 것이다. 다음의 예를 보라.

▸▸ 크리스마스를 앞둔 어느 날, 나는 비교적 늦게 사무실에서 나와 집으로 갔다. 매우 피곤한 하루를 보내고 나니, 저녁식사 후에 가벼운 산책을 하고 싶은 마음이 들었다. 그런데 밀린 빨랫감과 뜯지 않은 채로 쌓여 있

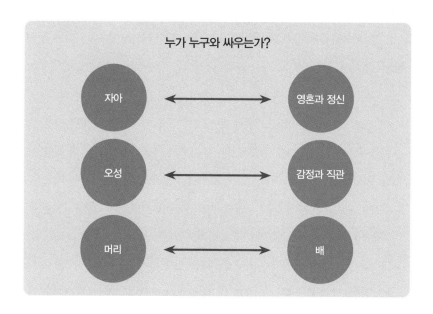

누가 누구와 싸우는가?

자아 ←→ 영혼과 정신

오성 ←→ 감정과 직관

머리 ←→ 배

는 우편물들이 눈에 들어왔다. 그러자 지금은 산책할 시간이 아니라는 생각이 들었다. 내일 아침에는 다른 일들을 처리해야 하니 지금은 빨래와 우편물을 처리해야 한다는 생각이었다. 그 일을 모두 마치고 피곤에 지쳐 침대 위로 쓰러지다시피 했지만, 이상하게 잠을 이룰 수 없었다. 겨우 잠이 들었지만 몇 번을 뒤척이고 나니 아침에 일어나도 개운하지가 않았다. 아침에 처리하려던 일도 못했다. 결국 나는 아무것도 얻지 못한 셈이었다.

그 전날 아침 내가 정했던 '오늘의 다짐' 카드를 생각하고 나는 내 자신에 대해 웃을 수밖에 없었다. 나는 "신선한 공기를 마시며 건강을 증진시키겠다"고 썼던 것이다.

위의 사례는 일상 속에서 오성이 직관을 덮어버리는 경우를 보여준다. 반면, 감정에 귀 기울이고, 감정을 소리 내어 말하는 훈련을 꾸준히 한다면 모든 일이 순조롭게 흘러갈 것이다. 다음의 사례들을 보면 이는 더욱 분명해진다.

▶▶ 코르넬리아는 이미 오래전에 두 친구, 쿠르트와 미하엘과 만날 것을 약속했다. 주말이 다가온다. 쿠르트는 다가오는 시험 준비를 조금 더 해야 할 것 같다는 생각이 들지만, 친구들을 만나고 싶은 마음도 간절하다.

약속을 다시 확인하기 위해 코르넬리아가 전화를 걸었을 때 쿠르트는 용기를 내어 자신의 생각을 말한다. 순간적으로 코르넬리아는 화가 나지만, 그녀는 곧 자신의 내면의 목소리에 귀 기울인다. 내면의 목소리는 쿠르트가 약속을 취소한 것이 자신에게 더 잘된 일이 아니냐고 묻는다. 그녀도 그 모임에 참석할지에 대해 다시 한번 생각해야 한다는 느낌이 든다.

세 명 모두 자신의 내면을 다시 한번 들여다보면서 주말에 만나는 것이 정말 옳은 것인지 생각해본다. 모두가 그렇지 않다는 생각을 하지만, 아무도 만남을 취소하자는 말을 쉽게 꺼내지 못한다.

쿠르트가 자신의 내면의 목소리에 귀 기울이기로 한 것은 일종의 열쇠 결정이었고, 그로 인해 긍정적인 연쇄작용들이 나타났다. 쿠르트의 결정을 듣고 코르넬리아도 자신의 내면의 목소리에 귀 기울였다.

결국, 세 명 모두 자신의 자아를 감정과 직관 아래로 낮췄기 때문에 자연의 법칙으로부터 보상을 받았다. 코르넬리아는 오랫동안 처리하지 못하고 있던 과제를 그 주의 토요일에 해결할 수 있었고, 마음이 한결 홀가분해졌다. 그러자 저녁에는 예전부터 만나려 했던 다른 친구에게서 전화가 걸려왔다. 그 친구는 내일 시간이 되면 같이 등산을 가자고 제안했다. 친구와 일요일을 함께 보내면서 우정이 더욱 깊어졌다. 쿠르트는 시험을 잘 치를 것 같다는 긍정적인 예감이 들었고, 실제로 좋은 점수를 얻었다. 미하엘도 힘든 한 주를 보내고 난 다음이라 주말에 쉴 수 있었던 것에 대해 기뻐했다.

우리는 사소한 일 같아서 충분한 주의를 기울이지 않은 채 결정을 내리는 경우가 많다. 그러나 사소한 결정도 수많은 연쇄작용을 불러올 수 있으며 사소한 결정들에서부터 우리는 직관을 활용하는 법을 훈련해야 한다. 작은 결정부터 연습해야 큰 결정을 내릴 때도 직관을 최대한 활용할 수 있다.

다음에 나오는 사례에서도 직관적 착상을 활용하면 상황이 얼마나 개선될 수 있는지 알 수 있다.

▶▶ 설계 의뢰가 많이 들어오지 않아 고심하던 한 건축가가 있었다. 2년 전, 그녀는 자신의 집에 작은 사무실을 차리고 자기 사업을 시작했다. 어느 날 고객과의 상담을 위해 커다란 산업단지에 가게 됐고, 그녀는 우연히 그곳에 있는 한 낡은 건물 앞에 서게 됐다. 그때 그곳이야말로 자신이 사업을 하기에 좋은 장소라는 생각이 그녀의 뇌리를 스쳤다. 그러나 지금도 의뢰 건수가 적어서 고민인데 더 많은 돈을 투자해야 할지 결정하기가 쉽지 않았다. 자금을 끌어올 방법이 없었기 때문이었다. 그렇게 오성이 가동되면서 그녀의 아이디어는 사라지기 직전이었다. 그런데 고객과 상담을 하던 중 그녀는 자신의 아이디어를 고객에게 털어놓았다. 그러자 그는 매우 긍정적인 반응을 보였다. 다른 사업 파트너들과 친구들도 그녀의 아이디어에 손을 들어주었다. 그는 아이디어를 실천에 옮기지 말아야 할 합리

적인 근거들을 뒤로한 채, 유리한 조건으로 사무실을 하나 임대했다. 놀랍게도 그녀는 융자도 받을 수 있었고, 사무용 가구도 싼값에 구입할 수 있었다.

얼마 지나지 않아 유명 건설회사로부터 그토록 고대하던 설계 의뢰가 들어왔다. 그녀가 그 의뢰를 받을 수 있었던 이유 중 하나는 사무실이 건설 현장에 가까웠기 때문이었다.

감정의 배신

때로는 분명히 감정에 따라 행동을 했지만 일이 실패로 돌아갈 때가 있다. 왜 그렇게 되는 것일까? 다음은 그 이유를 보여주는 사례들이다.

▶▶ 어느 날, 볼프강은 한 회사에 돈을 투자하려 했다. 그의 직관이 그렇게 하도록 시킨 것이었다. 그는 자신의 직관에 따라 그 회사에 자금을 투자했다. 그런데 2년 후, 그 회사는 부도가 나고 그는 투자자금을 모두 날려버렸다. 그는 직관에 따라 행동했는데 왜 그런 일이 일어났을까?

시간이 지난 후 그는 그것이 자신의 부정직함에 대해 자연의 법칙이 내리는 벌이라는 것을 알게 됐다. 그는 투자자금을 세금포탈을 통해서 조달했던 것이다. 그의 직관은 그에게 더 귀중한 것을 가르쳐주기 위해 잘못된 충고를 한 것이다.

▶▶ 지금은 오후 네 시다. 마르기트는 자신의 다이어리를 체크한다. 오늘도 몇 가지 해결 못 한 일이 남아 있다. 그녀는 제일 먼저 무엇을 할지 고민

하다가 우선은 화장실에 '급한 볼일'을 보러 간다. 그러자 이미 오래전에 작성했어야 할 청구서 하나가 떠오른다. 그 일을 마치고 나니 벌써 여섯 시다. 내일 아침 일찍 출장을 가는 사장이 요구한 목록도 아직 작성하지 못했다. 청구서를 미리 작성한 것이 나쁘진 않았다. 청구서가 사장이 요구한 목록과 조금은 관련이 있는 것이었기 때문이다. 그러나 목록 작성을 위해 그 청구가 반드시 필요한 것은 아니었다. 결국 그녀는 여덟 시까지 일을 한다. 밀린 일을 하느라 피곤해서 목록 작성에는 평소보다 더 오랜 시간이 걸렸다.

목록 작성이 더 시급한 일인데 왜 그녀의 직관은 먼저 청구서 작업부터 하라고 요구했을까? 그녀의 문제는 두려움이다. 청구서 작성이 늦어지면 연체료를 내야 한다는 두려움이 그녀의 직관을 마비시킨 것이다. 마르기트는 두려움으로 인해 오성에 따른 것이었다. 그녀는 오성과 직관을 전혀 구분하지 못한다.

오성과 직관의 싸움을 그쳐라

감정은 우리가 제공한 원인에 대해 신과 자연의 법칙이 내리는 결과다. 감정이 우리를 늘 객관적이고 올바른 길로만 인도하지는 않는 것을 봐도 이를 알 수 있다.

최적의 직관은 노력 없이 그냥 주어지는 것이 아니다. 직관을 최적으로 발달시키기 위해서는 그만큼의 노력을 해야 한다. 자연의 법칙은 우리가 자신을 계발할 수 있는 기회를 매일매일 만들어준다. 우리도 마음속 깊이 이런 사실을 알고 있다. 그러나 우리의 오성과 약점이 계속해서 방해전파를 내보낸다. 오성과 약점이 겉보기에 쉽고 빠른 길을 택하라고 우리에게 충고한다. 그 때문에 우리 내면에서는 극적인 사투가 벌어지는 것이다.

그렇다면 직관에 따른 결정을 내리기 위해서는 오성을 완전히 버려야 할까? 물론 오성을 완전히 뒤로 제쳐두는 것이 좋을 때도 있지만, 대체로 우리는 오성과 직관이라는 두 가지 상반된 것을 서로 화해시키고 하나의 '팀'을 결성해야 한다. 신, 그리고 우주의 법칙과 자신이 연결되어 있으면 직관적으로 올바른 결정을 내릴 수 있고, 필요 없이 먼 길을 돌아가는 일도 없을 것이다. 진심으로 그 연결고리를 구한다면 오성과 감정은 우리에게 좋은 영감을 줄 것이다. 또한 영감은 우리에게 안정감과 자신감을 선물해주는데, 이 두 가지는 성공적인 삶을 위한 전제조건들이다.

성공 = 오성과 감정, 몸과 영혼을 조화시키는 것

다음 절에서 우리는 우주의 지혜와 연결되는 다리를 놓을 수 있는 다양한 기술들을 소개할 것이다. 그 기술들은 자연의 법칙이 우리 안으로 들어올 수 있게 도와줄 것이다. 하지만 다음 절에 소개된 훈련들은 어디까지나 '목발'에 불과하다. 이 목발을 던져버리고 혼자서도 걸을 수 있게 되는 것이 우리의 목표다.

결정의 도구는 직관이어야 한다

중요한 공적 · 사적 결정을 내릴 때 내적 확신을 가지고 최적의 길을 찾는 능력은 후천적으로도 익힐 수 있다. 물론 훈련을 통해서 말이다! 아무리 탁월한 재능을 타고난 피아니스트라 하더라도 매일 연습하지 않고는 대가가 될 수 없는 법이다.

이 절에 나오는 방법들을 활용하여 결정 상황에서 직관을 발휘하는 연습을 하라. 꾸준히 하다 보면 상당한 효과를 볼 수 있을 것이다.

기계화되고 물질화된 요즘 세상은 오성을 강조하는 사람들로 가득 차 있다. 당신은 '배에서 우러나는 대로' 행동하는 사람인가?

이미 알고 있듯이 감정도 우리에게 '일격을 가할' 수 있다. 배에서 우러나온 결정도 자아에서 비롯된 것일 수 있기 때문이다. 따라서 충동적인 결정이 반드시 최상의 결정은 아니다. 그것보다는 자신의 감정을 내면의 목소리에게 물어보고, 감정을 객관적으로 검토해보는 것이 성공으로 가는 더 확실한 길이다. 그렇게 되기 위한 효과적인 방법이 바로 일기를 쓰는 것이다.

▶▶ 사무실에서 바쁜 일상이 진행되고 있다. 책상 위에 쌓인 서류더미는 점점 높아져만 간다. 그에 따라 카린의 심리적인 압박도 커진다. 약간의 두통이 오는 것 같기도 하다. 그녀는 잠시 숨을 돌리고 휴식을 취해본다. 지금 가장 우선적으로 처리해야 할 일이 무엇인지 자신에게 물어본다. 그녀 앞에는 지금 세 가지 일이 놓여 있는데, 그녀가 보기에는 모두 다 중요하다. 첫 번째 일을 처리할 경우 어떤 느낌이 들지 떠올려본다. 아무런 기쁨도 절망도 없는 중립적인 상태다. 두 번째 일을 처리할 경우는? 그러자 긍정적인 감정이 든다. 세 번째 일을 처리하는 것을 상상해보니 다시 중립적인 감정이 든다. 그녀는 두 번째 일에 착수한다.

그 일이 끝나자 상사가 그녀의 사무실에 들어온다. 그는 지금 고객을 방문하려 하고 있다. 상사는 X씨의 주문 건을 다 처리했냐고 물어보면서, 급한 일이라고 일러두는 것을 자신이 깜박했었다고 한다. 미안하다는 사과의 말도 덧붙인다. 카린은 자신의 직관에 따라 그 일부터 먼저 처리했고, 지금 막 끝냈다고 대답한다. 상사는 카린의 직관이 약간은 무섭기도 하다며 농담을 한다.

재빨리 어떤 결정을 내려야 될 경우에는 "최대한 올바른 결정을 내리고 싶다"는 소원 하나만으로도 족할 때가 있다. 우리는 이처럼 즉각적으로 결정을 내려야 하는 상황에 대비해 미리 직관을 단련시켜놓을 수 있다. 시간적 여유가 있는 결정들을 내릴 때, 자신의 내면 깊은 곳에게 물어보는 연습을 반복함으로써 말이다. 다음에 나오는 훈련방법들을 실행에 옮겨보라. 시간이 지날수록 자신의 직관에 대한 믿음이 커질 것이다.

'우연'에 주의하라

우연히 일어나는 일들이 결정 상황에 도움이 될 때가 있다. 그런 경우에는 그 일이 일어나기 전에 보통 배 속으로부터 한두 차례 강한 느낌이 오곤 한다. 또, 어떤 일이 일어난 뒤에 그것을 아무 생각 없이 받아들일 것이 아니라 그 일이 일어난 배경에 대해 연구해보는 습관을 지니면 '우연'도 유익하게 활용할 수 있다.

▶▶ 당신이 면접을 본다고 가정해보자. 지금까지 그 회사는 당신에게 좋은

270

인상을 남겼고, 회사의 분위기도 마음에 든다. 인사부장과의 대화도 무리 없이 진행됐다. 당신은 그 직장에 끌리고 있다. 월급도 충분하다. 그런데 이상하게 배 속에 둔탁한 느낌이 든다. "안 돼! 뭔가 이상해!"라는 말이 끊임없이 들려오는 것이다. 이런 기회는 잘 오지 않는 법인데, 왜 이런 목소리가 자꾸 들려오는 것일까? 결국 당신은 그 직장에 취직한다. 그런데 사장이 줄담배를 피우는 사람이다. 사장의 집무실과 당신의 사무실 사이에는 문이 없다. 비흡연자인 당신은 하루 종일 담배연기에 노출된다. 게다가 그 직장에서 당신은 능력을 제대로 발휘하지도 못한다. 그제야 당신은 조용히 울리던 내면의 목소리와 감정을 기억하고, 거기에 따르지 않은 것을 후회한다.

당신이 배 속의 느낌과 감정을 따랐다고 가정해보자. 그렇다면 위의 이야기는 이렇게 달라질 것이다.

▶▶ 취업 제안을 최종적으로 받아들이기 전에 당신은 다시 한번 그 일에 대해 심사숙고해본다. 그 일이 당신에게 맞지 않는다면 어떤 신호나 암시를 달라고 마음속으로 빌어본다. 이틀 뒤, 당신이 채택되었다는 연락을 받는다. 회사 측에서는 계약서를 오늘 당장 우편으로 보내겠다고 한다. 하지만 이틀, 사흘, 나흘을 기다려도 계약서는 오지 않는다. 회사에 전화를 걸었더니 담당자가 자리에 없다는 말만 반복한다. 몇 번의 통화와 약간의 조사를 거친 후, 당신은 회사에서 말했던 날짜에 우편물이 제대로 발송되었다는 사실도 알게 된다. 그런데 알 수 없는 이유로 인해 우편물이 당신에게 배달되지 않은 것이었다. 이것은 과연 우연일까? 그보다는 이 모든 문

제들이 당신을 위해서 '조작된' 것이라는 느낌이 더 강하지 않은가? 이것이 암시를 달라는 당신의 기도에 대한 대답일 수 있다.

우리는 '배로부터의 메시지'에 항상 귀 기울여야 한다. 그 메시지는 우리를 올바른 곳으로 인도하는 목소리거나, 뭔가를 암시해주는 경고신호다. 그럴 때 우리는 내면의 목소리에게 더 확실한 암시나 신호를 달라고 간청해야 한다. 내면의 목소리는 그런 우리의 간청을 저버리지 않을 것이다.

▶▶ 예를 들어, 당신의 직관이 당신에게 직업교육을 더 받으라고 충고한다고 가정해보자. 당신은 당신의 내면에게 질문을 던지고, 적절한 길을 보여달라고 간절히 기도한다. 그날 오후, 우연히 신문가판대 앞에 서 있는데 특정 잡지가 계속 당신의 눈길을 끈다. 당신은 감정에 따라 그 잡지를 산다. 집에 와서 잡지를 훑어보다가 새로운 직업교육에 관한 기사를 읽게 된다. 당신이 바라던 바로 그 강좌다. 잡지에 나온 연락처를 보고 문의를 하자 직원이 친절하게 안내해준다. 당신과 통화를 한 직원은 당신이 바라던 직장까지 소개해준다.

다음의 사례는 슈바이처 박사의 "우연이란 신이 우리에게 자신의 신분을 숨기고 말을 걸어오는 것"이라는 말을 입증해준다.

▶▶ H씨는 엘바 섬에서 개최되는 세미나에 가야 할지 고민하고 있었다. 그녀의 오성은 세미나에 참가하지 말라고 했다. 그녀는 제발 올바른 결정을 내릴 수 있게 도와달라고 마음속으로 빌었다. 그러고는 그 문제에서 일

단은 벗어났다. 생각할 시간이 충분했기 때문이었다. 그러고 난 다음, 그녀는 더 집중하고 더 큰 주의를 기울이며 하루하루를 살아갔다. 며칠 후 그녀는 길을 걸어가다가 길바닥에 뒹구는 신문지 조각을 발견했다. 몸을 굽혀 거기에 뭐라고 적혀 있는지 보고 싶은 충동을 이길 수 없었다. 거기에는 커다란 글씨로 '엘바'라고 적혀 있었다. 여행사 광고의 일부였다.

최상의 결정을 내리려고 노력했기 때문에 자연의 법칙이 그녀를 도와주었다. 그녀는 이 '우연' 속에서 자신이 원하던 대답을 찾았다.

결정 상황을 앞두고 우연히 일어나는 일들에 특히 주의하라! 깨어 있는 의식으로 하루를 보내라. 우리가 주의를 기울이지 않는 사소한 우연들 속에 귀중한 암시가 들어 있을 때가 많다.

▶▶ 당신은 누군가에게 전화를 걸고 있다. 그런데 계속 통화중이거나, 당신이 통화하려는 사람이 자리에 없다. 이럴 경우, 오늘 꼭 전화를 해야 하는 것인지 혹은 그 사람과 꼭 통화를 해야 하는지 자신에게 되물어보라.

▶▶ 당신은 지금 약속 장소로 차를 몰고 가고 있다. 그런데 곳곳이 공사 중이고 신호등마다 빨간 불에 걸린다. 그런 것들이 일종의 경고신호가 아닌지 곰곰이 생각해보고 자신의 감정에게도 물어보라. 그러나 신호등이 붉은색으로 바뀔 때마다 그런 고민에 빠질 필요는 없다. 붉은 색 신호가 항상 어떤 암시를 주는 것은 아니기 때문이다. 단순히 늦게 출발했기 때문에 그런 장애물들과 맞닥뜨리는 경우도 많다. 그 경우에는 약속 시간을 잘 지키지 않는다는 우리의 약점을 시험하기 위해 자연의 법칙이 우리를 멈춘

것이다.

▶▶ 울슬라는 많은 분량의 서류를 복사하기 위해 복사기를 켠다. 그런데 모든 것이 검게만 나온다. 그때 동료 하나가 다가오더니 급한 서류가 있으니 자기가 한 장만 먼저 복사를 해도 되겠냐고 물어본다. 그의 서류는 문제 없이 복사가 된다. 울슬라도 다시 한번 시도해보지만 이번에도 복사기는 검은 종이만 내뱉는다. 종이에 문제가 있는 것도 아니고, 울슬라의 서류도 새하얀 종이에 깨끗하게 인쇄된 것이다. 왜 그런 일이 일어나는지 울슬라는 자신에게 되물어본다. 그랬더니 지금 중요한 것은 그 많은 문서를 복사하는 일이 아니라는 느낌이 든다.

그녀는 다시 책상으로 간다. 어떤 고객의 서류가 그녀의 눈에 들어온다. 오늘 오전에 오기로 한 고객의 서류다. 그녀는 감사하는 마음으로 그 고객의 계약서 작업부터 마친다. 작업을 마친 지 오 분도 지나지 않아 고객이 도착했다. 복사기가 그녀의 서류만 거부한 일은 우연이 아니었다.

▶▶ 내가 아는 한 친구는 호텔에서 개최되는 어떤 강좌에 강사로 지원해보라는 권유를 받았다. 그러나 지금 진행 중인 프로젝트 때문에 시간이 여의치 않았다. 그러나 그녀는 그 기회도 놓치고 싶지 않았다. 그런데 호텔에서 보낸 이메일을 읽어보려고 클릭을 하는 순간 모니터에는 "파일을 열 수 없습니다"라는 메시지가 떴다. 이메일이 열리지 않는다는 것을 확인했지만, 그로 인해 그녀의 마음에는 어떤 변화도 일지 않았다. 호텔 측과의 면접이 있던 날 아침, 그녀는 일기장에 "그 제안을 받아들여야 할까?"라고 쓸 참이었다. 그런데 만년필의 잉크가 떨어졌다. 그리고 면접을 하고 온 뒤

그녀는 쉽게 잠을 이루지 못했다.

호텔 측은 일주일 이내에 그녀에게 최종결과를 알려주기로 했다. 그 자리는 보수가 꽤 괜찮은 편이었고, 계속해서 다른 일감이 생기는 자리였기 때문에 많은 사람들이 지원했다. 그녀는 며칠 전 잉크가 떨어졌던 일이 암시는 아닌지, 자신이 그 수강생들을 가르칠 만한 실력이 되는지, 자신이 현재 강의를 할 수 있는 형편인지 등에 대해 고민했다. 결국 그녀는 내면의 목소리를 따라 지원을 취소했다. 그녀의 결정이 옳았다는 것을 그녀의 감정이 증명해주었다. 지원을 취소한 것에 대해 어떤 후회나 의심도 하지 않았고, 오히려 예전보다 더 행복해졌다.

▶▶ 내가 운영하는 연구소의 한 직원이 순회 강연회와 세미나를 기획하고 있었다. 그녀는 한 번도 만난 적이 없는 행사장소의 담당자에게 전화를 걸었다. 그 담당자는 현재 그 장소가 개축을 계획 중이라 새로운 행사는 접수하지 않는다고 친절하게 설명해주었다. 그 사람은 "우리도 스스로 한계선을 긋는 법을 배워야 하겠지요"라고 말했다. 그는 이 말을 두 번이나 했다. 우리 직원은 그 문장이 뜻하는 바가 무엇인지 직관적으로 감지했다. 우리도 강연 횟수를 줄이기로 계획했지만, 그럼에도 불구하고 너무 많은 강연 제안을 받아들이고 있었던 것이다.

그 담당자의 말이 우연이었을까? 아니다. 그것은 '신이 우리에게 자신의 신분을 숨기고', 즉 그 담당자의 입을 빌려 말을 걸어온 것이었다. 구조조정 중이던 우리 연구소도 "자제하라! 적은 것이 더 많은 것이다!"라는 값진 교훈을 얻었다.

당신이 만나는 사람, 당신에게 일어나는 일들에 대해 항상 주의를 기울여야 한다. 전화통화를 하다가 기대하지 않게 답변을 얻는 때도 적지 않다. 당신의 통화 상대가 당신의 고민이나 질문에 대해 아무것도 모르는 상태에서 당신에게 그런 답변을 해주는 것은 과연 무슨 의미일까!

이렇게 생각지도 않았던 곳에서 도움을 얻기 위해서는 한 가지 조건이 전제되어야 한다. 바로 질문이나 문제로부터 벗어나는 것이다! 끊임없이 고민하고 의심하면 당신의 '전화'는 항상 통화중일 것이다.

'우연'은 우리가 문제를 놓아버릴 때 가장 큰 도움을 준다.

결정의 기술

이제 의사결정을 해야 할 상황에 처했을 때 감정과 오성을 조화롭게 활용할 수 있는 기술들을 소개하고자 한다. 이 기술들은 순간적인 감정과 숨은 암시들을 포착하게 해줄 뿐 아니라 내면의 목소리가 너무 낮을 때에는 볼륨을 높여주기도 한다. 이 기술들은 특히 '머리'를 중요시하는 사람들이 자신의 감정의 소리에 귀 기울이도록 만들어줄 것이다.

당신이 머리와 감정, 이 둘 중에 무엇을 더 중시하는 사람이든 다음에 소개하는 기술을 습득하면 큰 결정을 내릴 때 많은 도움이 될 것이다. 이 훈련들은 짧게는 며칠, 길게는 몇 주까지 걸릴 수 있다.

🖊 종이 한 장을 꺼낸 후, 중간에 세로줄을 그어라. 오른쪽에는 어떤 결정에 대한 긍정적인 생각과 감정을 적고 왼쪽에는 부정적인 것들을 적어라. 며칠에

걸쳐 이 목록을 작성하라. 이때, 어떤 '검열'도 하지 말고, 떠오르는 모든 것을 적어야 한다. 허황되고 비현실적인 생각들도 모두 적어야 한다. 자신의 느낌을 파악하고 그것을 종이에 옮겨보라.

이 훈련을 하는 동안은 메모지와 필기도구를 항상 주머니에 넣고 다녀라. 그러다가 어떤 감정이나 생각이 떠오르면 그 자리에서 메모해두라. 집에 와서 그것을 목록에 옮겨적으면 된다. 메모지에 적었던 것을 목록에 옮겨적다 보면 때로는 우리 내부에 있는 '재판관'이 눈을 뜨면서 그 항목은 '말도 안 되는 소리'라고 심판할 때도 있을 것이다. 거기에 흔들려서는 안 된다.

그리고 또 조심해야 할 것이 있다! 이 연습을 24시간 내내 할 수는 없는 노릇이다. 따라서 중단했다가 다시 생각하기를 반복하라! 계속 그것에 대해서만 생각하고 있어서는 안 된다. 특히 다른 일을 하고 있는 동안은 더욱 그렇다. 매 순간, 자신이 하고 있는 일에 집중해야 한다. 그러다가 갑자기 뭔가 떠오르면 메모지에 기록해두라. 그렇게 함으로써 어떤 생각도 놓치지 않을 수 있고, 당신은 다른 자극들을 받아들일 여유도 지니게 된다.

목록을 다 작성했으면 하루에서 이틀 정도는 그냥 기다려야 한다. 그런 다음 편안한 상태에서 자신의 생각들을 처음부터 끝까지 훑어보라. 이 훈련은 아침에 하는 것이 제일 좋다. 어떤 생각들이 머리와 오성, 그리고 논리에서 비롯된 것이고 어떤 생각들이 감정과 배에서 나온 것인지 파악해보라.

이 훈련을 통해 당신은 오성과 감정을 조화시키는 방법과 객관적으로 결정을 내리는 방법을 익히게 될 것이다. 오성에서 비롯된 생각이 감정에서 비롯된 것보다 더 많을 수 있겠지만 숫자는 중요한 것이 아니다. 감정에서 비롯된 생각들이 지닌 무게와 감정의 강도가 더 중요하다. 양보다는 질이 중요하다.

◻ '예, 아니요'로 대답할 수 있는 결정이 아니라 두 가지 중 하나를 선택해야 하는 상황이라면 훈련의 범위는 더욱 넓어진다. 종이 두 장을 꺼낸 다음 각각의 가능성을 따로 적어두라. 이번에도 중간에 세로줄을 긋고 두 가지 가능성이 지닌 장점과 단점을 써보라. 왼쪽에는 단점을, 오른쪽에는 장점을 기록하는 습관을 들이도록 하라.

다음에 나오는 훈련들도 일상생활에서 쉽게 해볼 수 있는 것들이다.

◻ **직관적으로 상 차리기** 상을 다 차리고 난 뒤 잠깐 눈을 감고 필요한 것이 다 놓여 있는지 자신에게 물어보라. 이때, 적극적으로 생각하지는 말아야 한다. 다시 말해, 머릿속에서 하나하나 세어보지는 말고 전체적인 이미지를 상상하면서 생각이 떠오르기를 기다려야 한다.

◻ **직관적으로 짐 싸기** 상 차리기와 마찬가지로 여기에서도 자신에게 필요한 것을 하나하나 논리적으로 생각해서는 안 된다. 짐을 싸기 전에 가지고 갈 것들의 목록을 작성해놓았다면, 그 목록에 따라 짐을 다 싸고 난 다음 가만히 눈을 감아보라. 눈을 감고 느낌이나 생각 혹은 이미지가 떠오르기를 기다리면 된다. 이 훈련에 익숙해지면 더 이상 중요한 물건을 빠뜨리는 일은 없을 것이다. 또, 이 훈련은 직관도 발전시키기 때문에 직관이 필요한 분야에서도 효과가 나타날 것이다.

◻ **직관적으로 전화 걸기** 누군가에게 전화를 걸 때 먼저, 전화를 거는 타이밍은 옳은가, 그 사람과 무슨 얘기를 나눌 것인가 등의 질문을 던져보라. 그런

다음 잠시 숨을 멈췄다가 감정의 대답을 기다리면 된다.

🖊 **직관적으로 집 단속하기** 외출하기 전에 잠시 틈을 내어 필요한 모든 것은 챙겼는지, 별다른 문제는 없는지 확인해보라. 그런 다음 직관의 소리에 귀 기울여라. 이것을 훈련하다 보면 다시는 외출해 있는 동안 뭔가를 빠뜨려서, 창문을 열어둔 것이 기억나서 혹은 가스를 잠그지 않은 것이 기억나서 걱정에 휩싸이거나 다시 집으로 돌아오는 일은 없을 것이다. 이로써 당신은 시간과 에너지를 절약할 수 있게 된다!

🖊 **직관적으로 장보기** 장을 볼 때에도 직관을 단련시킬 수 있다. 훈련의 시작은 필요한 모든 것을 종이에 적는 것이다. 필요한 물건을 메모지에 적을 때, 그리고 나중에 슈퍼마켓에 가서도 정말 필요한 것이 무엇인지 내면의 목소리에게 물어보라. 잠시 숨을 돌리고 이번에도 눈을 감아보라. 논리적으로 생각하지 말고 사고 자극제가 다가오기를 기다리라.

🖊 **직관적으로 요리하기, 직관적으로 식사하기** 요리와 식사를 하는 시간도 직관을 훈련시킬 수 있는 좋은 기회. 음식을 준비할 때마다 오늘은 어떤 야채, 양념, 조미료를 쓸 것인지 내면의 목소리에게 물어보라. 식사를 할 때에도 얼마나 먹을 것인지 물어보라. 얼마나 먹어야 할지, 언제 그만 먹어야 할지를 알 수 있게 느낌과 신호를 달라고 자신의 몸에게 부탁해보라.

이런 것들이 낯설게 여겨지겠지만 한번 시도해보라! 처음에는 우습게 생각되겠지만 건강상태가 좋아지고 몸매가 아름다워지면 이 훈련들을 알게 됐다는 사실에 감사하게 될 것이다. 우리는 몸의 신호들을 너무도 쉽게 무시해버린다. 몸의 신호에 귀 기울이는 법을 배우라!

위의 훈련들은 일부러 시간을 투자하지 않아도 생활 속에서 쉽게 할 수 있는 것들이다. 이 훈련들을 통해 더욱 직관적인 결정도 내릴 수 있고, 시간도 절약하게 된다. 그만큼 실수가 줄어들고 뭔가를 잊어버리는 일도 드물어지기 때문이다.

위에 소개한 훈련들을 할 때는 머리의 스위치를 끄고 배의 스위치를 켜려고 노력하는 것이 매우 중요하다. 기회가 생길 때마다 몸의 중심에 자신을 집중시키고, 자신의 느낌을 의식적으로 배에 모아라. 처음에는 한 손이나 양 손을 배꼽 위쪽에 얹는 것이 도움이 된다.

배에서 우러나는 감정을 인지하는 훈련은 집중력도 키워준다.

> 10분간 시간을 내라. 클래식 CD 한 장을 고르라. 눈을 감고 긴장을 풀어라. 양손을 배 위에 놓고 몸의 중심에 신경을 집중하라. 복강신경총으로 음악을 느껴보라. 조금만 연습을 하다 보면 당신은 더 이상 음악을 귀로 듣는 것이 아니라 몸으로 느끼게 될 것이다.

직관과 지능의 중요한 기능 중 하나는 뭔가를 뚜렷이 인지할 수 있도록 '안테나'를 가동시키는 것이다. 우리는 생활의 여러 분야에서 다음처럼 인지훈련을 할 수 있다.

> 나는 무엇을 보는가? 무엇을 관찰하는가? 무엇을 듣는가? 무슨 냄새를 맡는가? 무엇을 느끼는가?

이 훈련을 꾸준히 하면 다음 훈련은 더 쉬워질 것이다. 다음 훈련은 진정한 휴식을 얻을 수 있는 조용한 장소에서 하는 것이 좋다. 긴장을 푸는 연습, 즉 이완훈련도 그다음의 훈련들을 더 쉽게 만들어줄 것이다. 훈련을 하기에 가장 좋은 시간은 아침이다.

> ◥ 바쁜 일상을 시작하기 전, 몇 분간 짬을 내어 고요 속에 빠져보라. 눈을 감고 긴장을 풀어라. 마음속으로 다음의 질문들을 해보라.

- 지금 내가 하려는 일들이 객관적으로 내게 도움이 되는 일인가?
- 그 일은 나와 다른 사람의 영적 발전에 도움이 되는 일인가?

당신이 지금 하려는 일을 머리가 아닌 배로 느껴보라. 어떤 감정, 어떤 느낌이 생기는가? 뭔가 당겨오는 느낌이 드는가? 위경련이 일어나지는 않는가? 슬픈 마음이 들지는 않는가? 뼈아픈 경험이 상상되지는 않는가? 진정한 기쁨이 느껴지는가? 혹은 아름다운 그림이 그려지는가? 갑자기 긴장이 풀리고 해방감이 느껴지지는 않는가? 자신의 느낌들을 기록해두라.

머릿속에 그림 그리기를 훈련하면 자신의 직관을 더 잘 파악할 수 있다. 우리 안에는 그림 언어를 말할 수 있는 잠재력이 숨어 있다. 꾸준히, 끈기 있게 여러 가지 훈련을 하다 보면 우리도 그 잠재력을 발견하게 될 것이다. 어떤 과제를 처리해야 할 때 머릿속에 그림을 그리려고 노력하라.

> ◥ 직장문제, 주택구입, 주택임대, 금전투자, 직업교육, 이사 등 커다란 영향을 미칠 결정을 내려야 할 때에는 그 결정이 지닌 장기적인 여파를 '느껴볼' 것

을 권한다.

결정을 내린 후 반 년 혹은 일 년 뒤의 상황을 그려보라. 정신을 미래로 보내는 연습을 해보라. 합리적인 설명들은 뒤로하고 감정이 흐르게 하라.

어떤 결정을 내릴 때, 그 순간에는 그 결정이 옳은 것 같다는 느낌이 들지만, 미래를 상상해보면 부정적인 느낌이 생길 수도 있다. 그것은 경고신호다! 결정을 다시 한번 검토해보라. 문제가 무엇인지 찾아보라.

▶▶ 주택을 구입하려는 여성이 있었다. 모든 것이 그녀가 상상하던 그대로였다. 그녀는 감정을 미래로 보내고 앞으로의 그림을 떠올려봤다. 그러자 자신이 그 집 안에서 으스스 떨고 있는 그림이 보였다. 그녀의 몸이 굳기 시작했다. 나중에 안 것이지만, 그 집은 제대로 지은 집이 아니었고, 습기가 많이 찼다. 개조공사가 필요한 집이었다. 게다가 집값도 곧 떨어졌다.

또 다른 직관훈련의 사례를 살펴보자.

▨ 질문을 종이에 적고 눈을 감는다. 내적으로 편안한 상태를 유지하라(이완훈련을 병행해도 좋다). 그러고는 눈을 뜬 다음 내면에서 솟아나는 모든 생각과 느낌을 기록하라. 더 이상 아무것도 떠오르지 않을 때까지 모든 것을 다 기록하라. 당신이 적은 질문에 관련된 모든 생각과 느낌을 기록하라. 너무 깊이 생각하지 말고, 그저 떠오르는 대로 펜을 굴려라.

그런 다음, 자신이 쓴 것을 당신의 질문에 비추어 해석해보는 것이다. 당신의 결정과 관련된 어떤 암시를 발견할 수 있는가? 그 결정을 내리게 된 동기를 찾을 수 있는가? 이성적으로는 전혀 생각할 수 없는 느낌이 생기기도 하고, 그 안에 중요한 암시가 들어 있기도 하다. 그것을 해석하려면 약간의 훈련과 경험이 필요하다. 먼저 작은 결정들에서부터 해석하는 연습을 해야 한다. 직관을 훈련하려는 다른 친구와 이 훈련에 대해 이야기를 나누는 것도 큰 도움이 된다. 친구와 경험을 나눌 때에는 이러한 생각에 대해 열린 마음을 지닌, 믿을 수 있는 친구들을 선택해야 한다.

다음과 같이 어떤 일이나 다양한 결정이 지닌 가치를 판단하는 훈련도 있다.

🖊 마음의 눈으로 1부터 100까지 눈금을 지닌 자를 하나 그려보라. 마음의 눈이 멈추는 곳은 어딘가? 어디쯤에 마음의 눈이 머무르는가?

🖊 아로마테라피, 황토욕, 머드요법 등의 다양한 목욕법은 건강증진에 특히 도움이 된다. 그뿐만 아니라 이른 아침, 욕조에 몸을 담그는 것은 결정을 내리는 데에도 큰 도움이 된다. 물, 다양한 약초, 그리고 황토는 내면의 목소리를 활성화시키는 촉매제들이다. 게다가 충분한 휴식을 취하고 난 아침에는 직관적 지능도 특히 더 잘 흐른다. 당신에게 올바른 아이디어를 달라고 기도하고, 어떤 일이 당신에게 도움이 되는지, 당신이 선택한 것이 진정 최상의 길인지, 더 좋은 대안은 없는지 등의 질문을 던져보라.

의식을 집중해서 그 문제들에 대해 심사숙고할 것이 아니라, 생각을 자유롭게 흘러가도록 하고, 맨 처음 떠오르는 감정, 생각, 말, 그림에 집중하라. 맨 처음 떠오른 것이 항상 정답은 아니지만 그래도 올바른 해결책일 확률이 비교적 높은 편이다. 몇 가지 연습을 하면 자신에게 떠오르는 영감들을 해석하고 영감에 따라 결정을 내릴 수 있게 된다. 떠오른 영감을 그 자리에서 즉시 적어둘 수 있게 욕조 옆에 작은 메모패드와 필기도구를 비치해두는 것도 좋다(메모지와 필기도구는 항상 가지고 다니는 것이 좋다. 바로바로 적어두지 않아서 결국 활용하지 못하는 아이디어들이 얼마나 많은가!).

처음에는 자신의 오성을 잠재우는 일이 쉽지는 않을 것이다. 따라서 먼저 실패하더라도 여파가 크지 않은 작은 결정들을 상대로 위에 소개한 훈련들을 해보기를 권한다. 부지런히 훈련하면 성공의 열매를 거둘 수 있을 것이다.

오성이 앞서고 있다는 것을 알 수 있는 방법으로는 또 어떤 것들이 있을까? 자신의 자아와 우주의 정신 중 무엇이 앞서고 있는지 어떻게 알 수 있을까?

1. "맞아, 그렇지만……"이라는 두 단어는 오성이 앞서고 있다는 것을 보여주는 좋은 증거다.

"맞아, 그렇지만……"으로 시작하는 문장이 입술에 맴돌거나 머릿속에 떠오르는 것은 당신 내부에서 경고등이 깜박이거나 경보음을 울리는 것이라고 생각하면 된다.
당신의 의견이 자아, 오성, 내면의 목소리 중 어디에서 비롯된 것인지 자신에게 물어보라. 객관적으로, 약간의 거리를 두고 문제를 바라보도록 노력하라. 내면의 목소리에 귀 기울이라.

다음은 "맞아, 그렇지만……"이라는 말이 떠오르는 몇 가지 사례다.

▶▶ 어떤 치료사가 식습관을 바꿔 보라고 당신에게 권한다. 당신은 '맞아, 그렇지만 유기농산물은 너무 비싸' 혹은 '맞아, 그렇지만 그렇게 하려면 시간이 너무 많이 걸려'와 같은 생각을 한다. 보통 그것들은 핑계에 지나지 않는다.

▶▶ 같은 팀의 동료가 어떤 해결책을 제시한다. "맞아, 그렇지만……"이라는 말이 혀끝에 맴돈다. 그렇지만 당신은 그 말을 내뱉지 않고 먼저 그 제안의 장점에 대해 생각한다. 이로써 당신은 입술 대신 '배'가 말하도록 만든 것이다.

▶▶ 아내가 피크닉을 가자고 제안한다. 당신의 오성은 즉시 피크닉 장소와 관련된 부정적인 기억을 떠올린다. 곧이어 '맞아, 그렇지만……'이라는 생각부터 든다. 혹은, 어쩌면 당신은 아내가 제안하는 장소와는 다른 장소를 염두에 두고 있다가 그곳으로 가야 할 논리적 근거를 대기 시작할지도 모른다. 과연 어느 장소가 피크닉을 가기에 더 적합한지 가능하면 '중립적인 입장에서' 즉 감정을 활용해서 다시 한번 판단해보라.

2. 다른 사람의 입장이 되어보라.

🖊 당신의 가장 좋은 친구가 당신 자신이라고 생각해보라. 그 친구가 이제 당신의 질문에 대해 답하고 당신이 내려야 할 결정을 내릴 것이다. 그 친구는 당신에게 무슨 충고를 해줄지 생각해보라. 제3자의 관점에서 바라볼 때 진실이 더 잘 보이는 경우가 많다.

3. 어떤 결정을 내리게 된 내적 동기를 찾아보라. 이때, 머리로 동기를 찾으려 해서는 안 된다.

📝 몸의 중심에 온 정신을 집중하라. 어떤 느낌이 드는가? 당신이 어떤 결정을 내린 내적 동기는 무엇인가?

최선의 결정을 위한 전제조건

지금까지 소개한 훈련들을 잘 해내고, 나아가 영혼을 발달시키기 위해 꼭 필요한 것이 있다. 바로 건강한 신체다. 특히 뇌와 신경계가 활력이 넘치고 제 기능을 수행할 수 있어야 우리는 영혼을 성공적으로 계발할 수 있다.

따라서 가능한 한 많은 에너지를 우리 몸에 공급하고 가능한 한 적은 에너지를 소비하게 하는 식습관은 직관 계발을 위한 중요한 도구이다. 자연은 우리에게 수많은 영양분과 활력소를 제공한다. 어떤 영양소를 섭취한 후 그 영양소의 작용을 관찰하는 것은 매우 흥미로운 일이다. 거기에 쏟는 시간과 에너지는 몇 배의 효과로 되돌아올 것이다.

그런데 직관 계발을 위한 훈련들은 어디까지나 '목발'에 불과하다는 사실을 다시 한번 상기하기 바란다. 이 훈련들을 유용한 도구로 사용할 수는 있을 것이다. 그러나 우뇌와 복강신경총을 활성화시키기 위한 이런 훈련들만으로는 직관적 지능을 무한대로 계발할 수 없다.

직관적 지능을 계발할 경우, 어떤 이점들이 있는지 다시 한번 정리해 보자.

- 우주의 법칙(자연의 법칙)을 이해하고 우주의 법칙과 조화를 이루며 살고자 하는 바람을 갖게 된다.
- 지구상에서 벌어지는 '연극'들의 의미를 알게 된다.
- 영혼에 대한 이해가 깊어진다.
- 자신의 영적 특성에 대해 구체적으로 알게 되고, 나아가 자신의 인성 구조 전반을 알게 된다. 또, 영적 특성과 인성구조를 지속적으로 발전시켜나갈 수 있게 된다.
- 책임의식을 지니고 자유의지를 활용할 수 있게 되고, 자신의 자유의지를 소중하게 여길 수 있게 된다.
- 자신의 감정에 주의를 기울일 수 있게 된다.
- 사랑을 실천하는 삶을 살 수 있게 된다.

〈성공적인 삶으로 가는 13단계〉(p. 298)에 소개된 방법들도 삶의 지능을 높일 수 있는 도구들이다. 각 단계들은 직관적 지능을 통해 느끼고 생각하고 행동하게끔 인성을 가꾸는 실제적인 훈련방법들이다. 이 단계들을 잘 활용하면 흥미진진하고 행복한, 그리고 안정적인 삶을 펼쳐나갈 수 있을 것이다. 그 훈련단계들을 거치고 나면, 시련이 닥쳐도 흔들리지 않는 든든한 바위가 되기 위해 생활 속에서 어떤 일들을 해야 할지 알 수 있을 것이다.

그러나 그 전에 자기 계발을 방해하는 장애물에 대해서 알아야 한다. 누군가 자신이 나아가는 길에 돌덩이를 갖다놓는다 하더라도 그것을 치울 방법만 알고 있으면 큰 문제가 되지 않을 테니까.

장애물과 경고신호 구분하기

우리의 결정을 방해하는 요인들은 자주 나타난다. 이러한 방해요소들이 나타나는 이유는 무엇이며, 어떻게 하면 그 방해요소들을 건설적으로 이용할 수 있을까?

우리는 먼저 직관적 지능을 발휘하여, 그 방해요소가 극복해야 할 장애물인지, 아니면 위험이 다가오니 방향을 바꾸라는 경고신호인지를 파악해야 한다.

장애물이든 경고신호든, 이것은 우리의 결정과 동기를 다시 한번 검토해보라는 사고 자극제다. 극복하려는 노력이 있다면 장애물은 시간이 지남에 따라 점점 낮아지고 사라지는 반면, 경고신호는 일반적으로 점점 더 커진다는 차이점이 있다.

우리는 때로 초기에 주어지는 경고신호를 가볍게 여기고는 자신의 결정이 옳다는 착각에 빠진다. 그러면 영혼은 힘든 우회로를 선택한다. 먼 길을 돌아서 가려면 힘도 많이 들고 시간도 더 걸리겠지만 꼭 필요하다고 생각하기 때문에 영혼이 그 길을 선택하는 것이다. 이 먼 길에서 우리는 다양한 방해요소들을 만나게 된다. 그 방해요소들은 사고가 될 수도 있고 질병이 될 수도 있다. 질병의 경우에는 증상이 다른 곳으로 전이되며 더욱 심각해질 것이다. 이것은 다가올 더 큰 위험에 대한 경고신호다.

이미 말한 바와 같이 경고신호는 신의 선물이다. 우리는 자유의지로 우리가 경험할 것을 스스로 선택한다. 그러면 자연의 법칙은 우리의 행동에 맞는 적절한 반응을 보여준다. 자연의 법칙의 반응을 보고 우리는 우리의 발전을 방해하는 요소가 장애물인지 경고신호인지 파악하고, 그 결과에 따라 새로운 결정을 내릴 수 있다.

경고신호

방해요소가 장애물이 아니라 경고신호인 경우의 사례를 몇 가지 들어
보자. 가장 자주 나타나는 경고신호는 질병이다. 신체적 증상은 가정이나
직장 등 우리 주변에서 뭔가를 바꾸라는 요구인 동시에 우리가 우리를 해
치려고 하고 있다는 것을 알려주는 암시다. 어떤 경우든 처음에는 가벼운
증상부터 나타난다. 그리고 그 증상이 암시해주는 것들을 무시하면 더 무
거운 증상들이 나타난다.

직관적 지능을 계발하면 질병이라는 경고신호가 나타나게 된 원인을
조기에 파악하고 병에 걸리지 않도록 미리 조심할 수 있게 된다.

▶▶ 자동차의 고장이나 수리는 자주 '애용되는' 방해요소들이다. 시동이
걸리지 않는 것은 행선지에 가지 말라는 암시일 수 있다. 그럴 때엔 지금
어디로 가려는 것인가, 그곳에서 무엇을 하려고 하는가, 자신이 가려는 목
적지나 참가하려는 행사가 자신에게 맞지 않는 것은 아닌지 되새겨보아야
한다.

A가 약속장소에 가려고 운전대에 앉았는데, 시동이 걸리지 않았다. 그녀
는 액수가 큰 보험계약을 맺으러 보험사에 가려던 참이었다. 알고 보니 그
보험상품은 터무니없이 많은 보험료를 내야 하는 것이었다. 또, 그녀는 집
을 사려고 할 때도 비슷한 경험을 했다. 계약서에 서명을 하기 위해 중개
인에게 가려던 날 차의 시동이 걸리지 않은 것이었다. 그녀는 그날 훨씬

싼값에 더 마음에 드는, 다른 집을 구할 수 있었다.

▶▶ 한 사람이 전철을 타고 면접장으로 향하고 있던 중, 자신이 다른 방향으로 탄 것을 알았다. 그는 이 방해요소를 일종의 암시로 해석했다. 즉, 방향은 그 직장을 가리키는 것이고, 방향이 옳지 않다는 것은 그 직장이 자신에게 이상적인 곳이 아니라는 것으로 해석했다.

▶▶ 사세 확장과 관련한 중대 결정을 내려야 하는 기업가가 있었다. 협상장으로 가던 중 공사장의 구조물이 바로 그의 차 앞에 떨어졌다. 매우 놀라기는 했지만 다행히 다친 데는 없었다. 그렇지만 구조물 때문에 길이 막혀서 협상장에 가지 못했다. 나중에 그는 그 시점이 사세를 확장할 시점이 아니었다는 것을 깨닫게 됐다.

▶▶ 결혼을 앞두고 나타나는 방해요소들을 나열하자면 책 한 권으로는 모자랄 정도로 많다. 결혼식장에 가는 차가 제시간에 도착하지 않는 경우, 결혼식 전날이나 며칠 전 웨딩드레스에 불이 붙어버리는 경우, 결혼을 앞두고 절망감이 드는 것 혹은 부모 중 한 명이 결혼식 전날 밤 심장마비에 걸리는 경우 등 별별 일들이 다 일어난다. 이런 경고신호를 무시하고 결혼한 사람들은 대부분 얼마 지나지 않아 이혼하거나 결혼생활에 문제가 발생했다. 충분히 고려하고 내린 결정인지, 배우자는 당신에게 맞는 사람인지, 결혼을 하려는 동기가 불순한 것은 아닌지 등을 검토해보라고 자연의 법칙은 모든 방법을 총동원한다. 그럼에도 불구하고 우리는 굳이 그 결혼을 하겠다고, 쓴 경험을 하고야 말겠다고 우기는 것이다.

막다른 골목에서 빠져나오기

우리가 강력한 경고신호를 무시하거나 자아만 내세우며 무섭게 앞으로 돌진한다면 자연의 법칙은 일단 우리에게 길을 열어준다. 경종을 울리기 위한 것이다. 자유의지가 있기 때문에 우리는 자신이 선택한 길로 우선은 마음대로 나갈 수 있다. 그러나 어느 정도 시간이 지나면 사고, 질병, 금전적 어려움 등 문제들이 일어나기 시작한다. 그 문제들은 대부분 처음에 나타난 경고신호들보다 훨씬 더 심각한 것들이다. 우리는 그제야 막다른 골목으로 들어갔다는 것을 알게 된다. 막다른 골목에 들어서면 우리가 마치 직관과 분리된 듯한 느낌이 든다. 이는 마치 물탱크의 수도꼭지를 잠가 놓은 듯한 느낌과 비슷하다. 직관이 끊어졌다는 것은 가장 위에 있는 물탱크, 즉 우주의 정신과의 연결고리가 끊어진 것이다. 그리고 우리 내부는 자아로만 가득 차게 된다. 그러면 자아는 필사적으로 자신이 택한 길로 계속 걸어간다. 이제는 방향을 바꿀 능력조차 없기 때문이다. 이렇게 두려움과 고집은 우주 최고의 에너지, 즉 사랑과 우리를 분리시켜버린다.

용서는 막다른 골목에서 빠져나오기 위한 첫걸음이다!

그런 상황에서 빠져나오는 방법은 자신과 다른 사람을 완전히 용서하는 것이다. 그것이 첫걸음이고, 그다음 걸음은 신과 자연의 법칙과 조화를 이루고자 하는 간절한 마음과 기도를 반복하는 것이다. 끊임없이 질문하고 자신의 감정을 다시 '느껴'보며 확신을 가지고 집착에서 벗어나야 막다른 골목에서 빠져나올 수 있다. 그러한 경험을 쌓게 된 것에 감사하고 자신을 있는 그대로 받아들이며 사랑하는 것, 그리고 그렇게 해서 신의 사랑에 대한 확신과 자신감을 회복하는 것도 매우 중요하다. 집중과 자제력 단련도 도움이 된다.

장애물과 경고신호 구별하기

방해요소에도 여러 가지 종류가 있다. 우리가 두려움을 없애는 훈련을 하고 있거나 인내심이나 끈기를 단련하고 있을 때에는 장애물이라는 방해요소가 주로 나타난다. 장애물이 나타날 때 우리는 자신의 목표를 향해 끈기 있게 나아가고 두려움이나 편리함에 혹해서 목표를 포기하지 않아야 한다.

방해요소가 장애물인지 경고신호인지를 구분하는 좋은 방법은 자신의 내면을 들여다보고 자신의 행동에 대한 동기를 파악하는 것이다. 그 목표를 위해 노력하는 이유는 무엇인지 자신의 내면에게 물어보라.

자신의 강점과 약점에 대해 잘 알고 있다면 두 가지를 쉽게 구분할 수 있을 것이다. 강점이나 약점을 알면 동기를 파악하기도 쉽고, 무엇이 자신을 위한 최상의 선택인지도 알 수 있기 때문이다.

▶▶ 시간을 잘 지키지 않는 습관 때문에 기차나 비행기를 놓치는 일이 자주 있다면, 이것은 장애물이다. 그러나 때로는 이것이 당신을 위험으로부터 지키려는 경고신호일 수도 있다. 그 이유는 아마도 당신이 가려는 행선지가 당신에게 맞지 않거나, 당신이 타려는 기차나 비행기가 사고를 겪게 될 것이기 때문이다.

▶▶ 용기나 인내심을 기를 때에는 관공서와 관련된 장애물이 나타날 수 있다. 그러나 그것이 장애물이 아니라 어떤 일을 못 하게 하려는 경고신호일 때도 많다. 솔직한 마음으로 자신의 영적 특성을 관찰하고 자신의 약점을 찾아낼 때 우리는 이것이 장애물인지 경고신호인지 구분할 수 있다. 고집이 센 사람에게 이런 일이 일어난다면 그것은 현 상황을 받아들이는 연습을 시키기 위한 장애물이고, 용기가 부족한 사람에게 이런 일이 일어난다면 그것은 두려움을 극복하는 연습을 시키기 위한 장애물일 것이다.

▶▶ 집단 따돌림, 상사나 동료들과의 관계에서 일어나는 문제, 주문량의 부족, 고객과의 문제 등 직장에서 나타나는 방해요소들은 장애물일 수도 있고 경고신호일 수도 있다.

그것이 장애물이라면, 자신을 바꾸고 일에 대한 가치관을 바꿈으로써 문제를 해결할 수 있을 것이다. 자신의 그릇된 행동양식 때문에 그런 장애물들이 나타나는 것이다.

그러나 그것이 경고신호라면 그것은 문제에 직면한 그 사람에게 그 직장이 더 이상 발전에 도움이 되지 않는다는 것을 의미한다. 즉, 그 방해요소는 새 직장을 구하거나 직업을 바꾸라는 경고신호인 것이다.

어떤 문제가 일어나게 된 진정한 원인을 찾으려면 그것을 찾을 수 있는 감정과 암시를 달라고 기도하고, 자신의 내면을 정직하게 되돌아보아야 한다.

▶▶ 당신은 직업을 바꾸고 새로운 분야에서 경력을 쌓으려고 결심했다. 그러기 위해서는 먼저 현재의 직장에 다니면서 야간강좌를 들어야 한다. 여러 가지 집안사정 때문에 매우 힘들었지만, 당신은 어려운 가운데에서도

교육을 무사히 끝마쳤다. 그런데 이번에는 마음에 드는 직장에 가려면 다른 도시로 이사를 해야 하는 문제가 생겼다. 이 문제들은 장애물일까, 경고신호일까?

이 방해요소는 당신의 부지런함, 인내심, 용기 등을 시험하는 장애물일 확률이 매우 높다. 그러나 이것이 경고신호가 아니라 장애물이 되려면 다음과 같은 전제조건들이 붙는다.

1. 충분히 고려하고, 무엇보다 자신의 내면에게 물어본 다음 결정을 내렸다.
2. 그 직업이 자신의 소명이며 당신에게 기쁨을 준다는 느낌이 든다.
3. 그 길이 당신의 영적·정신적 발전에 있어서도 긍정적인 영향을 줄 것이라는 예감이 든다.

자기 과시욕이나 돈, 이미지 혹은 인정받지 못할 것을 두려워하는 마음 등이 결정의 동기일 때는 경고신호가 나타날 확률이 더 높다.

두려움은 장애물일 수도, 경고신호일 수도 있다

두려움은 장애물일 수도 있고 경고신호일 수도 있다. 일반적으로 근거가 있는 두려움은 경고신호일 때가 많다. 근거 있는 두려움이란 다음과 같은 것을 말한다.

- 거짓말을 하거나 도둑질을 한 후 들킬까 봐 두려워하는 마음
- 위험한 스포츠를 할 때 드는 불길한 느낌
- 고속운전을 할 때 드는 두려움

- 파트너가 당신에게 맞는 사람이 아닐 때 드는 결혼에 대한 두려움
- 위험이 일어날 확률이 높은 계획에 대한 두려움

반면, 근거 없는 두려움은 장애물일 확률이 높다. 근거 없는 두려움의 예를 들어 보자.

- 어떤 사람을 잃을까 봐 이유 없이 두려워하는 마음
- 사랑받지 못할 것에 대한 두려움, 거부에 대한 두려움
- 외로움에 대한 두려움
- 생존에 대한 두려움
- 진실에 대한 두려움
- 개방에 대한 두려움, 친근한 것에 대한 두려움
- '예' 혹은 '아니요'라고 분명하게 말하고 자신의 의견을 주장하는 것에 대한 두려움, 어떤 결정을 내리고 그 결심을 유지하는 것에 대한 두려움
- 에스컬레이터나 엘리베이터 등 지극히 일상적인 것들에 대한 두려움, 혼자 차나 기차를 타고 여행하는 것에 대한 두려움, 상사와의 대화를 앞두고 드는 두려움, 광장공포증, 고소공포증 등

어떤 장애물들은 비현실적인 두려움에서 비롯된다. 이미 여러 번 말했듯이 그런 비현실적인 두려움은 실제로 '두려움이 씨가 되어' 현실로 나타난다. 그 외의 것들은 분명 근거 있는 두려움들이며, 그것은 즉 경고신호라고 생각하면 된다.

▶▶ 당신은 여행을 계획하고 있다. 그런데 당신이 여행하려는 나라가 정치적으로 불안정한 나라라고 가정해보자. 여행에 대해 생각만 하면 구체적으로 떠오르는 것도 없는데 당신 내부에서는 두려움이 고개를 든다. 이것은 분명 경고신호다. 그곳에 가면 신변의 안전이 위협받을 수도 있으므로 당신의 내면의 목소리가 당신에게 경고하는 것이다.

그러나 예를 들어, 오스트리아나 스위스를 여행하면서 물건을 도둑 맞을까 봐 계속해서 가방을 움켜쥐고 귀중품에만 신경을 쓰고 있다면 그것은 경고신호가 아니다. 실제로 누군가 당신의 물건을 훔쳐간다 하더라도 그것은 "위험이 닥칠 것이니 여행을 멈추고 집으로 돌아가라"는 경고신호가 아니다. 그것은 당신의 이유 없는 걱정이 현실로 나타난 것일 뿐이다.

두려워하는 일은 반드시 현실로 나타난다! 어떤 것에 대한 두려움을 가지고 있으면 그 일이 실제로 일어날 가능성이 높다. 어떤 것에 대해 주의를 기울이다 보면 그것이 실제로 우리 쪽으로 다가온다.

▶▶ 전혀 위험하지 않은 개에 대한 두려움은 근거 없는 두려움의 좋은 예다. 당신이 개를 두려워하면 개들도 본능적으로 그것을 알고 으르렁대며 실제로 물어뜯을지도 모른다. 겁먹지 않고 차분히 지나가면 아무 일도 일어나지 않을 것이다.

두려워하지 않는 태도가 위험과 고통으로부터 우리를 지켜준다! 물론 이는 두려움이 근거 없는 것이라는 전제하에 적용되는 말이며, 이 원칙은 비단 동물에게만 적용되는 것은 아니다.

장애물과 경고신호를 구분하는 것은 험한 산을 오르는 것만큼 어려운 일이다. 그러나 우리에게는 직관적 지능이 있지 않은가! 직관적 지능을 발휘하면 어떤 결정이나 목표가 우리와 우리 주변에 도움이 되는 것인지 알 수 있다. 진리, 그리고 우주의 지혜와의 연결고리가 튼튼할수록 장애물과 경고신호를 구분할 수 있는 능력도 커질 것이다.

다음 장에서는 직관적 지능의 '달인'이 되기 위한 13단계를 소개한다.

성공적인 삶으로
가는 13단계

꿈을 실현시키려면 꿈에서 깨어나야 한다.
– 앙드레 지그프리드

당신에게 어떤 꿈이 하나 있다고 가정해보자. 그 꿈은 비전으로 변하면서 현실적인 차원에 더욱 가까이 간다. 꿈과 비전은 위대한 행동과 업적에 불을 댕기는 점화장치라고 할 수 있다. 그런데 많은 사람들이 평생 꿈속만 헤맬 뿐, 그 꿈을 실현시킬 노력은 하지 않는다.

어떻게 하면 꿈에서 현실로 도약할 수 있을까? 어떻게 하면 꿈에서 성공으로 나아갈 수 있을까? 에리히 캐스트너는 "행동하지 않으면 결코 좋은 일이 일어나지 않는다!"라고 했다. 성공도 행동의 결과다! 그리고 그 행동 앞에는 결정이 있고, 결정은 적극적인 생각을 거쳐서 나오는 것이다.

성공의 씨앗은 꿈과 비전이지만 삶은 꿈이 아니라 현실이다. 그리고 자신의 현실은 자신의 생각과 감정, 자신이 정하는 목표, 목표를 실현하는 방법 등에 따라 결정되므로 결국 자신이 결정하는 것이다. 직관적 지능을 계

298

발하며 행복하게 살 것인지, 불만에 가득 찬 삶을 살 것인지는 자신만이 결정할 수 있다.

어떤 분야에서 대가가 되려면 필요한 지식을 습득하고 적절한 기능을 갖춰야 한다. 브람스는 "위대한 작품을 작곡하려면 최고의 영감을 지녀야 한다. 그러나 아무리 훌륭한 영감을 지녔다 하더라도 악보와 화성학에 대한 지식이 없고 피아노를 잘 다루지 못한다면 아무것도 해내지 못할 것이다. 기능을 익히지 않으면 영감도 바람에 날리는 갈대에 지나지 않기 때문이다"라고 말했다.

대가가 되는 길도 작은 걸음부터 시작해야 한다. 다음의 13단계는 자연의 법칙의 바탕 위에서 직관적 지능을 계발할 수 있는 방법들이며, 자신의 영혼을 파악할 수 있는 도구기도 하다.

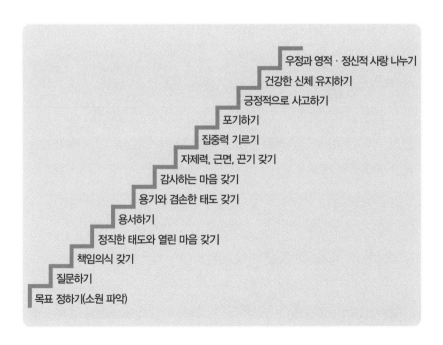

각 단계들은 독립적이지만 서로 밀접한 관련을 맺고 있다. 그중 어떤 것들은 서로 맞물려 있기도 하다. 성공적인 삶이라는 집을 지을 때 이 13단계는 힘들 때면 언제든지 의지할 수 있는 기둥 역할을 할 것이다.

하루아침에 이 단계들을 다 익히려고 해서는 안 된다. 인내심을 가져야 한다. 서두르는 것은 위험하다. 결국 넘어지고 상처만 입게 될 것이다. 변화가 일어나지 않는 '고원(高原)'도 있는 그대로 받아들이고, 발전이 일어나는 시기와 더불어 소중하게 여기도록 노력하라.

직관적 지능을 계발하는 동안 한 단계를 마칠 때마다 그만큼의 경험이 쌓일 것이다. 직관적 지능 계발은 평생 동안 수행해야 하는 과제이다. 어떤 단계는 여러 번 반복해야 할 것이다. 그렇더라도 인내심을 잃지 말고 차분히 반복하라. 그리고 한 단계를 일단 끝냈다고 해서 그 단계에 포함된 모든 것을 완전히 익힌 것은 아니다. 열과 성의를 다해 각 단계를 실천해나가다 보면 삶은 기쁨과 성공으로 가득 찰 것이다. 간혹 각 단계를 밟는 과정에서 모든 것이 엉망진창이 되는 것처럼 느껴질 때도 있을 것이다. 그럴 때일수록 더욱 훈련에 집중하고 자신의 내면을 살펴보면서, 문제가 어디에 있는지를 찾아내고 그 부분부터 다시 시작하라. 이 훈련에도 일기쓰기는 큰 도움이 된다. 글로 쓰면서 생각하면 영혼이 쉽게 질서를 되찾는다는 사실을 항상 기억하라.

1단계 : 목표 정하기(소원 파악)

브람스는 아르투어 M. 아벨과의 인터뷰에서 "먼저 내 소원과 결심을 분명하게 말해야 직감이 특정한 형태의 그림으로 나타납니다"라고 말했다. "인간의 의지는 자신만의 왕국"이라는 말이 있다. 이 말을 "인간의 소원은 자신만의 왕국"이라고 바꿔도 좋을 것이다. 내적인 소원과 목표는 원하는 모든 것을 이루게 해줄 원동력이다.

소원을 품었다면 이제 그 소원이 고차원적인 우주의 정신에도 일치하는지, 그 소원이 자신과 주변 사람들의 발전에 도움이 되는지 자신의 내면(영혼)에게 물어보아야 한다. 우리를 불행하게 만드는 소원도 현실로 나타날 수 있기 때문에 반드시 그렇게 해야 하는 것이다.

우리가 소망하는 바가 우리의 현실을 만들어낸다. 어떤 특정한 성격들을 계속 계발하고 싶다고 마음속으로 바라면 자연의 법칙은 그에 해당하는 시험들을 제시해준다. 예를 들어, 당신이 용기가 부족해 용기를 키우고 싶어 한다면 용기를 시험해볼 수 있는 상황들이 주어지는 것이다. 시험이 없다면 용기를 단련시킬 기회도 없기 때문이다. 당신이 특정한 재능이나 기술을 진심으로 익히고 싶어 한다면 인생의 학교는 그에 맞는 기회를 제공할 것이다.

▶▶ A는 연말에 '집중력 강화'를 다음 해의 목표로 정했다. 해가 바뀌고 이틀 만에 벌써 그녀는 다시 주위가 산만해졌다. 계속 다른 일에 신경을 쓰고 한꺼번에 여러 가지 일을 시작하는가 하면, 뭔가를 찾느라 시간을 허비하기 일쑤였다. 집중력이 부족해 손해를 보는 일도 있었다.

사흘 째 되던 날 그녀는 집중력 강화를 그해의 목표로 정하기는 했지만, 해가 바뀌자마자 한꺼번에 이렇게 많은 시험이 주어질 줄은 몰랐다고 고

백했다. 그러면서 그녀는 자신이 욕심이 너무 지나치고 모든 일을 너무 서둘러 해치우려 한다는 것을 알아차렸다. 또, 자신이 목표를 너무 추상적으로 정해놓았다는 사실도 알게 됐다.

생각과 마찬가지로 소원(목표)도 일종의 자석이다. 따라서 소원을 정하고 적어둘 때에는 진지하게 고민하고 그에 대해 철저하게 '느껴보아야' 한다.

소원을 적을 때 어떤 표현을 사용하는지도 매우 중요하다. 위 사례에 나온 집중력을 강화하고 싶다는 소원의 경우, 그저 "집중력을 강화하고 싶다"고 하는 것은 너무 추상적이다. 그 아래에 구체적인 사항들도 적어야 한다. 정확히 어떨 때 주의력이 가장 산만한지를 파악하고 어느 부분부터 시작할 것인지도 기록해야 한다. 피아노를 배울 때도 바로 소나타부터 시작하는 것이 아니라 손가락 연습과 쉬운 연습곡부터 시작하지 않는가? 또, 매일매일 연습할 곡을 구체적으로 정해두기도 한다. 이와 마찬가지로 인성 단련도 다음과 같은 작은 것부터 시작해야 한다.

먼저 "오늘 나는 내 자신을 주의 깊게 관찰하면서 잘 집중할 수 있는 부분과 집중할 수 없는 부분을 파악하겠다"는 소원을 적는다. 이로써 집중력이라는 것에 초점을 맞춘 것이다. 집중력 '부족'이 아니라 집중력 '향상'에 초점을 맞춰야 한다. 더 많은 주의를 기울여야 한다고 생각하는 부분을 찾아냈다면 그다음 날에는 "오늘 나는 운전을 할 때 혹은 일을 할 때, 정신을 완전히 집중하겠다" 혹은 "오늘 나는 매일 일어나는 사소한 일들에 집중하고 애정을 가지고 그 일들을 대하겠다"고 일기장에 적을 수 있을 것이다.

구체적인 분야를 설정하고 훈련기간을 그날 하루로 제한하라. 그리고 소원을 적을 때에는 긍정적인 말들로 채워라. "오늘은 다른 일에 신경을 빼앗기는 일이 없도록 주의하겠다"라고 써서는 안 된다. 우리 뇌는 긍정적인 표현은 잊어버리고 '신경을 빼앗긴다'에만 집착하기 때문에 바라는 것과는 정반대의 일이 일어날 수 있다. 어떻게 '하고 싶다'는 말 또한 '뒷문'을 열어 두는 표현이다. 자연의 법칙은 이런 것에 매우 민감하게 반응하고, 당신의 소원을 세밀하게 검토한다. "나는 어떤 것을 바꾸고 싶다", "나는 어떤 분야에서 더 나아지고 싶다" 등의 문장은 "그렇게 하고 싶은 마음은 있지만 내가 그것을 해낼 수 있을지, 그 일을 끝까지 해낼 자신이 있는지는 의심스럽다"는 말과 일맥상통한다. 이런 말들은 분명하지 않을뿐더러 강도도 약하기 짝이 없다.

어떻게 하려고 '시도해보겠다'는 표현도 삼가야 한다. 앉으려고 한번 시도해보라. 잠깬! 시도만 하라고 했다. 실제로 앉아서는 안 된다. 결과가 어떤가? 앉으려던 자세에서 멈추고 버텨야 할 것이다. '시도만' 한다면 다른 모든 일에 있어서도 이와 비슷한 현상이 일어날 것이다. 목표에 절대 도달하지 못하는 것이다. 이러한 몇 가지 예만 보더라도 소원을 표현하는 것이 얼마나 어려운 일인지 알 수 있다.

다양한 표현들을 사용해보고, 그중 어떤 것이 자신에게 가장 적합한지 느껴보라. 이를 통해 자신이 소원을 얼마나 진지하게 생각하고 있는지 알게 될 것이다. 소원이 너무 상투적인 것이어도 안 되고 그저 말로만 그쳐서도 안 된다.

다음의 표현들을 소리 내어 말해보면 도움이 될 것이다.

- "나는 오늘 내가 하는 일에 몸과 마음을 완전히 집중할 것이다."
- "나는 ○○을 할 확고한 의도를 지니고 있다."
- "나는 진심으로 ○○을 바라고 있으며, 그것을 이루기 위해 부지런히 노력할 자세를 지니고 있다."
- "내면의 목소리가 어떤 일을 하지 말라고 말하면 나는 오늘 '아니요'라고 분명히 말할 것이다."

소원과 관련해 또 하나 주의해야 할 점이 있다. "내 내면의 목소리를 듣고 싶다"고 바라면서 조용히 묵상해보는 것이다. 바라기만 할 뿐, 소원을 이루기 위해 그만한 투자를 하지 않는다면 소원은 공허한 울림에 불과할 것이다. "나는 오늘 내 내면의 목소리에 완전히 귀 기울이겠다"고 소원을 정한 다음, "그러기 위해 내가 할 수 있는 일은 무엇인가, 나는 소원 성취를 어렵게 만들 약점을 지니고 있지는 않은가, 있다면 어떤 것들이며 그것을 어떻게 없앨 수 있는가, 소원을 이루기 위해서 나는 무엇을 바꿔야 하는가?"와 같은 질문을 던져보라.

목표를 이루기 위해 자신이 지닌 에너지를 투자할 자세를 갖췄다면, 바라는 바가 현실로 나타나기 시작할 것이다.

직관을 인지하고 싶다고 바라기만 하는 것으로는 성공을 거둘 수 없다. 우리는 내면의 목소리를 듣고도 행동에 옮기지 않거나 오성의 목소리에 따라 결정할 때가 얼마나 많은가! 따라서 직관을 더 잘 인지해야 하고, 약간의 불편과 희생이 따르더라도 직관의 충고에 따라 실제로 행동에 옮겨야 한다는 말이다.

또한 영적 발전을 바라는 소원들을 소리 내서 말하고, 그로 인해 다가올 시험에 대해 두려워하지 말아야 한다. 새로운 경험이 기다리고 있다는 것에 오히려 기뻐해야 한다. 그 경험들을 하게 된 것을 감사하게 생각하라. 신과 자연의 법칙은 당신에게 해를 끼치려는 것이 아니라 당신이 잘되기를 바란다는 사실을 항상 기억하라.

원하는 바를 이루려면 확고한 의도와 구체적인 목표가 있어야 한다. 목표에 도달했을 때의 기분과 상황을 예감할 수 있고, 그 상황을 떠올렸을 때 행복감이 들어야 우리는 목표를 향해 나아갈 끈기와 에너지를 갖게 된다. 이는 목표가 인성 계발과 관련한 것이든 사회적 성공이나 경력과 관련된 것이든, 항상 적용되는 원칙이다.

결정을 내릴 때와 마찬가지로 목표를 정할 때도 항상 그 뒤에 숨은 동기를 파악해야 한다. 목표를 향해 나아가면서 늘 그 길이 옳은 길인지 되물어보아야 한다. 특히, 장애물이나 경고신호가 나타날 때면 방향 전환이 필요한 것은 아닌지 신중하게 생각해보아야 한다. 정기적으로 질문을 던지고 검토해보아야 자아를 극복하고 자연의 법칙과 조화를 이루는 선택을 할 수 있다.

자신을 변화시키고 발전시키는 길은 직선으로 죽 뻗은, 걸림돌이 없는 고속도로가 아니다. 울퉁불퉁하고 구불구불한 시골길이다. 또한 변화에 대한 두려움 때문에 곧은 구간도 굽은 길로 보이는 경우도 적지 않다.

하지만 올바른 동기(목표 설정)와 필요한 추진 에너지(내적인 소원, 진지한 의도)가 있다면 장애물이나 유혹 등 여기저기에서 다가오는 시험들을 웃으면서 여유 있게 극복할 수 있을 것이다.

2단계 : 질문하기

이번 휴가는 어떻게 보내는 것이 좋을까? 어떤 교양강좌가 내게 도움이 될까? 이 사람은 내게 어떤 의미를 지니고 있을까? 어디에 자금을 투자하는 것이 좋을까? 직원을 한 명 더 고용하는 것이 옳을까? 이 투자가 전망이 있는 것일까? 주택을 구입하는 것이 좋을까, 임대를 해야 할까? 내 아이를 어느 학교에 보내는 것이 가장 좋을까? 내일 친구들과 등산을 갈까, 아니면 혼자 조용히 쉴까?

이렇듯 매일 질문이 꼬리를 물고 발생한다.

이런 질문들을 구체적으로 일기에 기록하는 것은 최상의 답변을 찾는데 큰 도움이 된다. 질문을 종이에 적어둠으로써 일단 질문에서 벗어날 수 있다는 장점도 있다. 질문을 내면의 안내자에게, 내면의 목소리에게, 영혼에게 보낸 다음 답변을 달라고 기도하라! 답변을 줄 것에 대해 미리 고맙다고 말하는 것도 좋다. 그럼으로써 당신은 직관이 반드시 자신을 이끌어주리라고 확신한다는 것을 알려줄 수 있기 때문이다.

아무리 사소한 문제라도 주저하지 말고 물어보라. 자신과 관련된 모든 고민거리, 모든 사소한 결정들에 대해 질문을 해도 좋다.

중대한 결정을 앞두고 있을 때에는 어느 정도 시간을 두고 관찰하면서 떠오르는 생각과 느낌을 적는 것이 좋다.

이런 훈련을 거듭할수록 점점 더 분명한 답변을 얻게 될 것이다. 그러나 생각했던 것처럼 단번에 답변이 주어지지 않을 때도 있을 것이다. 우리 내면에 답변이 우리 안으로 들어오지 못하도록 방해하는 걸림돌들이 많기 때문이다. 답변을 가로막는 최대의 걸림돌도 두려움, 고집, 그리고 게으름이다.

우리는 때로 '알리바이 질문'들을 하기도 한다. 입으로는 "이 계획이 내게 도움이 될까?" 혹은 "이 일을 해야 할까?"라고 물어보지만, 실제로 우리의 자아는 이미 결정을 내렸고, 답변을 들을 준비도 되어 있지 않다면 그것은 알리바이 질문이다. 직관은 열린 마음으로 내면의 목소리에게 솔직한 질문을 던질 때에만 얻을 수 있다. 오성을 뛰어넘는 결정을 내릴 자세가 되어 있을 때에만, 직관에 따르는 행동을 하겠다는 의지가 확고할 때에만 성공적으로 직관을 얻을 수 있다.

무엇이 중요한지를 파악하고 그것을 행동에 옮길 때마다 항상 그다음에는 무슨 일을 해야 할지 물어보는 습관을 지녀라. "다음으로 사랑을 실천하는 방법은 무엇일까?"라고 물어보면 더 좋다.

이때 솔직한 답변을 얻고 싶다면 먼저 "자신에 대한 책임은 스스로 져야 한다"는 원칙을 받아들여야 한다.

3단계 : 책임의식 갖기

많은 사람들이 운명은 이미 결정되어 있고, 자신은 운명의 장난에 놀아

날 수밖에 없다고 생각한다. 그것이 사실이라면 정의는 어디에 있단 말인가? 모든 것이 운명의 장난이라면 모든 책임도 운명 탓으로 돌리고, 세상에 정의란 없다고 생각해버리면 될 것이다. 또, 모두가 자신이 희생자라고 주장하면서, 자신의 불행에 대한 책임을 뒤집어쓸 희생양만 찾으려 할 것이다. 지금도 얼마나 많은 이들이 자신의 불행을 다른 사람이나 주변 상황, 날씨나 경제적 상황 혹은 신의 탓으로 돌리는가!

"내가 할 수 있는 일은 아무것도 없지 않은가?"라는 말은, 조금만 바꿔도 완전히 다른 뜻이 된다. 이 말을 "내가 할 수 있은 일이 뭐가 있을까?", "내가 무엇을 잘못 했을까?" 그리고 "상황을 바꾸기 위해 나와 내 주변의 무엇을 바꿔야 할까?"로 바꿔보라. 주변 상황까지 생각할 필요가 없을 때가 더 많다. 자신의 가치관만 조금 바꾸어도 삶은 완전히 다르게 흘러갈 것이다.

행복은 스스로 만들어가는 것이다. 이 사실을 받아들여야 자신을 바꿀 수 있다. 자신을 바꿀 수 있는 것은 바로 자기 자신이다. 자유의지는 우리에게 무한한 권력을 주었고 우리는 우리의 존재를 스스로 만들어간다. 따라서 어떤 결정에 대한 결과를 파악하고 감당하는 것도 결국 자기 몫이다.

자신과 자신의 삶에 대한 책임을 지는 것도 결국 자기 자신이다. 자신에 대한 의무감을 지녀라! 모든 사람은 커다란 우주를 구성하는 하나의 톱니바퀴다. 자신의 톱니바퀴 주변에 대한 책임은 자신이 져야 한다. 그리고 스스로 책임을 지기 위해서는 먼저 자기를 파악하고자 하는 마음과 자신의 성격을 발달시키려는 의지를 가져야 한다.

4단계 : 정직한 태도와 열린 마음 갖기

자신과 다른 사람에 대해 완전히 솔직해지려면 모든 것을 펼쳐 보일 수 있는 용기가 필요하다. 다른 사람에게 마음을 열려면 먼저 자신에게 마음을 열어야 한다. 그러기 위해서는 자신의 '음지와 양지' 모두를 알고 이를 받아들여야 한다.

성경에는 "네 이웃을 네 몸과 같이 사랑하라"라고 나와 있다. 우리는 그 중에서 '네 몸과 같이'라는 말을 자주 잊어버리곤 한다. 우리는 거울 앞에 서서 자신이 그 거울 속의 사람을 진정 사랑하는지 물어볼 용기를 지녀야 한다. "나는 있는 그대로의 내 모습을 사랑한다"고 말하는 습관을 들여라.

자신에게 솔직하다는 것은 자신의 강점과 재능을 아는 동시에 자신의 실수와 약점도 인정한다는 뜻이다. 실수를 인정하지 않으면 실수를 통해 배울 수도 없다. 그러나 현실을 똑바로 바라본다면, 즉 자신에게 두려움이 있다는 것을 안다면 그것을 고칠 수 있다. 열린 마음으로 자신의 약점을 파악하는 것이야말로 약점을 긍정적인 에너지로 바꾸기 위한 첫걸음이다.

자신의 약점을 제대로 파악하지 않기 때문에 우리는 필요 없는 일에 에너지를 낭비하게 된다. '거울에 비친 자기 모습'에 대해 알아보려는 의지가 없는 것이 문제다. 이는 직관적 지능을 계발할 수 있는 소중한 기회를 그대로 지나쳐 보내는 것이다.

정직하지 못한 태도는 착각이 되어 나타나기도 한다. 착각은 직관적 지능을 가로막는다. 잘못된 교육 때문에 생긴 그릇된 확신, 편견, 신념, 비판 없이 받아들인 공허한 사회적 규범, 허황된 생각, 억측, 남의 비위나 맞추려는 행위, 이 모든 것이 우리가 자주 빠지는 착각들이다.

착각은 반드시 실망으로 이어진다. 착각은 일종의 속임수이고, 속임수에는 실망이 따르게 마련이다.

우리는 어릴 때부터 부모, 학교, 배우자, 상사 등으로부터 많은 '진리'들을 배운다. 그들은 우리를 외부로부터의 공격에 대비시키려고 혹은 상처받지 않게 만들기 위해 '올바른' 길을 가르쳐주었을 것이다. 그러나 그런 진리를 안다고 마음이 다치지 않는 것이 아니다. 마음의 상처는 두려움에서 오는 것이기 때문이다.

관습을 여과 없이 자신의 것으로 받아들이면 자신만의 가치관을 가질 수 없게 된다. 그렇게 되지 않으려면 직관적 지능을 계발해야 한다. 직관적 지능을 활용하면 자신을 진솔하게 파악하고 자신에게 두려움이나 착각과 같은 약점이 있지 않은지 알아볼 수 있다. 직관적 지능은 자신감을 키워주고, 우리를 착각과 기만으로부터 벗어나게 해준다. 자신의 내면에 존재하는 길잡이에 대한 믿음이 크다면 자신을 속일 필요도 없을 것이다.

자신을 사랑하고 자신에게 솔직하다는 말은 비록 다른 사람과 '헤엄치는' 방향이 다르다 하더라도 혹은 그 길이 더 불편해 보이거나 그 길이 다른 사람의 기대에 어긋난다 하더라도 자신의 감정을 따르고 내면의 목소리에 귀 기울이는 것을 말한다.

열린 마음으로 함께 살아가는 사람들을 정직하게 대하는 자세는 영적·정신적 계발을 앞당겨준다. 하지만 개방적이라는 말이 상대방의 실수를 전부 지적해주어야 한다는 말은 아니다. 우리는 가끔 개방적인 것과 상처주기를 착각할 때가 있다. 부정적인 비난을 퍼붓는 것은 '열린 자세'가 아니다. 그보다는, 다른 사람에 대한 존경심, 사교술, 다른 사람에게 다가갈 시점에 대한 이해, 감정이입 능력 등이 열린 자세를 만들어주는 것들이다.

개방적이란 말은 다른 사람에게 자신을 열어 보이는 것을 말한다. 그렇게 하면 상대방은 더 열린 자세를 보여주기 때문에 새로운 경험의 문들이 열린다. 그 결과, 깊이 있는 대화가 가능해지고 거기에서 우리는 더 많은 것을 배울 수 있다. 이를 통해 우리는 지능을 무한대로 계발할 수 있게 된다.

친구나 배우자에게 자신을 열어 보이는 것에 대한 두려움을 극복하라. 열린 자세로 동료들을 대하면 그들에게 더 많은 믿음을 줄 수 있다. 그렇게 되면 괜한 오해도 줄어들 것이다.

✎ 자기도 모르게 저지르는 잘못을 알아차리는 방법으로, 며칠 동안 "내가 어떤 점에서 백 퍼센트 솔직하지 못한지 알아내고 싶다"고 일기에 적을 것을 권한다.

자신이 비교적 솔직한 편이라고 생각하고 있는가? 그렇다 하더라도 고칠 점을 많이 발견하게 될 것이다.

지금까지 그랬던 것처럼 관찰한 바를 평가하지 말고 그대로 기록하라. 그것을 토대로 앞으로의 목표를 정하라. 여러 가지 유혹이 다가오겠지만, 그것이 유혹인 것을 미리 알아차리게 된 것을 기뻐하라. 물론 처음에는 시험을 치르고 난 다음에야 그것이 유혹이었다는 사실을 깨닫게 되는 경우도 많고, 한 번에 시험을 통과하지 못할 때도 있을 것이다.

그렇다 하더라도 자신을 용서하라. 먼저 자신부터 용서할 줄 알아야 다른 사람도 용서할 수 있다.

5단계 : 용서하기

용서란 과거에서 해방되는 것을 말한다. 어떤 일을 완전히 용서하고 나면 우리는 그 일을 완전히 잊어버릴 수 있다. 용서를 훈련할 때에도 우리는 먼저 우리 자신부터 고쳐나가야 한다.

다른 사람들이 실수할 때 자신은 어떤 태도를 취하는지, 자신이 다른 사람에게 어떤 상처를 주는지, 그리고 그런 자신에 대해 어떤 느낌이 드는지 생각해보라.

용서를 하려면 관용이 필요하다. 관용정신이 강할수록, 그리고 사고가 자유로울수록 다른 사람을 쉽게 용서할 수 있다.

어떤 사람이나 자기 자신을 진심으로 용서하면 무한한 에너지가 생겨난다. 반면, 끊임없이 다른 사람에게 책임을 떠넘기거나 자책감에 사로잡혀 있으면 많은 에너지가 새어나간다. 이런 태도는 우주의 지혜가 지나가는 길을 가로막는다. 이로써 우리는 우주의 고차원적 지혜를 바라볼 수 있는 눈을 감아버리게 되고, 직관적 지능의 흐름도 방해하게 된다. 용서할 수 없다는 생각은 소심하고 이기적인 태도에서 비롯된다.

신학자이자 철학자인 노먼 빈센트 필은 자신의 저서 《믿음이 정답이다》에서 로키산맥의 아름다운 호숫가에 앉아 웅장한 빙하를 본 경험을 소개했다. 당시 그는 사람들 사이에서 일어나는 갈등에 대한 책을 읽고 있었다. 거대한 빙하의 세계를 보면서 그는 인간의 죄 혹은 우리가 죄라고 부르는 것들이 얼마나 보잘것없는 것인지 분명히 깨달았다. 끊임없이 책임과 죄에 대해 생각하면서 혹은 벌이나 복수를 생각하면서 혹은 벌받을까 두려워하면서 내면의 평화와 우리의 힘을 파괴하는 일이 얼마나 멍청한 일인지 깨달았다. 그런 것에서 벗어나는 비밀의 열쇠는 이기적인 생각을 떨쳐버리는 것이다. "우리는 위에서 우리의 인생을 바라보고 우리를 기다리고 있는 것들을 향해 앞으로 나아가야 한다"라고 그는 기록한다.

자신의 가정생활과 직장생활을 떠올려보라. 아직 용서하지 못하고 있는 사람이 있는지 생각해보라. 이제 하늘에서 아래를 내려다보는 '독수리의 시각'에서 자신의 감정들을 다시 한번 체크해보라. 당신이 사랑이 가득한 신이라고 생각하고 저 아래 계곡에 있는 자녀들을 바라보라. 이 시각에서 바라보면 당신이나 다른 사람들의 죄가 얼마나 사소한 것인지 보일 것이다. 그리고 당신과 다른 사람들의 삶 전체가, 양지뿐 아니라 음지까지도 포함한 전체로서의 삶이 보일 것이다. 우리가 걸어간 우회로들이 우리에게 꼭 필요한 배움의 과정이자 경험이었다는 것을 깨닫게 될 것이다.

이제, 분노, 원망, 증오, 복수심, 자책감에 사로잡혀 있을 때 자신에게 어떤 이익이 돌아오는지 물어보라. 떠오르는 생각과 감정을 종이에 적어도 좋다. 그러고 난 다음 이 모든 생각들을 머리에서 씻어내라. 필요 없는 짐을 던져버린 기구(氣球)처럼 마음이 가벼워질 것이다.

생각과 감정을 적을 때 사용한 종이를 구겨서 휴지통에 던지거나 태워버려라. 이것은 부정적인 생각들을 떨쳐버리는 의식이다. 때로는 자신을 공격하고 자신에게 상처를 입히거나 절망감을 안겨준 사람들을 눈앞에 그려보는 것도 도움이 된다. 그 사람들에게 진심으로 용서한다고 말하라. 나아가 그 사람들에게 감사하고 내적인 평화를 느껴보라. 그 사람들에게 '부치지 않을 편지'를 써도 좋다.

죄책감에서 해방되는 가장 좋은 방법은 용서를 구하는 것이 아니라, 용서를 구하는 단계를 생략하고 바로 용서해준 것에 대해 감사하다는 말을 하는 것이다.

"용서를 구합니다" 하고 말할 것이 아니라 "용서해주셔서 고맙습니다" 하고 말하라. 이 표현은 기적을 불러일으킬 것이다. 이 말이 입에 붙을 때까지 연습하라.

신은 무조건적인 사랑과 무한한 인내심을 지녔다. 신은 우리를 계속 용서해준다. 당신도 그렇게 하라! 어차피 인간은 실수를 하는 존재다. 많은 경험을 쌓고 그를 통해 배움을 넓히기 위해서는 나중에 잘못된 행동으로 밝혀지는 실수들을 반드시 해야만 하기도 한다.

진심으로 자신을 용서하라. 진정으로 성공하는 사람들은 성공하지 못한 사람들보다 더 많은 실수를 저지른다. 그들은 시행착오를 통해 더 많은 것을 배우는 것이다! 이것이 바로 자기를 사랑하는 길이다!

용서는 사랑을 하기 위한 열쇠다. 용서는 지금 이 순간의 사랑이 유일한 진리가 되게 해준다. 용서가 없으면 자신도, 다른 사람도 사랑할 수 없다.

6단계 : 용기와 겸손한 태도 갖기

정직과 용서에는 용기와 겸손이 필요하다. 겸손이란, 고차원적인 의미에서 보면 우주의 질서에 순응하는 것을 말한다. 휘지 않는 가지는 바람에 부러지게 마련이다.

고집은 겸손의 반대말이다. 고집은 유연성 부족으로 이어지고, 지능의

314

발달을 방해한다.

완전한 용기와 겸손한 태도는 직관적 지능 계발을 위해 없어서는 안 될 덕목이다.

겸손이란 보잘것없는 자아를 낮추고 영혼의 소리에 귀 기울이면서 우주의 지혜가 우리에게 해주는 말을 듣는 것이다. 즉, 겸손이란 행동하기 전에 먼저 물어보는 것이다. 그 질문에 대한 답변에 따라 행동해도 좋은 '때가 오기'를 기다리는 것이 겸손이다. 인내심과 여유는 겸손한 태도의 바탕이다. 겸손은 '여유 있는 자들의 용기'이기 때문이다.

그런데 왜 진정한 겸손은 용기를 지녔을 때만 가능한 것일까? 용기가 부족한 사람, 자신의 의견을 소리 높여 주장하지 못하는 사람, 자신의 아이디어를 제안할 엄두도 못 내는 사람, 도전에 대한 두려움이 큰 사람, 언제나 남의 말에 순종하는 사람이 더 겸손해 보이지 않는가? 그러나 그런 헌신적인 태도는 보통 두려움에서 나오는 것이다. 자유의지로 겸손한 태도를 선택한 것이 아니라는 말이다! 용기도 충분하고, 적극적으로 제안을 하고 그 제안에 대한 책임을 질 수 있으며, 결정이나 행동에 대한 두려움이 적은 사람이 자신을 낮추고 포기할 것은 포기할 줄 알며, 무엇보다 때를 기다릴 수 있다면 그것이야말로 참된 겸손이다.

겸손한 사람은 두려움 때문에 어떤 일을 하지 않는 것이 아니라, 신의 의지에 따르겠다고 스스로 선택했기 때문에 그 일을 하지 않는 것이다. 그일을 하지 않는 편이 자신과 주변 사람들의 영적 발달에 더 도움이 된다고 생각하기 때문에 그렇게 하는 것이다.

내면의 목소리를 따르려면 용기가 필요할 때가 많다. 그 용기는 대중의 흐름은 거스르되 우주의 흐름에는 발맞추려는 용기다! 그렇지만 직관의 목소리를 받아들이기 위해 용기와 더불어 겸손도 필요한 경우가 적지 않다. 그리고 직관의 충고를 실천에 옮기는 데에도 용기와 겸손 혹은 둘 중 하나가 필요하다. 세상 모든 지혜를 알고 있고 내면의 목소리를 들을 수 있다 하더라도 그것을 실천에 옮길 용기와 겸손을 갖추지 못했다면 그 모든 것들이 무슨 소용이 있겠는가? 올바른 직관을 지녔다 하더라도 그의 행동은 올바르지 못할 것이다.

당신은 용기가 없거나 겸손하지 않아 직관의 충고를 실천에 옮기지 못하고 있는 것은 아닌가? 그렇다면 직관을 따를 때 자신에게 일어날 수 있는 가장 안 좋은 일은 무엇인지 자신에게 물어보라. 이 질문을 '독수리의 시각'에서 관찰하고 대답해보라. 생각은 곧 힘이요, 자석이라는 사실을 항상 염두에 두라. 어떤 일 혹은 어떤 사람이 우리 내부에 두려움을 일으키는 것이 아니다. 두려움은 그 일이나 사람에 대한 우리의 생각에서 비롯된다. 어떤 일이 일어날까 봐 계속 두려워하면 그 일이 실제로 일어나고 만다. 다음의 예를 보라.

▶▶ 당신의 내면의 목소리는 상사에게 한 가지 제안을 하라고 권한다. 그러나 당신은 마음속으로 이미 상사가 거부하는 모습을 그리고 있다. 당신은 상사가 분명 당신의 아이디어를 쓸모없는 것으로 몰아갈 것이라 생각하고 있다. 상사가 당신의 제안을 신중하게 검토할 것이라고 혹은 당신의 아이디어에 열광할 것이라고 상상하고 용기를 지녀라. 그렇게 하면 상사는 당신이 상상하는 태도를 보여줄 것이다. 물론 그 제안이 분명 도움이

되는 제안일 때 그렇다는 말이다.

위의 사례를 실제로 시험해보라. 자신의 아이디어를 제출하면서 부정적인 반응만 나올 것이라 의심하지 말고 모든 일이 긍정적으로 진행될 것이라는 확신을 가져야 한다. 이런 확신보다 더 중요한 것이 있다. 바로 진심 어린 마음으로 상대방에게 좋은 생각을 제시하는 것이다. 이는 성공을 위한 기본적인 전제조건이다. 당신이 마음속으로 안 좋게 생각하는 사람이 당신에게 유리한 결정을 내려줄 것이라고는 기대하기 어렵다.

자신이나 상대방에게 더 낫다고 생각해서 "아니요"라고 거절할 때에도 용기가 필요하다. 이때 우리는 다른 사람들을 모욕하려는 것도 아니고 고통을 주려는 것도 아니다. 오히려 그들을 도우려는 것뿐이다. 그러나 진정 남을 도우려면 마음속에 항상 자연의 법칙을 품고 살아야 한다. 내면의 목소리는 자신이나 상대방을 해치지 않는다는 확신이 있어야 한다. 내면의 목소리에 따라 어떤 행동을 했는데 그것이 상대방의 마음에 들지 않으면 상처를 입거나 실망할 수도 있다. 그러나 그것이 결국 자신에게 도움이 되는 일이었다는 것을 상대방도 언젠가는 알게 될 것이다. 다음 사례처럼 우리는 가끔 상대방에게 시험과 배움의 기회를 주기도 해야 한다.

▶▶ 다른 일들이 더 급하기 때문에 어떤 약속을 취소해야겠다는 생각이 든다. 당신의 내면의 목소리와 감정은 약속을 취소하는 것이 옳다고 말한다. 이 경우, 상대방이 처음에는 모를 수도 있겠지만 약속을 취소하는 편이 자신에게도 더 낫다는 것을 나중에 알게 된다. 그러나 위와 같은 결정이 두려움에서 비롯된 것이라면 다른 결과가 나타날 수도 있다. 두려움은 내

면의 목소리를 잘못된 방향으로 이끌기 때문이다.

우리는 때때로 안에 물이 들어 있는지 아닌지 모른 채로 물통에 뛰어드는 느낌이 들 때가 있다. 그런 때에는 상당한 용기가 필요하다. 직관적 지능이 발달할수록, 자신의 내면이 자신을 올바른 길로 이끌어주고 있다는 확신과 안정감이 클수록 그런 도전을 용감하게 받아들일 수 있고 그를 통해 더욱 강해질 수 있다.

용기란 스스로 만들어놓은 안전지대를 벗어나 자신의 한계를 더 넓히는 것을 말한다! 용기를 키우면 비약적인 자기 성장이라는 보상이 따른다!

어떤 일을 해도 좋을지 내면의 목소리에게 질문을 던졌을 때 "그렇게 하라"는 답을 얻을 때가 있다. 인성이 발달할수록 결단력과 어느 정도 위험을 감수할 자세가 필요하다. 그것은 곧 우주적 지혜와 자신에 대한 믿음을 테스트하는 것이다. 우리의 감정이 어떤 일을 하라고 시키는 것은 새로운 것을 시도해볼 자세를 갖추고 있는지를 시험하는 것이다. 이때, 직관적 지능은 매우 유용한 도구다.

우리는 처음부터 계획이 성공할 것이라는 확신이 없기 때문에 결정을 못 내리고 주저할 때가 많다. 그러나 어떤 결심이 나중에 잘못된 것으로 밝혀진다 하더라도 그런 우회로야말로 우리를 성숙하게 만들고 자신감을 키워주는 것들이라는 사실을 잊지 말아야 한다. 어떤 결정이든 간에 결정을 내린다는 자체가 중요할 때가 많다.

✎ 어떻게 하면 더 많은 자신감과 용기를 얻을 수 있을까? 다음의 방법들을 시도해보라.

1. 용기 부족, 두려움과 관련된 문제를 극복하기 위해 자신이 두려워하는 바로 그것을 시도해보라.

   먼저 작은 것부터 시작하라. 일상생활의 작은 일 중 자신이 두려워하는 것이 없는지 찾아보라. 다른 사람의 두려움을 바라보듯이 객관적으로 자신의 두려움을 관찰하라. 그 사람에게 어떤 충고를 해줄 수 있는지 생각해보라.

   매일 한 가지 상황만 선택하고, 그 상황과 관련한 소원과 계획을 일기에 기록하라. 이때, 표현방법에 주의해야 한다. 그날그날의 장애물을 극복하겠다는 확고한 의지를 지녀라. 매일 장애물을 하나씩 극복해나가라. 소원을 적을 때, 도와줘서 고맙다는 감사의 말을 미리 적어두면 더 좋은 결과를 얻을 수 있을 것이다. 이것이 자연의 법칙에 대한 믿음을 표현하는 것이기 때문이다.

   성공을 거둘 때마다 당신은 조금씩 더 용감해지고, 더 큰 장애물도 극복해낼 자신감을 갖게 될 것이다. 자기 자신에 대해 인내심을 가지고, 어떤 목표가 단번에 이루어지지 않는다 하더라도 쉽게 포기해서는 안 된다.

2. 다른 사람들, 그리고 새로운 상황들을 믿음과 사랑으로 대하라!

   믿음이 자라는 만큼 용기도 자란다. 감사하는 마음, 믿음, 그리고 사랑은 두려움 없는 삶을 위한 주춧돌이다.

7단계 : 감사하는 마음 갖기

분노가 치밀 때에도 진심으로 감사할 수 있는 사람이 있을까? 감사하는 마음은 부정적인 감정과 거리가 멀기 때문에 그런 사람을 상상하기는 어렵다. 기본적으로 감사하는 태도를 지니고 있으면 삶은 훨씬 덜 복잡해진다. 그러나 감사하는 자세를 지녔다고 해서 다른 사람에게 예속되어 영원히 감사만 해야 한다는 말은 아니다. 그런 태도는 오히려 지나친 희생과 잘못된 의무감으로 이어질 가능성이 크다.

일기를 쓸 때 맨 첫 단어를 항상 '감사한다'로 써보라. 그날 일어난 사건에 대한 시각이 완전히 달라질 것이다. 일기를 적을 때 '감사하는 마음으로 되돌아보는 것'이 가장 중요하다고 말한 것도 이 때문이다. 한번 시험해보라! 오늘 일어난 일에 대한 자신의 느낌을 평소처럼 일기에 기록하고(1), 내일은 '감사한다'라는 말로 일기를 시작해보라(2). 기분이 어떻게 달라지는지 주의 깊게 느껴보라.

✎ 다음은 감사 일기의 예이다. 각각 (1)과 (2)에 해당한다

1. 어제 나는 직장 동료 때문에 매우 화가 났다. 그녀는 상사가 보는 앞에서 나를 비난했다. 내가 쓸모없는 사람이라는 느낌과 좌절감이 들었다. 이제 어떻게 상사를 마주 보아야 하지?

2. 감사한다. 어제 직장 동료와의 싸움을 통해 배울 기회가 주어진 것에 감사한다. 그녀가 내게 보여준 것은 무엇이었을까? 나도 최근에 누군가를 비난한 적은 없던가? 그렇다! 지난 주말 나는 친구들이 보는 앞에서 남편을 비난했

다. 그 사실을 깨달을 수 있게 된 것에 감사한다. 앞으로는 특히 다른 사람을 대할 때 사랑으로, 건설적으로 대하도록 주의해야겠다.

다른 식으로 쓸 수도 있다.

1. 어제 도로 사정에는 아무 문제가 없었다. 우리는 제때에 집에 돌아왔고, 시간적 여유가 있어 산책도 할 수 있었다.
2. 감사한다. 어제 도로 사정에 아무 문제가 없었던 것에 감사한다. 산책을 하며 맑은 공기도 마시고 운동도 하게 된 것에 감사한다.

이렇게 쓸 수도 있다.

1. 어제 부모님과 오랜 대화를 나누며 좋은 시간을 가졌다. 레나테와 통화하며 우리가 겪은 일과 문제들에 대해 이야기했다.
2. 감사한다. 어제 부모님을 찾아가 귀중한 대화를 나누며 좋은 시간을 가질 수 있었던 것에 감사한다. 부모님께서 항상 내 결정을 이해해주시는 것에 감사한다. 레나테와의 유익한 통화를 할 수 있었던 것에 대해서도 감사한다. 레나테에게 마음을 터놓을 수 있는 것에 감사하고, 레나테와의 대화를 통해 많은 것을 깨닫고 배울 수 있는 것에 감사한다.

표현의 차이가 느껴지는가? 감사라는 단어가 들어간 문장에 익숙하지 않아서 아직은 이상하게 보일 수도 있을 것이다. 위의 사례들을 다시 한번 읽어보고 자신도 그렇게 하도록 노력하라. 자신의 하루를 감사의 표현으로 기록해보고, 그때 어떤 느낌이 드는지에 주의를 기울여보라. 어떤 일에 대해 감사할 수 있다는 것 때문에 아마 좋은 느낌이 들 것이다.

그렇지만 남편의 변덕, 아이들의 지나친 장난에도 감사해야 할까, 좋은 사업 기회를 놓쳐버리거나 직원이 실수를 했을 때 그것에 대해서 감사하기는 어렵지 않을까, 다리가 부러지거나 차 사고가 났을 때 혹은 친구가 나와 내 아내 사이를 이간질할 때에는 도저히 감사할 마음이 생기지 않는 것이 당연하지 않을까, 불행했던 내 어린 시절, 폭군이었던 아버지 등 이모든 일에 내가 감사해야 된다는 말인가 등의 질문이 꼬리를 이을 것이다.

물론 살다 보면 절대 감사할 수 없을 것 같은 일들도 일어난다. 그러나 '독수리의 시각', '한 차원 높은 관점'에서 일정한 거리와 시간을 두고 바라보면 모든 것이 다르게 보일 것이다. 암 환자를 예로 들어보자. 암 환자들은 처음엔 절망에 빠지지만 그러한 '운명'이 자신에게 닥친 이유를 파악하고 질병도 성공적으로 극복하고 나면 대부분 그런 고통을 겪게 된 것에 감사하지 않는가? 그들은 그 이후로 다른 시각에서 삶을 바라보게 된다. 그들의 삶에 커다란 전환이 이루어진 것이다.

자신의 실수와 약점, 그리고 무엇보다 그런 것들을 통해 깨달음을 얻을 수 있다. 우리는 비건설적인 사고방식과 행동양식을 자신의 책임을 전가하는 일종의 보호책으로 삼기도 한다. 우리의 영적 발달수준이 낮기 때문에 그런 보호책을 만드는 것이다. 그렇다 하더라도 자신에게 화를 내고 자신을 하찮게 여길 필요는 없다. 영혼을 발달시켜나가면 이런 보호책은 더 이상 필요하지 않게 될 것이기 때문이다.

감사하는 마음을 가져야 자신을 사랑할 수 있다.

✎ 커다란 종이나 일기장에 자신이 감사하게 생각하고 있는 것들을 모두 적어

보라. 이후에도 떠오르는 것이 있을 때마다 추가로 기록하라.

어떤 일이 일어날 때마다 그 안에 무슨 가르침이 들어 있는지 물어보라. 그 순간에는 아무것도 찾을 수 없다 하더라도, 당신을 해하기 위해 일어나는 일은 아무것도 없다는 확신을 지녀라. 앞서도 말했듯이 우연이란 존재하지 않는다!

무엇보다, 화를 내거나 복수심을 품는 행위 혹은 영원히 슬픔에 잠기는 행위 등으로는 아무것도 바꿀 수 없다는 점을 명심하라. 그래봤자 자기만 손해일 뿐이다.

8단계 : 자제력, 근면, 끈기 갖기

괴테는《파우스트》에서 "우리는 계속 노력하며 애쓰는 자를 구원할 수 있다"라고 했다. 이 또한 "노력이 없으면 보상도 없다" 혹은 "네 자신을 도우라, 그리하면 신도 너를 도우리라"와 같은 이미 진부해진 가르침들과 같은 종류의 자연의 법칙이다. 눈과 마음을 열고 주변을 돌아보면 이 말들이 맞다는 것을 쉽게 알 수 있을 것이다. 자연의 법칙은 뿌린 대로 거둔다는 인과율에 기초한 것이다. 인과율이야말로 우리에게 주어지는 기회인 동시에 신과 그의 법칙의 정의로움을 보여주는 것이다.

우리는 아는 것만으로는 행복해질 수 없다! 지식보다 중요한 것은 실천이다. 성공적인 삶으로 나아가는 걸음들은 다름 아니라 자신에게 도움이 되는 생각과 행동을 매일 실천하고, 노력을 포기하지 않는 것이다.

성공이란 말은 꾸준한 실천 뒤에 이어지는 결과를 의미한다. 성공은 지식과 경험, 그리고 깨달음의 종합적인 결과이다.

아는 것과 실천하는 것 사이에는 커다란 골이 패어 있고, 그 구덩이 안에는 두려움, 고집, 편리함만 추구하는 악어가 살고 있다고 말했던 것을 기억하는가? 지식과 실천 사이에 이러한 깊은 골이 있다는 것은 누구나가 잘 알고 있다. 무엇이 옳은 행동인지는 모두가 알고 있다. 그러나 우리는 자신의 행동이 아니라 다른 사람의 행동에 점수를 매기며 무엇이 옳은 것인지 알게 된다.

사람들은 왜 훌륭한 의도를 현실에 옮기지 않는 것일까? 천재적인 아이디어와 창조적인 생각들을 왜 그냥 땅에 묻어버릴까? 대부분 '능력'이 없는 것이 아니라 '의지'가 없어서, 진심으로 어떤 일을 하기를 바라지 않기 때문에 그런 것이다. 의지를 실현시키려면 확고한 원칙 외에도 자제력, 부지런함, 끈기 등이 필요하다. 이런 재능 없이는 아무리 위대한 지식이라 하더라도 빛바랜 이론에 지나지 않을 것이다.

"적은 바로 네 안에 도사리고 있다"는 말이 있다. 두려움, 고집, 게으름 등이 바로 우리 내면의 적이다. 우리를 괴롭힐 아이디어로 가득 차 있는 이러한 내면의 적을 길들여야 성공적인 삶을 살 수 있다.

많은 천재들은 지치지 않는 노력과 탐구심을 통해서 일생일대의 작품을 만들어낼 수 있었다. 위인들의 자서전을 읽어보면 이 장의 시작 부분에 나왔던 속담들이 모두 진리라는 것을 확인하게 될 것이다.

가끔 다른 사람들은 '손가락 하나 까딱하지 않고' 목표에 도달하는 것처럼 보일 때도 있을 것이다. 그러나 항상 눈으로 볼 수 있는 부지런함만 있는 것은 아니다. 직관적 지능의 관점에서 보면 눈에 보이는 행동, 열성,

끊임없는 활동이 반드시 부지런함과 일치하지는 않는다. 때를 정확히 알고 행동하고 휴식하는 것도 부지런한 것이다. 영적으로 부지런하다는 것은 자신의 내면을 개선하는 것, 자신의 강점과 약점을 파악하고 강점은 더욱 강하게, 약점은 더욱 약하게 만드는 것이다. 또, 정도를 지나치지 않는 것도 부지런함이다. 지나친 욕심을 부지런함과 혼동해서는 안 된다.

자제력은 자기발전의 기초다. 스스로 규칙을 정하고 그 규칙을 따르는 것이야말로 자신의 행동을 자기 스스로 결정하는 것이다.

자기 단련이란 어떤 결정에 대해 자신의 내면의 목소리에게 물어본 뒤 그 답변을 따르는 것을 말한다. 답변을 따를 때에는 정직하고 용감하게, 믿음을 가지고 낙관적으로 따라야 한다. 자기 단련을 위해서는 정직, 용기, 관용, 긍정적인 인생관, 그리고 올바른 시간 활용 등의 태도가 필요하다. 일의 우선순위를 정하고 그에 따라 행동하는 것, 한 가지 목표에 집중하는 태도, 중요한 것을 미루지 않는 태도도 자기 단련의 방법에 속한다.

뭔가를 포기하는 방법을 훈련하는 것도 일종의 자제력 훈련이다. "적은 것이 많은 것이다"라는 속담을 항상 기억하라. 자제력을 시험해보기 좋은 분야로는 식사와 생활습관을 꼽을 수 있다.

우리는 자기 단련을 고행과 혼동할 때가 많다. 그러나 자제력 훈련은 자신이 자신의 주인이 되어 자유롭게 결정을 내리는 훈련이다. 즉, 자신을 사랑하는 마음에서 어떤 것을 그만두겠다고 결심하는 것이다. 반면 고행은 두려운 마음에서 어떤 것을 하거나 하지 않는 것이다. 따라서 고행은 자유롭게 선택한 자제력 훈련과는 다르다.

규칙을 지키는 것은 넓게 보면 사랑을 실천하는 것이다! 내면의 목소리의 충고를 따르고 진정 우리를 행복하게 해줄 행동들만 함으로써 우리는 우리 자신에게도 사랑을 실천할 수 있다.

작은 것에서부터 자기를 단련하다 보면 큰 유혹도 쉽게 이겨낼 수 있을 것이다. 그리고 이렇게 하다 보면 우리의 자기(self), 자의식, 자신감도 커진다. 따라서 자기 단련은 직관적 지능 계발의 전제조건이라 할 수 있다.

금융, 경제, 정치, 예술, 문화, 신기술 등 새로운 분야에 관심을 돌릴 때에도 부지런함과 자기 단련이 필요하다. '평생교육'은 직관적 지능 계발에 커다란 도움이 된다. 그러기 위해서는 끈기(지구력)도 필요하다.

앞에서 직관적 지능도 일종의 기술이라고 했다. 다른 모든 기술을 배울 때와 마찬가지로 직관적 지능에 있어서도 우리는 이론과 실제, 두 가지 모두를 익혀야 한다. 어떤 분야의 대가가 되기 위해서는 수년간의 실습이 필요하고, 부지런함, 자기 단련, 끈기, 용기와 겸손 등이 동반되지 않는다면 결코 대가가 될 수 없다.

에리히 프롬은《사랑의 기술》에서 "어떤 기술에서 대가가 되려면 그 기술의 습득이 궁극적인 관심사가 되어야 한다"고 말했다. 즉, 자기 단련과 부지런함은 필사적으로 노력하는 것이 아니라, 진심에서 우러나는 행위라는 말이다. 또, 그러한 노력은 사랑의 결실이라는 뜻이다.

그리고 자기 단련에 꼭 필요한 능력이 있다. 바로 집중력이다.

9단계 : 집중력 기르기

크나우어 백과사전에는 "집중은 일종의 과정인 동시에 과정의 결과이기도 하다"고 나와 있다. 집중은 정신적인 활동, 즉 동적인 활동인 동시에 정적인 상태를 의미한다는 말이다. 이 말은 무슨 뜻일까?

먼저, 정적인 상태라는 말부터 살펴보자. 한 곳에 힘을 모으는 것을 우리는 집중이라 한다. 경제 분야를 예로 들면, 회사의 합병은 경제적 역량을 한 곳으로 집중시키는 것이다. '집중을 통한 성공전략'이라는 말도 있다. 특정한 분야 혹은 특정 서비스나 능력에 역량을 집중시킨다는 뜻이다.

그런데 여기에서 말하는 집중은 주로 '과정', 즉 적극적인 행동으로서의 집중이다. 집중(concentration)이라는 말은 라틴어 'con centro'에서 온 말로서, '하나의 중심점을 가지고'라는 뜻이다. 다시 말해, '중심과 하나가 된', '정신의 중심에 존재함'을 의미한다. 정신의 중심에 존재할 때만이, 즉 몸과 정신, 영혼이 일체를 이룰 때만이 우주의 법칙과 우리를 잇는 연결선을 그을 수 있다.

집중은 신과 우리를 연결하는 탯줄 혹은 콘센트라고 표현해도 좋을 것이다. 신과 우리 사이의 연결고리는 '수동적으로는' 늘 존재한다. 이는 전화를 사용하거나 사용하지 않거나 간에 전화선은 항상 연결되어 있는 것과 같다. 신과 우리 사이의 '전화선'도 쉼 없이 사용하는 것은 아니다. 집중은 신과 통화할 수 있는 방법 중의 하나다. 집중한 상태에서 우리는 우주와 연결되기 때문이다.

집중도 직관적 지능 계발의 기본적인 전제조건이다!

집중의 반대말은 몽상이다. 몽상이란 지금 하고 있는 행위가 아닌 다른 것에 정신을 파는 행위를 말한다. 몽상은 과거의 기억에 푹 빠지는 것을 가리키기도 하고 미래에 대해 억측하는 것을 가리키기도 한다. 과거에 대한 몽상은 일반적으로 염려, 책임전가, 죄책감 등을 초래하고, 미래에 대한 억측은 두려움, 의심 혹은 허황된 망상으로 이어진다. 즉, 몽상이란 편안한 마음에서 지나간 일을 되돌아보는 것이 아니다.

잘못된 아이디어들은 대부분 몽상에서 비롯된다! 몸과 정신이 '지금, 이 자리에' 있으면 우리는 신과 우주의 정신과 직접적으로 연결되고, 그 상태에서 직관을 잘 활용하면 잘못된 아이디어들은 떠오르지 않는다.

집중력은 온 정신을 지금 하고 있는 일에 투자할 수 있는 능력을 말한다. 완전한 몰두의 과정, 다른 어떤 것에도 정신을 팔지 않고 지금 하고 있는 바로 그 행위와 하나가 되는 과정을 통해 우리는 만족, 행복, 조화로운 느낌을 얻게 된다. 우리는 특히 어린아이들로부터 굉장한 집중력을 배울 수 있다. 놀이에 푹 빠진 아이에게는 말을 걸어도 대답을 얻기 힘들다. 그 아이는 그 순간에 완전히 집중해서 '지금 이 순간'을 사는 것이다.

자신을 집중시킬 수 있다는 말은 자신의 사고력 전부를 어느 한 순간에 모으고 다른 것에 정신을 돌리지 않는 것을 뜻한다. 그 순간의 행동 혹은 생각에 온 주의를 기울이는 것이 바로 '지금, 이 자리에' 존재하는 것이다.

직관과 지능의 계발은 집중력에 의해 좌우된다!

집중력을 약화시키는 것에는 여러 가지가 있다. 먼저 앞선 어린아이의 예를 다시 한번 살펴보자. 아이 때엔 강하던 집중력이 왜 어른이 되면서 줄어드는 것일까? 어린아이들은 일반적으로 완전한 믿음을 지니고 살아간다. 아이들은 아직 두려움을 모른다. 아이들은 사랑과 안정 속에서 살아간다. 그러나 시간이 지나면서 죄책감, 그리고 다른 사람들이 자신을 받아들이지 않는다는 느낌이 커진다. 이와 동시에, 한 가지 일에 자신을 완전히 집중해도 된다는 확신은 점점 줄어든다. 두려움이 집중을 방해하는 것이다.

집중력을 약화시키는 또 다른 주요 요인은 고집이다. 고집이란 '뻣뻣함', 절대 자신의 태도를 꺾지 않으려는 태도, 늘 자기 의지만 관철시키려는 태도, 특정한 것에의 집착과 그것을 포기하지 못하는 태도 등을 말한다.

생활 속에서 할 수 있는 간단하지만 매우 효과적인 집중력 강화훈련들을 몇 가지만 추천한다. 일부러 시간을 낼 필요도 없고, 오히려 이 훈련을 통해 시간(에너지)를 절약할 수 있을 것이다!

집중력을 훈련하기에 가장 좋은 시간은 아침이다. 눈을 뜬 다음의 한 시간은 그날 하루가 흘러가는 방향을 결정한다. 아침에 일어났을 때 신체적

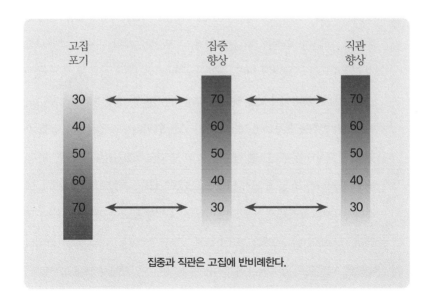

집중과 직관은 고집에 반비례한다.

피로가 다 풀리고 정신이 맑은 상태일 때 '최고의 하루'가 될 수 있다. 그런데 그런 컨디션을 얻으려면 다음과 같은 조건들이 충족되어야 한다.

- 그 전날 에너지를 균형적으로 소비했다.
- 그 전날 저녁을 순조롭게 마감했다.
- 제때에 잠들었다.
- 잠자는 동안 맑은 공기와 산소를 충분히 들이마셨다.
- 편안한 잠, 재생에 도움이 되는 잠을 잤다.
- 7시 이전에 눈을 떴다.
- 눈을 뜬 즉시 일어났다.

이런 전제조건들을 염두에 두고 훈련을 시작해보자.

✎ 눈을 뜨고 일어난 뒤에 바로 이어지는 행동들, 화장실이나 욕실에 가는 행동들에 대해서도 의식을 열어놓아야 한다. 양치질, 샤워, 면도를 할 때에도 충분한 주의를 기울여야 한다. 순간의 행동에 생각을 집중하고, 어제 일어난 일에 대한 기억이나 오늘 일어날 일에 대한 생각은 중단하라.
에너지의 법칙을 활용하면 매일 하는 사소한 행위에서도 많은 것을 얻을 수 있다. 양치질과 같은 사소한 행위를 할 때도 지금 하고 있는 일에 완전히 주의를 기울이면 그 일을 하기 위해 필요한 에너지가 자동으로 생성된다. 그러나 생각이 다른 곳에 가 있으면, 양치질 동작에 필요한 에너지는 다른 곳에서 가져와야 된다. 에너지의 법칙에 따르면 쓴 만큼의 에너지를 채워야 하므로, 양치질로 잃어버린 에너지만큼을 다른 어딘가에서 가져오게 될 것이다. 다시 말해, 집중하지 않고 어떤 행위를 할 때에는 그 행위에 드는 에너지를 다른 곳에서 가져와야 하고, 따라서 에너지 소비는 배로 늘어난다는 것이다. 시간은 에너지라고 했다. 에너지가 많이 들면 시간도 더 오래 걸린다. 이는 비단 아침뿐 아니라 하루 중 어느 때에도 적용되는 원칙이다. 그리고 여기에서도 "연습이 대가를 만든다"는 기본원칙이 적용된다.

아침에 하는 이러한 집중력 훈련들은 일부러 어떤 일을 하는 것이 아니라 평소에도 어차피 하던 일만 하면 된다는 장점을 지니고 있다. 다만 주의력을 완전히 모은다는 점에서만 다를 뿐이다. 이 훈련을 계속 하다 보면 같은 일을 하는 데에 점점 더 시간이 적게 걸린다는 것을 알게 될 것이다. 이를 통해 시간을 벌고, 남은 시간을 이용해 편안한 마음으로 그날에 대한 그림을 그려볼 수 있을 것이다. 물론 하루 계획을 세울 때에도 완전히 집중해야 하며, 종이와 연필을 활용한다면 가장 효과적인 결과를 얻을 수 있을 것이다.

그러나 이러한 훈련을 할 때 심리적 압박까지 느껴가면서 필사적으로 집중하려고 애쓰지는 말아야 한다. "나를 정확히 관찰하기를 바란다, 나는 지금 하는 이 일을 사랑과 정성을 다해 하고 싶다, 나는 무엇무엇을 즐기고 싶다" 등 소원의 형태로 표현하는 것이 좋다.

사랑으로 자신을 대하고 기쁜 마음으로 생활에 임하라. 때로는 일이 잘 풀릴 수도 있고 때로는 일이 나쁜 쪽으로 풀릴 수도 있다. 이 사실을 받아들이고, 일이 잘못되더라도 바로 포기하지 말고 아무리 작은 성공이더라도 기뻐하는 방법을 배우라! 그렇게 하면 에너지 증가, 효과적으로 시간을 활용할 수 있는 능력, 신과 우주의 법칙과의 연결고리가 더 강해지는 것 등 여러 가지 보상이 주어질 것이다.

집중력을 강화할 수 있는 또 다른 방법은 인지력을 날카롭게 발달시키는 것이다.

📝 **다음과 같은 관찰훈련이 인지력 발달에 도움이 된다.**

- 산책을 할 때 보이는 모든 것, 들리는 모든 것, 맡을 수 있는 모든 냄새에 주의를 기울이라.
- 자연과 색채, 그리고 사물의 형태들을 관찰하라.
- 어떤 그림을 아주 작은 디테일까지 자세히 관찰해보라.
- 어떤 장면을 내면의 눈앞에 그림으로 펼쳐보라.
- 모든 것을 사랑과 정성을 기울여 관찰하라. 주의력이 더 깊어질 것이다.
- 사람들의 제스처와 행동을 잘 관찰하고, 그들의 몸짓 언어를 인지하라.

친구와 함께 훈련하고 각자가 인지한 바에 대해 이야기를 나누면 훈련의 효과는 더욱 커진다.

집중은 매우 강력한 에너지원에 속하는 정신적인 능력이다.

다음 단계인 '포기'는 집중과 밀접한 관계를 맺고 있다.

10단계 : 포기하기

집중력은 우리를 집착에서 벗어날 수 있게 해준다. 또 반대로, 집착하던

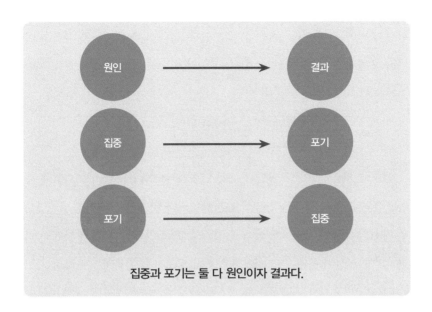

집중과 포기는 둘 다 원인이자 결과다.

것을 제때 포기해야 우리는 그 순간의 행동에 완전히 집중할 수 있다.

포기하는 것은 인생이 우리에게 주는 귀중한 교훈이다. 그것은 변화와 발전을 위한 열쇠다. 특히 직관을 발휘하기 위해서는 포기할 줄 아는 자세가 꼭 필요하다.

포기의 반대는 집착이다. 사람, 사물, 습관 등에 집착하다 보면 유연한 태도를 잃게 된다. 집착은 당신이 자신을 변화시키려 할 때 당신을 향해 입을 벌리는 구덩이 속의 '악어들'이다. 두려움과 고집, 그리고 게으름과 같은 마음속의 악어라고 보면 된다.

포기할 줄 모르고 어떤 것에 매달리다 보면 중독성이 생긴다. 이러한 현상은 특히 연인들이나 부부, 그리고 부모와 어른이 된 자녀들 사이에서 자주 볼 수 있다. 우리는 어떤 것에도 중독되지 않게, 어떤 사람이나 사물에 우리 삶이 좌우되지 않게 특히 주의해야 한다. "꼭 소유하고자 하는 것은 반드시 잃게 되어 있다"는 옛 속담도 있다. 이때 소유의 대상은 사람뿐 아니라 물질적인 것이나 금전이 될 수도 있다.

포기는 자유와 에너지를 가져다준다.

영혼이 자유로워야 직관적 지능이 발달할 수 있다. 사람이나 사물에 중독될수록, 우리의 생각과 감정이 고정관념이나 편향된 신념으로 뒤덮일수록 자신의 내면의 목소리를 들을 수 있는 기회는 줄어든다. 신과 자연의 법칙과의 연결선이 흐려지고, 내면의 목소리가 전하는 메시지가 흐려진다.

그렇다면 포기하는 것을 어떻게 훈련할 수 있을까? 정직한 자기 분석이 그 첫걸음이다. 우리가 무엇에 중독되어 있는지, 두려움이나 고집 혹은 게으름 때문에 우리가 포기할 수 없는 것이 무엇인지를 알아야 한다.

사람이나 사물 혹은 습관에 집착함으로써 자신이 얻을 수 있는 것은 무엇인지, 집착을 하면 어떤 종류의 안전이 보장되는지 자신에게 물어보라. 집착하는 동기를 찾아보라! 그리고 어떤 약점 때문에 그렇게 집착하는지 원인을 찾아보라. 낡은 고정관념을 버리고 새로운 사고방식과 행동양식을 지니려고 노력해보라. 물론 이때에도 너무 필사적으로 하거나, 답변을 보고 자기 자신을 심판해서는 안 된다.

집착 때문에 실행으로 옮기지 못하는 소원이나 비전은 없는가? 집착으로 인해 많은 이익과 가능성, 행복감을 잃고 있는 것은 아닌가? 포기할 결심이 섰다면 자신이 진심으로 그것을 포기하고 싶어 하는지 다시 한번 생각해보고, 솔직하고 분명한 결정을 내려야 한다.

포기를 배우는 데에도 자신에게 정직한 태도, 용기, 겸손, 관용, 긍정적인 인생관, 그리고 신과 자신에 대한 믿음이 필요하다. 자신과 다른 사람을 용서하는 능력이 포기의 바탕이 된다.

우리의 에너지를 앗아가는 사람이나 사물을 놓아버리고 나면 시간을 더욱 효율적으로 활용할 수 있을 뿐 아니라 새로운 에너지를 얻을 수도 있다. 우리의 발전을 방해하는 것들에 집착하는 것은 에너지를 가두는 행위다. 우리는 포기를 통해 에너지를 자유롭게 풀어준 다음, 그 에너지를 직관적 지능 계발에 활용해야 한다.

포기하는 방법을 배우게 되면 우리는 우리의 사소한 자아도 버릴 수 있게 되고 더욱 여유 있는 태도를 지닐 수 있게 된다. 그리고 여유가 있으면 우리는 모든 것을 중립적인 입장에서 객관적으로 바라볼 수 있게 된다. 중립성과 객관성은 직관적 지능 계발에 없어서는 안 될 특성이며 더 나은 결정을 하게 도와주는 것들이다.

일상생활 속의 작은 것에서부터 '포기 훈련'을 시작해보라. 대인관계는 포기 훈련을 하기에 아주 적합한 분야다.

자신의 견해와 의견을 버리지 못하는 것, 즉 독단적인 태도가 옳지 않다는 것은 누구나가 다 아는 사실이다.

대화나 토론 중 언제, 어느 대목에서 당신이 자신의 견해만 고집하고 자신의 권리만 목청 높여 주장하는지 며칠 동안 관찰해보라. 몇 가지 상황들을 찾았다면 다음으로 "오늘 나는 중립적인 자세를 지니고 객관적으로 다른 사람과 대화를 나누도록 주의를 기울이겠다. 건설적인 해답을 찾으려 노력할 것이며 타인의 의견을 존중하겠다"는 소원을 빌어보라. 당신이 태도를 바꾸면 다른 사람들도 자연히 당신에게 다가와 당신의 의견을 물어보고 공통분

모를 찾으려 노력할 것이다. 그들은 결국 '당신의 의견이 옳았다'는 결론에 도달할 것이다.

이때 소원을 빌거나 질문을 던진 다음, 그것들로부터 벗어날 줄 아는 것도 매우 중요하다. 마음속의 소원을 끊임없이 표현하고 그 소원을 이루기 위해 필사적으로 노력하는 것은 어떤 물건을 주문해놓고 그 회사에 매일 전화를 걸어 문의하는 것과 같다. 그런 태도는 신과 우주가 우리의 소원을 이해하지 못했으니 반복해서 가르쳐주어야 된다고 생각하면서 신과 우주를 과소평가하는 것이다.

신 혹은 자신의 내면의 목소리에게 질문을 던진 다음, 우리는 그 질문에서 해방되어야 한다. 질문을 기록해두면 좀 더 쉽게 그렇게 할 수 있다. 끊임없이 그 질문에 대한 대답만 찾는 것은 하루 종일 수화기를 손에 들고 있는 것과 같다. 그렇게 계속 통화중이라면 다른 사람은 우리에게 어떤 소식도 전할 수가 없지 않은가! 결국 우리는 아무런 영감도, 어떤 아이디어도, 어떤 사고 자극제도 받을 수 없을 것이다.

'수화기를 내려놓아야' 한다. 부정적인 생각과 감정도 내려놓아야 한다!

11단계 : 긍정적으로 사고하기

간디는 "인간이란 자신의 사고가 그대로 드러난 형상"이라고 했다. 좀 더 덧붙이자면 "인간이란 자신의 사고와 감정이 그대로 드러난 형상"이라고 할 수 있을 것이다. 사고와 감정이 우리가 매 순간 내리는 결정을 좌우하고, 그 결정은 행복과 불행을 좌우한다. 조화와 믿음, 그리고 사랑 속에서 살 것인지, 아니면 불화와 불행, 근심이 늘 따라다니는 삶을 살 것인지를 결정하는 것은 우리 자신이다.

그렇다면 어떻게 사고를 정화할 수 있을까? 우리는 몸을 씻는 것은 매우 당연하게 여긴다. 그런데 이것은 신체적·물질적 측면에서의 정화일 뿐이다. 비물질적·정신적인 측면은 어떻게 씻을 수 있을까? 우리 안의 더러움과 독소는 어떻게 씻어낼 수 있을까? 이 질문에 대한 해답을 찾기 위해서는 먼저 여기서 말하는 독소의 본질을 알아야 한다.

근심, 걱정, 의심, 분노, 격정, 증오와 같은 부정적인 사고와 감정은 우리 몸에 해롭다! 이러한 비물질적인 독소는 바이러스나 세균 등의 물질적인 독소와 마찬가지로 우리 몸 안에 축적되고 여러 가지 장애를 유발한다.

우리의 머리와 '배 속의 뇌'에 저장되어 있는 정보들도 독소일 수 있다.

제1장에서 우리는 복강신경총을 컴퓨터에 비유했다.

하드 디스크의 용량은 제한되어 있다. 그런데 이미 도움이 되지 않는 정보들로 저장소가 가득 찼다면 우리는 어떻게 해야 할까? 다행히도 우리는 이 정보들을 긍정적인 내용으로 '덮어쓰기' 할 수 있다. 영적 발전에 도움이 되는 결정들을 내림으로써 부정적인 사고는 긍정적인 정보로 대체된다. 우리 자신이 프로그래머가 되는 셈이다. 동시에 우리가 사용하는 말은 프로그래밍 언어가 된다. 그러므로 우리는 항상 단어와 표현을 신중히 골라 써야 한다. 그 사람의 말을 보면 그 사람의 생각과 감정, 그리고 그 사람이 무엇을 믿고 있는지를 알 수 있다.

가능한 한 덜 해로운 사고와 감정이 우리 안으로 들어오게 하려면 받아들일 정보를 까다롭게 선택해야 한다. 즉, 어떤 책, 어떤 잡지, 어떤 영화,

어떤 신문기사나 뉴스를 접할 것인지를 고를 때 더욱 까다로워져야 한다.

우리가 대화 상대를 선택할 때 앞으로의 우리의 생각이 결정된다. 배우자, 가족, 친구, 직장 동료들이 자신을 긍정적으로 생각하도록 도와주는 사람들인지 한번 생각해보라.

📝 다른 사람과 이야기할 때 대화가 어떻게 진행되는지 일주일 동안 주의 깊게 관찰해보라. 근심, 걱정, 불행, 질병, 타인에 대한 비난, 자기연민 등이 대화의 주제는 아닌가? 주로 사용하는 단어는 어떤 것인가?

📝 자신이 자주 사용하는 부정적인 표현을 모아 목록을 작성해보자. 그런 표현들은 사용하지 않겠다는 상징으로 글자 중간에 가로로 굵은 선을 그은 다음, 각 표현에 반대되는 긍정적인 표현들을 찾아보라.

같은 방법으로 긍정, 유쾌함과 아름다움을 표현하는 단어들로 목록을 작성해보라. 목록은 계속 보충하고, 새로운 단어를 보충할 때마다 처음부터 끝까지 반복해서 읽어보라. 건설적인 단어와 표현들을 끊임없이 찾아보라. 이렇게 하다 보면 자연히 건설적인 쪽에 관심이 가게 되고 일상생활도 긍정적으로 바뀔 것이다.

다음은 친구와 함께할 수 있는 사고정화 훈련이다.

📝 대화를 할 때 혹은 일상생활에서 부정적인 단어를 사용하지 않도록 주의하라. "경고!" 등의 짧은 말을 하나 정해서 한 사람이 부정적인 말을 하면 다른 사람이 그 짧은 말로 주의를 주도록 규칙을 정하라.

이 연습은 혼자서도 할 수 있다. 아침에 그날 자기가 지킬 것을 결심하고 난 다음, 그 소원을 종이에 적어둔다. 그리고는 하루 종일 자신을 관찰하면서 마음속으로 "경고!"라고 말하는 것이다.

반대로, 긍정적인 단어만 사용하는 훈련도 할 수 있다. 이때는 "경고!"라는 말 대신에 "잘했어!"라는 말을 사용하면 된다.

이렇게 하다 보면 자신이 부정적인 면을 강조하는 사람인지 낙관주의자인지 금방 알 수 있다.

근심과 걱정을 씻어내는 가장 효과적인 방법 중의 하나는 '지금, 이 순간에', 지금 하고 있는 일에 모든 관심을 집중시키는 것이다. 모든 관심을 쏟을 수 있는 활동을 찾는 것도 좋은 방법이다. 즐겨 듣는 음악 혹은 긍정적인 사고를 가진 사람과의 대화도 머리를 맑게 해주는 효과를 지니고 있다.

생각이 곧 힘이다! 우리의 생각이 우리의 현실을 결정한다! 그리고 이것은 비단 의식적인 사고에만 적용되는 말이 아니다. 감춰진 생각과 마음속 깊은 곳에 자리하고 있는 신념도 우리가 무엇을 경험할지를 결정한다. 성경에 나오는 "너희가 믿는 대로 되어라!"라는 구절이 여기에서도 적용된다. 우리는 우리가 믿는 바를 체험하고 배운다!

미국 존스홉킨스 대학에서 1970년대 초에 실시한 실험이 있다. 이 실험을 위해 정신적·사회적 수준이 비슷한 두 학급을 선별하고 학급당 교사 한 명씩을 배정했다. 두 교사 중 한 명은 자기 반 학생들이 평균 이상의 재능을 지녔다고 생각했고, 다른 한 명은 자기 반 학생들이 거의 재능이 없다고 생각하고 담임을 맡았다.

한 학기가 지난 후, 믿을 수 없는 결과가 나왔다. 재능이 뛰어나다고 생각했던 반 아이들은 높은 평균점수를 기록하며 뛰어난 성적을 거둔 반면, 다른 반에서는 몇몇만이 자신들이 목표로 삼은 성적보다 조금 낮은 점수를 받았고 나머지는 전체 평균보다 훨씬 낮은 성적을 거두었다.

선생님들의 머릿속에 자리 잡은 편견이 문제였던 것이다. 교사들은 자신이 생각하는 바대로 각자 학급을 이끌었던 것이다. 이 예에서 우리는 편견이 얼마나 심각한 위험요인인지 분명히 알 수 있다. 이 사례는 우리에게 경각심을 일깨워주고, 가치관을 다시 한번 철저하게 검토해보아야 한다는 것을 가르쳐준다.

특히 자신에게 불운한 일이 일어날 때 혹은 뜻하지 않게 봉변을 당했을 때에는 그런 불행이나 봉변이 지금 당신이 '생각이 씨가 될' 근심이나 걱정을 하고 있다는 것을 경고하고 있는 것은 아닌지 물어보라. 어머니나 누이가 암으로 세상을 떠난 사람은 그런 불운이 자신도 덮칠 것이라고 생각할 것이고, 실제로도 그렇게 될 확률이 높다. 바그너도 "상상이 현실을 창조한다. 이것은 매우 기이한 법칙이다"라고 말한 바 있다.

'독수리의 시각'에서 자신을 관찰해보라. 자신에게 그릇된 신념과 부정적인 예감이 싹트고 있다는 것을 미리 알아내려면 인내심과 집중력이 필요하다. 인내심과 집중력을 가지고 부정적인 사고를 벗어던지고 뇌 안의 정신적인 독소를 씻어내라!

12단계 : 건강한 신체 유지하기

우리의 몸 안에 있는 물질적인 독소뿐 아니라 비물질적인 독소까지 씻어내야만 우리의 뇌, 우리의 '배 속의 뇌', 그리고 신경계 전체가 제 기능을 충분히 발휘할 수 있다. 신경계를 해치는 것들은 직관적 지능, 즉 우주의 지혜와의 연결고리도 해치는 것이다. 신경계를 보호하고 신경계에 활력을 불어넣어야 지혜의 목소리와의 연결고리도 단단하게 유지할 수 있다.

넓은 의미에서 생각할 때 물질적 영양분에는 우리가 먹고 마시는 것뿐 아니라 폐나 피부로 들어가는 것들도 포함된다. 무엇보다 산소가 결핍되면 우리는 더 이상 생명을 유지할 수 없다. 따라서 가능한 한 맑은 공기를 자주 들이마시고 하루에 15분씩이라도 규칙적으로 산책할 것을 권한다. 대도시에 살고 있다면 적어도 주말을 이용해 자기 몸에 맑은 산소를 충분히 채워야 한다. 도시를 벗어나 산책을 하거나 가까운 숲이나 산으로 등산을 가게 될 때 혹은 강가나 호수, 바닷가에 가게 될 때면 충분히 공기를 들이마시라. 그렇게 함으로써 두 가지 측면에서 건강을 증진할 수 있다.

첫째, 뇌와 심장, 그리고 세포에 양분을 공급할 수 있고, 둘째, 혈액순환을 촉진하고 근육을 단련시킬 수 있다. 그러나 기록경기나 몸과 마음을 위험에 빠뜨릴 수 있는 스포츠는 신체 건강 증진에 절대 도움이 되지 않는다는 사실을 기억하라!

천연섬유로 된 옷은 우리 피부가 자연으로부터 에너지를 흡수할 수 있게 해준다. 피부는 중요한 영양분을 흡수하는데, 목욕은 특히 피부 건강에 도움이 된다. 말린 약초들을 사용한 목욕이나 황토욕, 머드요법, 그리고 향기 오일이나 식초를 사용한 목욕은 특히 권할 만하다. 이와 동시에 목욕은 긴장완화와 재생효과도 지니고 있다.

또, 긴장완화, 휴식, 수면 같은 비활동과 활동 사이의 균형을 유지해야 한다. 몸이 재생할 수 있는 기회를 만들어주어야 한다. 에너지의 법칙에 따르면 재생에너지 또한 꼭 필요한 중요한 에너지이다.

재생과 관련해 매일 내리는 결정 중에서 중요한 것들을 꼽으라면 "어떤 생활리듬을 지녔나?"와 "언제, 얼마 동안 잠을 잘 것인가?"이다. 잠을 자는 동안 모든 신체기관이 동시에 재생되는 것은 아니다. 뇌의 재생은 주로 자정 이전에 이루어진다. 오늘날 학계가 발견한 사실을 우리의 할머니, 할아버지들은 이미 알고 있었다. 그것은 바로 "자정 이전의 한 시간 수면은 두 시간의 효과를 지닌다"는 것이다. 이러한 자연의 법칙을 따르면 직관과 지능은 크게 향상될 것이다.

우리는 일하는 동안에도 중간중간에 창의력 발달을 위해 휴식을 취해야 한다! 스트레스와 부담감은 직관적 지능의 적이다! 한 가지 일을 끝내자마자 다음 일로 줄달음쳐서는 안 된다. 일과 일 사이에 의식적으로 휴식을 취하며 자신의 내면의 소리에 귀 기울이라. 자신의 기분이 어떠한지, 몸의 상태는 어떠한지 등을 자신의 내면의 목소리에게 물어보라. 그렇게 해야만 중요한 것과 중요하지 않은 것을 구분할 수 있으며, 무엇이 자신의 몸과 영혼에 도움이 되는지 알아낼 수 있다.

건강한 식습관, 적당한 운동, 충분한 휴식은 건강한 신체를 유지하기 위해 없어서는 안 될 전제조건들이다.

우리 몸의 에너지 보유량을 가장 크게 좌우하는 것은 우리가 먹고 마시는 것들이다.

영양학 분야의 개척자인 스위스의 유명한 의사 막스 비르허-베너는 "인생에서 가장 중요한 것이 영양 섭취는 아니다. 그러나 영양 섭취는 일종의 밑거름이고, 그 밑거름 위에서 인생에서 가장 중요한 것이 꽃필 수도 있고 시들 수도 있다"고 말했다.

비르허-베너 박사가 말하는 인생에서 가장 중요한 것은 영혼이다. 몸과 뇌에 최적의 양분을 공급함으로써 우리는 영적 발달과 직관적 지능 계발의 속도를 앞당길 수 있다. 몸에 좋은 양분을 섭취하는 동시에 독이 되거나 필요 없는 찌꺼기를 몸 안에 남기는 음식들은 당연히 피해야 한다.

약초, 야채, 과일, 견과류 등으로 집에서 직접 만들 수 있는 건강음료는 뇌와 신경계의 기능을 지속적으로 향상시켜주며, 이는 직관적 지능의 향상으로 이어진다.

몸을 깨끗하게 하고 몸에 양분을 공급하는 데 '투자'하라.

13단계 : 우정과 영적 · 정신적 사랑 나누기

건설적인 인간관계 속에서도 우리는 영적 발달에 도움이 되는 것들과 영혼의 양식을 찾아볼 수 있다. 건설적인 인간관계는 영적 · 정신적 건강뿐 아니라 신체적 건강에도 영향을 준다. 주변 사람들을 바라보는 가치관과 그들을 대하는 태도에서 이미 우리는 영적 발달의 촉진제들을 찾아볼 수 있다. 우리는 두려움, 의심, 불신, 비판적 태도로 사람을 대할 수도 있고,

열린 마음과 사랑, 믿음으로 사람을 대할 수도 있다.

칼릴 지브란은《예언자》중 우정에 관한 글에서 "친구란 사랑으로 씨를 뿌려, 감사로 수확하는 들판과도 같다. 또한 그대들의 아늑한 집에 차려진 식탁처럼 기쁜 웃음을 주는 것이다. 하여 그대들은 굶주린 채 그를 찾아와 비로소 평안을 얻게 되리라. 그대들의 친구가 찾아와 속마음을 털어놓을 때 단지 제 마음속의 생각으로 "그건 아닐 걸" 하고 말하는 것을 두려워하지 말라. 또한 "그건 그래"라는 말도 억누를 필요가 없다. 그 친구가 말없이 있다면 먼저 그대들의 가슴으로 그의 가슴에서 들려오는 목소리를 들어라. 이렇듯 우정 안에서는 아무 말 없이도 모든 생각, 욕망, 기대나 찬사가 기쁨으로 태어나고 나누어지는 것이다"라고 했다.

이어 지브란은 "그대들의 친구와 헤어질 때에도 결코 슬퍼하지 말라. 그대들이 친구와 헤어지고 나면 그의 가장 사랑스러운 것들이 더욱 선명하게 드러나리라. 이는 마치 산을 오르는 자보다는 벌판에 서서 바라보는 자에게 그 산이 더욱 선명하게 보이는 것과 마찬가지이다. 그대들, 우정에는 결코 영혼의 결합 이외에 다른 목적을 두지 말라. 자신의 내면에 감추어진 신비를 드러내는 것 외에 또 다른 무언가를 찾는 사랑은 이미 사랑으로서의 자격을 잃어버린 것이다. 그것은 단지 다른 사람을 향하여 던져진, 그다지 바람직하지 않은 것만 잔뜩 걸려드는 그물에 불과하다"고 했다.

또, "그대들의 친구를 대할 때는 항상 최선을 다하라. 그가 그대들 마음의 썰물 때를 알고 있다면 밀물 때가 언제인지도 알게 해야 한다. 그러나 그대들, 그저 남아도는 시간을 함께 보내려고 찾는 친구라면 무슨 소용이 있겠는가? 그러므로 그와 같이하는 시간에 싱싱한 활기와 생명을 불어넣기 위하여 친구를 찾아야 하리라. 그대들의 요구를 만족시킴은 결코 그대들의 공허감만을 채우려는 것이 아니다. 그것은 곧 상대방의 요구도 만족시키는 것이다. 그러니 순수하고 부드러운 우정 속으로 웃음이 배게 하여 늘 기쁨을 함께 나누라. 순결한 우정의 손만 있다면 숲속의 잎사귀에 맺힌 이슬방울 하나에서도 빛나는 아침을 찾아낼 수 있다"고 했다.

발달단계가 비슷한 둘 혹은 여러 명 사이의 영적·정신적 우정은 고차원의 세계에 대한 이해를 도와준다. 그러한 우정을 통해 우리는 창의력과 직관, 그리고 지능을 발달시킬 수 있다. 친구나 연인 사이에서 건설적이고 믿음이 바탕이 된 의견교환이 이루어지면 창조적인 해결책을 찾을 수도 있고, 많은 깨달음을 얻을 수도 있다. 이로써 우리는 우리의 지평을 넓힐 수 있다. 이는 특히 우리의 사랑이 단 한 사람에게 국한되지 않았을 때 효과가 더 크게 나타난다.

우리는 우정과 사랑을 통해 다른 사람의 삶에 참여할 수 있다. 즉, 우리는 친구들의 삶을 그들과 함께 사는 것이다. 이러한 연결고리를 형성하기 위한 전제조건이 있다. 그것은 바로 서로에게 열린 마음으로 다가가는 것이다.

직관적 지능 계발에서 우정과 사랑은 매우 중요한 위치를 차지한다. 영적·정신적 우정을 나누는 상대가 있다면 혼자서 자기발달을 꾀하는 것보다 훨씬 더 빨리 목표에 도달할 수 있다. 그 속에서 자기를 더 잘 파악할 수 있기 때문이다. 건설적인 대인관계를 맺고 다른 사람을 사랑하는 능력은 직관 활용능력과도 밀접한 관계가 있다.

우정이나 연인관계, 그리고 결혼에서 중대한 토대가 되는 것은 비슷한 발달단계를 지닌 사람을 찾는 것이다. 특히 동성 간의 영적·정신적 우정은 자기 계발에 크나큰 도움이 된다.

여자는 다른 여자들 속에서, 남자는 다른 남자들 속에서 각각 자기를 더 쉽게 발견할 수 있다. 또, 자신의 강점과 약점을 동성이 비춰주는 거울 속에서 발견했을 때 그것을 더 쉽게 받아들일 수 있다. 일반적으로 동성을 대할 때 더 중립적인 태도를 취할 수 있기 때문에 그렇다.

상대방의 가치를 존중해주며 서로를 존경하고 서로에게 정직하다면 우리는 상대방에게 자기를 더 많이 열 수 있게 된다. 자기를 포기해야 될까 봐 혹은 상대방에게 중독될까 봐 두려워하는 마음 없이 상대방에게 자신을 보여주고 맡길 자세가 되어 있다면 우리는 그런 관계 속에서 많은 것들을 배울 수 있다. 소유욕, 질투, 시기심, 독단적 태도, 상대방을 지배하려는 태도, 정복욕 혹은 다른 사람에게 자기 인생을 맡겨 버리는 태도 등은 동성과 훈련할 때 더 쉽게 없앨 수 있다.

동성 간의 영적 애정은 남녀 간에 깊이 있는 영적 · 정신적 사랑을 하는 데에도 큰 도움이 된다. 남자들로만 혹은 여자들로만 구성된 그룹에서 대화를 나누는 것도 유익하다.

남자가 여성의 강점들을 지니거나 또 여자가 남성적 강점들을 지니게 되면 영혼을 더욱 발달시킬 수 있다.

여기에서 소개한 대부분의 과제와 훈련들은 친한 사람들과 함께할 때 더욱 큰 효과가 나타난다. 비단 효과 때문이 아니라 하더라도 친구와 함께 연구하고 배우고 성장하는 것은 큰 기쁨을 선물해준다. 헨리 포드는 "최고의 친구는 내 안에서 최상의 것을 끌어내도록 도와주는 친구"라고 말했다. 그런 우정관계에서는 이미 존재하고 있던 신과 우주와의 연결고리, 그리고 에너지가 더욱 강해질 뿐 아니라 없던 에너지가 생성되기도 한다. 그런 우정관계야말로 직관적 지능을 위한 보물상자라고 해도 좋을 것이다.

완전히 열린, 긴밀한 친구관계나 연인관계 속에서 우리는 서로 상대방의 삶을 살 수 있다. 이로써 우리의 경험도 두 배로 늘어난다. 친구가 자신이 찾고 있던 바로 그 대답을 가르쳐주는 경우를 경험해본 적이 있을 것이다. 때로 신이 친구를 통해 우리에게 말하기 때문이다.

에리히 프롬은《사랑의 기술》에서 "사랑의 능력은 성격발달에 달려 있다. 이것은 특히 성격이 생산적인 방향으로 발달하는 것을 전제로 한다"고 말한다. 그는 또, "인간은 생산적인 방향으로 직접 경험을 쌓고 영적 발달을 도모하는 것이야말로 진정한 삶의 목표임을 깨달을 수 있었고, 이미 이를 통해 성격적 특성과 능력을 한 차원 높은 곳으로 발달시켰다"고 말한다. 그는 사랑도 일종의 기술이라고 보는데, 이러한 시각에서 우리는 사랑은 아무런 노력 없이 주어지는 것이 아니고, 진정으로 사랑하고 사랑받기 위해서는 그만큼의 노력이 뒤따라야 한다는 것을 배울 수 있다.

책의 서문에서 프롬은 "가장 능동적으로 자신의 인격 전체를 발달시키고 자연의 법칙에 따라 생산적인 방향으로 나가지 않는 한 아무리 사랑하려 노력해도 반드시 실패하기 마련이다"라고 말한다. 사람에 대한 사랑뿐 아니라 신이나 모든 피조물에 대한 사랑에 있어서도 이 말은 적용된다. 자신과 이웃, 그리고 피조물을 자기희생적(자아 희생적)으로 사랑할 수 없다면, 그리고 참된 정직, 겸손, 용기, 신념, 믿음, 규율, 그리고 자유가 전제되지 않는 한 개인 간의 사랑도 성공할 수 없다. 참된 영적 사랑은 기대나 간섭이 없고 상대방의 자유를 제한하지도 않는 무조건적인 사랑이다.

"네 이웃을 네 몸과 같이 사랑하라"는 성경구절(레위기 19장 18절)처럼 자신을 사랑할 수 있어야 다른 사람도 사랑할 수 있다. 그런데 우리는 누구를 '이웃'이라 부르는가?

그 대답은 다시 칼릴 지브란의 말에서 찾을 수 있다. 그는 "그대를 이해하는 사람은 형제보다 더 그대와 가까운 사람이다. 피를 나눈 형제라 하더라도 그대나 그대의 말 속의 진리를 이해할 수 없을 수도 있기 때문이다"라고 말했다. 이와 관련해 괴테는 '친화력'이라는 단어를 사용했다.

당신과 친화할 수 있는 사람, 당신의 영혼과 친화할 수 있는 사람을 찾아라. 자신의 가족 안에서 이런 사람을 찾을 수도 있을 것이다. 그러나 피를 나눈 형제라도 그들과 우리가 추구하는 길이 같지 않을 때도 있을 것이다. 그렇다 하더라도 우리는 그들을 존중해야 한다. 그들이 우리의 길을 결정하도록 내버려두지 않는 것과 마찬가지로 우리도 그들의 길에 간섭하지 말아야 할 것이다.

영혼의 형제, 영혼의 친구, 영혼의 연인과 맺는 깊고도 열린 관계 속에서 우리는 사랑의 최상의 형태, 즉 무조건적인 사랑의 흐름을 느낄 수 있다. 이를 통해 우리는 신과 피조물 전체를 사랑하는 방법을 배우게 된다.

우리 사회에서 사랑이라는 말만큼 많은 오해를 산 말도 없을 것이다. 진정한 사랑은 영적·정신적 교감이다. 사랑을 느끼고 주고받을 수 있는 능력은 우리 모두의 인격구조 안에 뿌리내리고 있다. 영적 발달을 통해 우리 안의 사랑도 키울 수 있다.

영적인 사랑은 어떤 대가도 바라지 않으며 상대를 소유하려는 마음이 전혀 없는 사랑이다. 영적인 사랑 속에서 우리는 다른 사람을 그 사람의 행동이나 행동양식 때문에 사랑하는 것이 아니라 그를 있는 그대로 사랑한다.

여기에서 말하는 사랑은 이성 간의 사랑이 아니다. 이 사랑은 두 여성 혹은 두 남성 사이에서도 남녀관계에서와 마찬가지로 꽃필 수 있는 사랑이다.

제3부

직관적 지능
계발의 결과

직관적 지능을 알면 세상에 대한 '눈'이 뜨인다.

중요한 것과 중요하지 않은 것을 구분할 수 있는 능력이 생겨서

현명한 결정과 행동을 할 수 있게 된다.

자기 안에 잠재된 에너지를 모두 활용하려면 먼저 인생의 본질이

무엇인지부터 알아야 한다.

직관적 지능을 기르는 것은 당겨놓았던 사이드브레이크를 푸는 것과 같다.

인간은 8기통 엔진을 장착하고도 실제로도

두 개의 실린더밖에 활용하지 못하는 자동차와 같은데,

직관적 지능을 계발하면 여덟 개 모두를 사용할 수 있게 된다.

나아가, 복잡한 삶의 미로 속에서도 길이 보이게 된다.

수많은 시대정신과 이론이 난무하는 현대사회에서 유일한 '구원의 손길'은

자신만의 확고한 신, 그리고 우주의 지혜와의 연결고리를 지니는 것이다.

성공적인 삶의 완성

자주, 그리고 많이 웃는 것, 현명한 이에게 존경을 받고
아이들에게 사랑을 받는 것, 솔직한 비평가의 찬사를 듣고
거짓 친구의 배신을 참아내는 것, 자기 자신이 태어나기 전보다
세상을 조금이라도 살기 좋은 곳으로 만들어놓고 떠나는 것,
자신이 한때 이곳에 살았음으로 해서
단 한 사람의 인생이라도 더 행복해지는 것, 이것이 진정한 성공이다.
– 랄프 왈도 에머슨

사회적 성공이 성공적인 삶의 유일한 잣대는 아니다. 성공한 삶이란 인생의 모든 분야에서 성공을 거두고 행복감과 만족감을 이웃과 함께 나누며 살아가는 것을 말한다. 우리가 진정한 의미에서 성공적인 삶을 살고자 한다면 자신이 지닌 에너지를 효율적으로 사용해야 한다.

당신은 성공의 정의가 무엇이라고 생각하는가? 당신에게 성공은 어떤 것인가? 이에 대해 떠오르는 생각들을 메모지에 적어보라.

"성공적이다"라는 말은 성공을 통해 우리가 "부자가 된다"는 말이다. 현대인들은 '부자'라는 말은 들으면 곧장 돈과 부동산을 떠올린다. 정직하게 벌어들이고 책임감 있게 쓰기만 한다면 돈과 부동산도 나쁜 것은 아니

며, 그것을 가졌다 해서 비난받을 이유는 전혀 없다. 그렇지만 우리를 부자로 만들어주는 것이 비단 돈과 부동산만은 아니다. 지식이나 경험, 지혜, 감사하는 마음, 믿음, 온정, 사랑, 감정이입 능력, 이해심, 건강, 순수함, 직관, 그리고 창의력이 풍부한 사람도 부자다. 이런 내면의 재산은 값으로 따질 수 없는 것들이다. 이런 가치들이야 말로 진정한 의미에서 우리가 성공적인 삶을 살게 해주는 요소들이다.

우리는 시험을 치를 때와 같이 일상적인 결정을 내릴 때에도 직관적 지능을 활용해 성공적인 삶의 기초를 다질 수 있다.

▶▶ 다음은 한 친구가 자신의 대학 졸업시험에 관해 한 이야기다.
"지성만으로 따지자면 다른 사람들이 나보다 훨씬 더 똑똑했지. 그렇지만 정신은 내가 더 맑았어. 내 몸과 뇌는 (물질적 혹은 비물질적) 독소에 덜 물들어 있었거든. 그래서 나는 더 잘 집중할 수 있었고, 직관도 더 잘 활용할 수 있었지. 게다가 그 사람들보다 내가 더 많이 노력했어. 그렇게 자신감이 생기자 마음이 편안해졌어. 시험을 볼 때 편안한 마음이 얼마나 중요한지 잘 알지? 결국 내가 그들보다 훨씬 좋은 점수를 받았어."

경영이나 마케팅 등 경쟁이 치열한 분야에서 직관적 지능은 일종의 보호막이자 성공 여부를 결정짓는 중요한 요인이다. 자신의 성격과 자연의 법칙, 그리고 우주의 지혜를 알면 중립적이고 객관적인 시각을 지닐 수 있고, 중립성과 객관성은 각종 물리적·심리적 문제들로부터 우리를 보호해준다. 직관적 지능을 계발함으로써 얻을 수 있는 또 하나의 장점은 자신의 내면의 목소리에 대한 믿음을 가지고 성공으로 이끌어줄 결정들을 내릴 수 있게 된다는 점이다.

최근 오성만 중시하던 태도가 점차 사라지고 휴머니즘, 인간의 존엄성, 감정이입 능력, 사회 적응력, 영혼과 정신의 힘, 직관적 경영 등 '부드러운' 윤리관이 그 자리를 대체해나가고 있다. 이러한 패러다임의 전환은 매우 바람직한 것이다.

성공적인 삶을 살기 위해서는 삶의 과제와 목표를 분명하게 인식하고, 몸과 영혼을 균형 있게 발달시켜야 한다. 가정과 직장 사이에서 타협점을 찾는 것도 중요하다. 남성보다는 여성들이 이 문제로 더 고통받고 있다. 그런데 고통 없는 행복한 삶을 누리려면 삶의 모든 분야가 조화를 이루어야 한다. 즉, 직장생활과 사생활이 조화를 이루어야 한다는 말이다.

직관적 지능은 성공의 열쇠다!

직관적 지능은 갈림길에 다다랐을 때, 어디로 가야 할지 방향을 가르쳐주고 삶의 과제와 목표를 파악하게 해주며, 그 목표를 이룰 수 있게 도와준다.

삶의 과제와 목표를 찾게 된다

모든 영혼은 고차원의 삶의 과제를 안고 있고, 자기를 알고 계발하고 실현해야 된다는 공통된 삶의 목표를 지니고 있다. 직관적 지능의 계발과 활용은 모든 이들의 삶의 과제이자 목표다.

영혼이 한 단계 발전할 때마다 우리는 인생이라는 사다리를 한 칸씩 더 오르는 것이다. 그 사다리의 끝에는 완전함이 있다. 그런데 과연 완전함이라는 것이 존재할 수 있을까? 우리 주변의 모든 것이 끊임없이 발전하듯, 완전함이라는 것도 하나의 정지된 상태가 아니라 끊임없이 발전하는 것이 아닐까? 그리고 사람마다 영혼의 발달수준이 다르기 때문에 모두들 각기 다른 경험을 하는 것은 아닐까?

우리는 각자 저마다의 삶의 과제들과 목표들을 지니고 있다. 그것들은 주로 직장생활과 관련되어 있지만, 가족과 관련된 과제들과 목표들을 더 중요하게 생각하는 사람들도 있다. 여기서 과제와 목표를 복수(複數)로 말한 것에는 분명한 이유가 있다. 현대사회는 예전보다 훨씬 빠른 속도로 발전하고 있고, 그에 따라 한 사람이 수행해야 할 과제의 수와 종류도 그만큼 늘어났기 때문이다.

직관적 지능의 달인이 된다는 것은 우주의 지혜를 아는 천재가 되는 것을 뜻한다. 이미 뛰어난 영혼을 지닌 우주적 천재들도 있겠지만, 그들이라고 더 이상 발전하지 않아도 되는 것은 아니다. 정지는 퇴보를 뜻한다. 우주와 영혼은 계속해서 발전한다. 그럼에도 불구하고 우리가 지금까지 늘 해오던 것들만 계속한다면 언젠가는 발전을 멈추게 될 것이다. 따라서 우주적 천재란 기회가 닿을 때마다 새로운 과제와 도전을 받아들이는 사람을 가리킨다. 영적·정신적 발전은 잠자고 있는 재능에 불을 당기는 것이다. 자신의 숨은 강점과 재능을 찾는 것이 바로 영혼을 계발하는 길이다.

자신의 삶을 하나의 프로젝트라 생각하라. 소원, 비전, 목표, 이런 것들이 삶이라는 프로젝트의 팀장들이라 생각하라. 그리고 '소원 설계도'를 그려보라. 그 프로젝트 안에는 삶의 모든 분야가 다 들어가야 한다는 점을 잊지 말라. 모든 분야를 조화시켜야 프로젝트도 성공적으로 끝마칠 수 있다.

소원과 목표를 이루는 방법들은 매우 많을 것이다. 그러나 아무리 훌륭한 기술을 동원한다 하더라도 영혼이 자연의 법칙과 조화를 이루지 못하는 한, 결코 행복해질 수 없을 것이다.

소중한 길잡이인 일기장을 활용하라. 소원과 질문, 경험과 그 경험을 통해 얻은 깨달음을 꾸준히 기록하라. 자신의 삶이 어떻게 흘러가는지 더 잘 파악할 수 있게 될 것이다. 갈림길에 서거나 '벽'에 부딪혔을 때, 메모나 일기장은 특히 더 많은 도움이 될 것이다. 다음의 예를 보자.

▶▶ 삶의 과제를 뚜렷이 파악하고 이를 실천하던 친구가 최근에 내게 이런 말을 했다.

"내가 만약 지금까지 인생의 학교에서 배운 것들을 일기장에 적어두지 않았다면 나는 지금, 이 자리에 있지 못했을 거야. 변화가 다가오고 있다는 것도 몰랐을 것이고, 그 변화가 어떤 변화인지 짐작도 못했겠지. 자연의 법칙과 내 영적 특성에 대해 진지하게 공부하면서 나는 이런 것들에 눈뜨게 됐어.

일기를 통해 기뻤던 일과 슬펐던 일, 신과 나눴던 대화, 소원, 질문, 그리고 감정을 되돌아볼 수 있었지. 그러자 내 눈앞에서 여러 개의 조각들이 모이면서 모자이크가 완성되기 시작했어. 앞으로 어떤 과제가 주어질지 알 수 있었지. 직장문제에 대한 해답도 얻을 수 있었어. 그래서 결국 다니던 직장을 그만뒀는데, 말하자면 그건 내 뒤로 열려 있던 문 하나를 닫는 것과 같았어. 그것이 옳다는 확신이 있었기 때문에 결정을 쉽게 내릴 수 있었어. 이 열쇠 결정을 내리고 나자 모든 것이 일사천리로 풀렸어. 오성의 목소리는 그 결정이 옳지 않다고 주장하고 걱정했지만 나는 용기와 자신감을 가지고 내 감정의 소리를 따를 수 있었어. 그러자 여러 가지 보상이 주어졌지. 새 출발을 하는 사람이 얻을 수 있는 도움이란 도움은 모두 받았어."

통찰력을 갖게 된다

자연의 법칙이나 영혼의 법칙을 연구하다보면 우리 주변에서 일어나는 일들이 하나하나 눈에 들어온다. 그런 법칙을 바탕으로 우리는 사건들의 의미를 해석하고, 거기에서 많은 것들을 배울 수 있다. 즉, '왜'라는 의문에 대한 답을 얻는 것이다. 삶은 더욱 흥미진진해질 것이고, 자신이 더 이상 힘없는 존재나 세상을 이해하지 못하는 바보로 여겨지지도 않을 것이다. 게다가 직관적 지능이 발달하면 관객의 입장에서 자신의 '인생 공연'을 보고, 그 공연을 건설적인 방향으로 조정할 수 있게 된다.

직관적 지능이 발달하고 현명해지면 우리는 지금까지처럼 '반응'만 하는 것이 아니라 적극적으로 '행동'할 수 있게 된다. 자신의 돛을 어떻게 세워야 할지, 어느 방향으로 항해해야 할지 알게 된다.

나아가, 인생의 학교에 대한 이해가 깊어지고, 우주가 우리에게 주는 그 모든 암시들을 기회로 여기게 된다.

또, '행간을 읽고 듣는 법'을 알게 된다. 우리의 감정은 우리에게 '소리 없는 정보'들을 주고, 이 정보들은 인간관계에서 일어나는 갈등들을 풀어 줄 열쇠가 된다. 정치·경제·사회 분야에 대한 전체적인 안목이 넓어지고, 겉으로 드러나는 현상뿐 아니라 그 뒤에 숨은 의미도 깨닫게 된다.

자연의 법칙을 이해하고 나면 생각 없이 접하던 TV 뉴스나 신문기사 뒤에 숨은 뜻을 알 수 있게 된다. 따라서 '조작된' 정보에 대한 판별력이 늘어나고 여론이나 사상을 비판 없이 수용하는 일이 줄어든다. 즉 '면역력'이 강화되는 것이다.

> 직관적 지능은 인생의 미로에서 출구를 찾을 수 있는 통찰력과 확신을 선물해준다.

직관적 지능이 발달하면 모든 일에서 긍정적인 면들을 찾아낼 수 있다. 많은 사람들이 사실관계를 조사해보지도 않은 채 뉴스를 그대로 믿어버린다. 그런데 요즘은 긍정적인 뉴스보다 부정적인 소식들이 더 많고, 세간의 이목도 더 많이 끌고 있다. 이는 현재 우리 사회의 총체적인 사고방식을 잘 드러내준다. 그러나 이제 우리는 생각을 바꿔야 한다. 그렇게 하지 않는다면 부정적인 뉴스가 여론을 지배하는 지금의 상황이 계속 이어질 수밖에 없을 것이다. 한 사회나 국가 구성원들의 사고가 모여 앞으로 일어날 사건과 뉴스의 내용을 결정한다는 사실을 잊어서는 안 된다.

부정적 사고와 감정이 지배적인 상황하에서 살아남는 길은 직관적 지능을 키우고 우주의 법칙에 대한 통찰력을 기르는 것밖에 없다. 그러기 위해서는 세계사와 경제, 그리고 정치에 관한 지식도 쌓아야 한다. 철학을 공부해보는 것도 통찰력을 얻는 데 도움이 된다. 철학자, 시인, 사상가뿐 아니라 통치자, 군주들의 자서전도 우리에게 새로운 시각을 열어줄 것이다. 이로써 우리는 윤리적 가치와 미덕, 그리고 정신의 법칙에 대한 이해와 의식을 드높일 수 있다. 이러한 주제에 대해 더 깊이 연구해보고 그것을 이 시대에 맞게 적용시킬 수 있다면 우리의 지능은 더욱 발달할 것이다.

자신과 우주와의 관계를 알고 나면 정치 · 경제 · 사회적 혼란 때문에 균형감각을 잃는 일도 줄어들 것이다.

최근에 특히 동물에게 많이 일어난 유행성 전염병과 같은 재앙이 인류에게 닥치는 이유도 직관적 지능의 도움으로 알아낼 수 있다. 광우병, 구제역, 돼지 콜레라 같은 전염병은 우연히 일어난 것이 아니다! 제1부에서 우리는 모든 우연은 우리가 감당해야 할 과제이거나 우리에게 주어지는 선물이라고 했다. 신과 자연의 법칙은 재난을 통해 우리에게 뭔가를 알려주려는 것이다. 구제역이나 광우병은 우리의 식습관에 대해 다시 한번 생각해보라는 메시지이다. 동시에, 가축 도살이나 항생제와 호르몬의 남용과 관련해서도 우리의 윤리관을 재점검해보라는 암시이다. 자연은 우리가 살아가기에 필요한 모든 것을 선물해주는데, 우리는 왜 가축을 도살하고 식품에 화학처리를 하고 있는지 한번 곰곰이 생각해보아야 할 일이다.

결정에 대한 확신과 내적 자유를 얻는다

우주의 지혜와 연결되어 있으면 확신을 가지고 결정을 내릴 수 있다. 두려움 때문이 아니라 깊은 믿음과 지식을 바탕으로 뭔가를 결정하고 행동에 옮기게 되는 것이다. 이러한 내적 확신이 강해질수록 그릇된 정보에 대한 면역력이 강해지고 우리는 더욱 자유로워질 수 있다. 또, 보잘것없는 자아와 자신의 약점을 극복하고, 외부로부터의 나쁜 영향에도 흔들림 없는 태도를 유지할 수 있게 된다.

▸▸▸ 맨손으로 시작해 자수성가한 스위스 출신의 여성 사업가가 있었다. 그녀는 자신의 기업을 작지만 알찬 회사로 일궜다. 다음은 그녀가 한 말이다. "자연의 법칙과 영적 특성들 사이의 연관관계를 연구하고 건강한 생활습관을 지녔더니 사업이 거침없이 성장했답니다. 게다가 제 결정에 대한 믿음도 커졌지요. 더 넓게 생각할 수 있게 됐고, 다른 사람의 의견을 객관적으로 바라볼 수 있게 됐어요. 그런 것이 쌓이면서 자신감은 더욱 커졌고, 저는 제 감정을 완전히 믿기 시작했어요. 당시 시장분석 결과에 따르면 창업을 하지 말았어야 옳았지만 저는 제 직관을 따랐어요. 신에 대한 확실한 믿음 때문에 그런 커다란 결정을 내릴 수 있었죠. 열심히 노력하는 것도 물론 중요합니다. 그러나 가정과 직장을 아우르는, '조화로운' 성공을 위해서는 먼저 건강한 생활습관을 지니고 영혼을 계발해야 합니다."

▸▸▸ 세 자녀를 둔 한 어머니도 이렇게 이야기한다.
"둘째를 낳을 때까지 남편과 저는 에너지의 법칙이라든가 공명의 법칙 등 자연의 법칙에 대해서는 전혀 모르고 있었어요. 지금 그 시절을 되돌아보면 우리는 참 많은 '실수'를 저질렀던 것 같아요. 그렇지만 그런 것들을 실수라 단정 지을 수는 없을 거예요. 우리 나름대로는 아이들에게 최선을 다했으니까요. 그러다 보니 제 자신에게 소홀해지더군요. 이제 나라는 사람은 없다고 생각했다고나 할까요? 그런데 어떤 결정을 내리거나 뭔가를 할 때면 늘 불안한 마음이 들고 겁이 났어요.
그러다가 직관의 힘을 알게 되면서 우리는 부모의 인성구조가 자녀의 행동양식에 영향을 미친다는 사실을 알게 됐어요. 영적 특성과 건강한 식습관에 대해 많은 것들을 배웠어요. 그렇게 배운 지식들을 조금씩 실천할수록 아이들과의 사이도 좋아졌어요. 아이들이 병에 걸리는 일도 줄어들었고요. 그러다가 막내딸을 가졌을 때는 이런 지식을 태교 때부터 활용하고 그 이후에도 꾸준히 실천에 옮겼어요. 신에 대한 믿음과 자신감이 생기자 어떤 결정을 내리더라도 확신이 섰어요. 그 결정을 일관성 있게 꾸준히 실행에 옮길 수도 있었고요. 더 이상 다른 사람이나 내 안의 두려움 때문에 원하지 않는 결정을 내리는 일이 없어졌어요. 첫째와 둘째를 키울 때에 저는 아이들이 칭얼거리면 그게 다 제 사랑이 부족한 탓이라고 생각하고 해달라는 대로 다 해주곤 했는데, 셋째 아이는 울고 소리치는 적이 거의 없었어요. 잠도 잘 잤고 건강하게 자라주었죠. 얼마나 사랑스럽고 예쁜지 몰라요. 남편과 저는, '지켜야 할 바를 사랑으로 가르쳐주는 것이 바로 사랑을 실천하는 길'이란 것을 깨달았어요. 우리가 이런 것을 깨닫고 나자 첫째와 둘째도 예의범절을 더 잘 지키는 아이가 됐어요."

자신의 영적 특성을 파악하고 부족한 점을 개선하는 것이 최고의 엄마가 되는 길이라는 것을 그녀는 깨달았던 것이다. 그녀의 자신감과 내적 확신이 커지자 아이들도 긍정적인 방향으로 바뀌었다는 사실이 이를 증명해준다.

영혼으로 생각하면, 다시 말해 영혼의 눈으로 세상을 바라보면 일이 잘 풀릴 것이라는 확신도 커진다. "너희가 어린아이들과 같이 되지 아니하면"이라는 성경구절을 다시 한번 상기해보자. 어린아이들이 부모에 대한 절대적인 믿음을 지니고 있듯이, 우리도 신과 우리 내면의 목소리에 대한 완전한 믿음을 지니고 살아가야 한다. 그 노력에 대한 보상으로 우리는 진정한 자유를 얻을 것이다. 신에 대한 믿음을 지니고 자신의 인성구조를 아는 것, 자신의 강점과 재능뿐 아니라 약점까지 속속들이 아는 것, 이런 것들이 올바른 자신감을 키워준다. 자신의 현재 상태와 잠재력을 알고 나면 자신감과 자기 확신은 자연히 커진다. 직관적 지능을 계발할수록 자신감은 커진다. 그 결과, 우리는 더 분명한 결정을 내릴 수 있게 되고, 이는 우리를 성공으로 이끌어줄 것이다.

최상의 건강상태를 유지할 수 있다

사람이 건강한 것은 지극히 정상적인 것이다. 그러나 오늘날의 상황은 그와 정반대다. 두통, 척추 이상, 피부질환, 치아손상과 같은 질병을 앓지 않는 사람이 더 적기 때문에 오히려 이런 병을 앓는 것이 더 정상적인 것처럼 되어버렸다. 병원이나 의원을 찾는 것이 생활의 일부가 되어버렸다.

한 사람의 건강상태는 그 사람의 행동양식을 비추는 거울이다. 질병의 증상에는 겉으로 드러나는 신체적 증상과 공포증이나 우울증 등 신체적 증상보다 훨씬 더 치명적일 수 있는 보이지 않는 증상이 있다. 그리고 이러한 정신적 장애는 직장에서든 가정에서든 대인관계에 커다란 영향을 미치고, 나아가 성공적인 삶의 여부까지 결정짓는다.

오늘날 질병 치료에 사용하는 직접비용과 간접비용을 합하면 국민총생산액의 4분의 1을 차지한다고 한다. 특히 정신질환과 정서장애는 급속도로 늘어나고 있다. 사원들에 대한 의료비 지출이 늘어남에 따라 기업의 의료비 부담도 날로 늘어가고 있다.

최근의 연구결과에 따르면 전체 직장인의 90퍼센트가 두려운 마음을 안고 출근한다고 한다. 독일의 경우 두려움으로 인한 손해를 돈으로 환산하자면 연간 500억 유로에 달하고, 회사 이사진의 60퍼센트가 심리적 부담감에 시달리고 있다고 한다. 또, 집단 따돌림이 '삼키는' 돈만 150억 유로에 달한다고 보고서는 전하고 있다(자료출처: 2002년 6월 6일 뮌헨에서 개최된 미래학자 레오 A. 네피오도프의 강연회).

네피오도프는 그의 저서《제6의 콘드라티에프 순환》에서 "개인의 영적 특성은 그 사람이 지닌 동기, 신용, 배려, 끈기, 인간에 대한 이해, 대인관계 등에서 드러나는데, 이 특성들은 한 국가의 경쟁력을 좌우하기도 한다. 그러나 경기가 안 좋을 때, 우리는 영혼에서 그 원인을 찾으려 하지 않는다. 경제성장이나 고용안정과 같은 현대 국가경제의 핵심문제들을 해결하지 못하고 있는 것도 그 때문이다"라고 말한다. 그는 또, "두려움, 집단 따돌림, 공격적 성향, 절망, 마약과 범죄 등은 영적·사회적 질병이다"라고 말한다. 건강은 한 사람의 영적 상태를 비춰주는 거울이라는 말이다!

우주의 지혜와 더 견고하게 연결되어 있을수록 우리의 직관적 지능지수도 높아진다. 직관적 지능지수가 높으면 자신의 본질, 성격, 그리고 행동양식을 잘 파악할 수 있고, 자신이 왜 병에 걸리는지, 어떤 인격적인 결함때문에 질병을 얻게 되는지 알 수 있다. 지혜에서 비롯되는 이런 지식을 활용함으로써 우리는 '악의 뿌리'를 뽑을 수 있게 된다. 다시 말해, 겉으로 드러나는 증상이 아니라 우리 내면, 즉 영혼을 치료하기 시작하는 것이다.

영혼을 치료하는 것이야말로 치료의 시작이다.

우리의 건강이 나빠지는 것은 영혼을 가볍게 여기기 때문이다. 경제 전문기자인 에릭 핸델러는 "경제와 보건 분야를 개발해줄 잠재력은 영혼 안에 있다!"고 말한다.

점점 더 많은 기업들이 회사 차원의 건강 프로그램들을 마련하고 있지만, 안타깝게도 이들 프로그램은 영적·정신적 건강과 건전한 윤리관은 소홀히 다룬다. 영혼, 행동양식, 성격, 그리고 자연의 법칙이 건강에 미치는 영향에 대해서도 충분히 깨우쳐주어야 한다.

정신이 물질을 지배한다. 영적·정신적 건강이 신체적 건강의 바탕이 된다는 말이다. 따라서 삶에 있어 가장 중요한 지능인 직관적 지능에 대해 전문적 강의가 빠른 시일 내에 이루어져야 할 것이다.

영혼이 안정되어야 몸도 건강할 수 있다는 사실은 이미 수많은 연구결과에서 드러났다. 부정적 생각과 감정은 질병을 불러오는 반면, 기쁨과 사랑 등의 긍정적 감정은 우리의 면역력을 강화해주고 최상의 건강상태를 유지시켜준다.

안정, 기쁨, 사랑을 느낀다

현대인들은 영혼에 대해 거의 모르고 있다고 해도 과언이 아니다. 우리는 신의 사랑과 그의 법칙으로부터 너무 멀리 와버렸다. 우주의 법칙을 지키지 않으면 결국 세상은 혼란에 빠진다. 지금도 이러한 혼란을 조금은 느낄 수 있다. 지금의 세계도 이미 복잡한 미로와도 같지 않은가! 너무나도 많은 이들이 우주의 법칙을 무시하고 살아간다. 신의 사랑에 등을 돌리면 신에 대한 믿음도 없어진다. 그러고 나면 우리에게 남는 것은 두려움뿐이다. 두려움이 앞서면 안정, 기쁨, 사랑과 같은 감정을 쉽게 얻을 수 없다.

직관적 지능은 우리를 다시금 창조주의 법칙, 자연의 법칙으로 향하게 하고, 이 법칙들을 이해하고 이 법칙에 따라 살게 해준다. 그렇다고 우리의 내적 자유가 제한되는 것은 아니다. 오히려 그 반대라고 할 수 있다. 우주의 지혜와 연결되고 나면 외적인 상황이나 쓸데없는 힘겨루기, 이기적인 행동양식 혹은 다른 이들의 의견으로부터 완전히 자유로워지기 때문이다. 진정한 내적 자유와 내적 평화는 창조주와 조화를 이룰 때 얻을 수 있다.

아침에 눈을 떴을 때 마음속 깊은 곳에서 행복감과 안정감을 느껴 본 적이 있는가? 혹은, 지금 막 사랑에 빠지거나 오랫동안 바라던 꿈이 이루어진 것도 아닌데 그저 자연을 대하는 것만으로 행복감이 밀려온 적이 있는가? 내면 깊은 곳으로부터 오는 이 느낌은 어떤 이유가 있어서 오는 것이 아니라 '그냥 거기에 있는' 느낌이다.

아름다운 풍경을 대할 때나 누군가에게 선물을 줄 때 당신은 진심으로 기뻐할 수 있는가? 누군가에게 행복을 주는 것에서 당신도 진정 행복해질 수 있는가? 가까운 사람이 기뻐할 때 진심으로 같이 기뻐할 수 있는가? 사랑과 더불어 기쁨도 수많은 에너지를 발산한다. 기쁨은 사랑으로 나아가는 예비단계다.

기쁨과 사랑은 서로 밀접한 관계에 놓여 있다. 그리고 직관적 지능은 이 두 가지 모두를 지닌 힘이다.

직관적 지능을 계발하는 것은 기쁨과 사랑을 얻는 길이다.

자기(자아)를 희생하는 동시에 자신을 더 사랑할 수도 있다면 사랑의 대상이 더 이상 주변 사람으로 제한되지 않고, 세상의 모든 사람을 사랑할 수 있게 된다. 사랑 속에서 살며 다른 사람들에게 안정감을 선물해줄 수 있게 된다.

더 이상 사랑을 얻기 위해 싸울 필요가 없기 때문에, 인정받고 사랑받기 위해서 지금까지 해오던 '연극'을 할 필요도 없어진다. 또, 지나치게 자기를 과시하며 다른 사람의 사랑을 강요할 필요도, 다른 사람이 자기를 거부할까 봐 두려워할 필요도 없어진다.

우리는 우리 안에서 평화를 찾고 스스로 행복해질 수 있게 된다. 다른 사람이 우리의 행복과 안정, 그리고 기쁨을 좌우하는 일도 없어진다.

그렇다고 '자급자족'을 하며 은둔생활을 하라는 것은 아니다. 오히려 자신의 기쁨과 사랑을 다른 사람과 나누며 이를 더 널리 퍼뜨리라는 말이다. 다른 사람에게 기쁨을 주는 사람이 되라. 행복을 줌으로써 행복해질 수 있을 것이다.

창의력과 천재성을 갖게 된다

'천재'라는 말은 라틴어 '수호신, 창조적 정신'을 뜻하는 'genius'에서 온 말이다. 즉, 천재는 특별한 창의력을 지닌 사람이다.

"천재란 재능만으로는 절대 얻을 수 없는 것을 쉽게 얻어내는 능력을 지닌 사람입니다. 그리고 진정한 천재는 지혜와 힘의 무한한 샘에서 끊임없이 뭔가를 만들어낼 수 있는 사람을 가리킵니다."

이 말은 천재 작곡가인 브람스가 《유명 작곡가들과의 대화》라는 책에서 한 말이다. 이 책에는 천재에 대한 또 다른 정의들도 소개되어 있다. 푸치니의 말을 들어보자.

"그 순간, 나는 초자연적인 힘이 나로 하여금 신의 진리를 받아들이고 오페라를 통해 그 진리를 대중들에게 전달하도록 만들어준다는 것을 알았습니다. 창의적인 천재들은 자신들이 지닌 영혼의 아름다움, 풍부함, 위대함, 고결함 등이 전능하신 창조주께서 내려주신 것이라 생각하며 자신의 것으로 만들고 이를 다른 사람들에게 나눠줍니다. 그것이 바로 그들이 위대한 천재가 될 수 있었던 비밀입니다. 자신의 영혼이 지닌 힘에 대해 뚜렷이 알고 이를 합당한 목적에 사용하는 것, 그것이 바로 그들의 비밀입니다."

창의력과 천재성을 이보다 더 잘 표현해주는 말은 없을 것이다. 그렇지만 어떻게 하면 자신의 영혼이 지닌 아름다움, 풍부함, 위대함, 고결함 등을 자신의 것으로 만들 수 있을까? 이에 대한 답도 푸치니의 말에 나와 있다. 자신의 영혼이 지닌 힘을 분명히 알고 이를 합당한 목적에 사용하라는 것이다!

이 책을 쓰는 목적은 독자들로 하여금 자신의 내면에 잠자고 있는 영적 능력을 계발하고 활용하게 하려는 것이다. 직관적 지능의 힘은 위대한 시인과 작곡가들만이 지닐 수 있는 것이 아니다. 노력과 기도, 간절한 바람과 감사하는 마음만 있다면 누구든지 이 능력을 얻을 수 있다.

《유명 작곡가들과의 대화》에 나오는 푸치니와의 인터뷰를 조금만 더 들어보자.

"신은 인간이 무에서 유를 창조하도록 만들지는 않으셨습니다. 죽어 없어질 운명인 우리들은 창조주의 파트너라고 할 수 있습니다. 그러나 이 사실을 알고 있는 사람은 얼마 되지 않습니다. 예를 들어, 신께서 나무를 자라게 하십니다. 그런데 인간이 집을 하나 지으려면 먼저 나무를 베고 합판을 제작해야 합니다. 즉, 이는 고차원의 정신법칙과 관계된 일입니다."

모든 영혼은 자유의지를 지니고 있고, 거기에서 비롯된 창의력도 지니고 있다. 천재들은 창의력이 특히 발달된 사람들이다. 그들은 우주의 지혜로부터 뭔가를 만들어낼 수 있는 능력이 있는 사람들이다.

창의력을 어떻게 활용할지는 각자가 결정할 문제다. 이런 의미에서 영혼은 현실의 창조주라 할 수 있다. 우주의 지혜와의 연결고리를 찾고 사랑과 기쁨 속에서 그 지혜와 조화를 이루면 우리도 천재가 될 수 있다.

창의력은 위대한 문학작품이나 음악작품에서만 드러나는 것이 아니다. 창의력에 대한 분명한 의식을 지니고 하는 행위라면, 그리고 피조물에 대한 사랑을 지니고 하는 행위라면 아무리 작은 행위라 하더라도 전 인류에게 도움이 되는 창조행위이다.

우리도 매일 뭔가를 창조할 수 있다. 창의력과 풍부한 아이디어를 특히 중요시하는 직업들도 많다. 그러나 그런 직업을 가지지 않았더라도 모든 일, 모든 분야에서 우리는 창의력을 발휘할 수 있다. 어떤 일을 틀에 박힌 대로 할 수도 있겠지만 애정을 가지고 그 일을 할 수도 있다. 그리고 사랑을 하면 아이디어가 풍부해진다.

예를 들어, 보고서를 작성할 때, 무미건조하게 사실만 나열할 수도 있지만 좀 더 노력을 기울여 멋진 표현을 찾을 수도 있다. 또, 재료를 냄비에 넣고 끓이기만 할 수도 있겠지만 직관을 활용하여 아주 간단한 방법만 동원

하더라도 같은 시간에 사랑이 그득한 식사를 차려낼 수도 있을 것이다. 늘 하는 일이니만큼 기계적으로 몸을 씻고 운동을 할 수도 있겠지만 여기에도 창의력을 발휘할 여지는 충분히 있다. 창의력은 창조주의 힘이다! 창의력은 무한대로 발달시킬 수 있는 것이다! 그러나 창의력을 무한대로 발달시키려면 먼저 자신의 창의력을 인류의 안녕을 위해 활용하겠다는 간절한 바람과 확고한 결단이 우리 내면에서 솟아나야 한다.

앞의 인터뷰에서 푸치니는 "나는 먼저 내 안의 잠재력을 모두 파악합니다. 그리고 나면, 뭔가 가치 있는 것을 창조하겠다는 불타는 욕구와 강한 결단력이 내 안에서 피어나는 것을 느낍니다. 이와 함께 목표에 도달할 수 있다는 확신이 생깁니다. 그런 다음, 나를 창조한 창조주께 힘을 달라고 간절히 부탁합니다. 이 부탁, 이 기도를 할 때에는 '위로부터의 도움'이 반드시 주어질 것이라는 믿음을 지녀야 합니다. 이런 완전한 믿음이 있으면 내 영혼의 중심으로부터 내 의식을 향해 진동이 흘러들어 옵니다"라고 말했다. 푸치니는 이 말을 통해 기도와 우주에 대한 믿음이 목표달성에 얼마나 큰 힘을 발휘하는지 가르쳐준다.

매력 있는 사람이 된다

남에게 기쁨을 주는 사람이 된다는 것은 매력을 지닌다는 말이다. 매력은 백화점에서 살 수 있는 것이 아니다. 먼저 비트 임호프의 저서《진리와 지혜》에 나오는 우화 하나를 예로 들어보자.

▶▶ 한 젊은 청년이 꿈을 꾸고 있었다. 꿈속에서 그는 어떤 가게 안에 서 있었다. 확신에 찬 표정으로 그는 계산대에 서 있던 노인에게 물어 보았다.

"이 가게에서는 어떤 물건들을 팝니까?"

그러자 노인은 물건들이 가득 찬 진열대를 가리키면서 대답했다.

"여기에는 사람들이 진심으로 갖고 싶어 하는 모든 것들이 있지요."

노인의 설명을 들은 청년이 말했다.

"좋습니다. 그렇다면 제게 행복과 사랑, 그리고 만족감 일 인분씩을 주십시오!"

그러자 노인은 놀란 눈으로 청년을 바라보면서 이렇게 대답했다.

"이보시오, 젊은이. 젊은이가 내 말뜻을 잘못 이해한 듯 하오. 여기에서는 열매를 파는 게 아니라 씨앗만 팔고 있소!"

영적 발전이라는 농사를 짓고 난 뒤에 거두는 열매가 바로 카리스마다. 카리스마는 인성을 계발할 때 주어지는 다양한 보상 중 하나다.

매력은 정지해 있는 것이 아니라 주기적으로 변한다. 기본적으로 강한 매력을 지닌 사람이라 하더라도 매일 빛을 뿜어내는 것은 아니다. 그런데 부담감 등으로 인해 매력이 줄어들 때 우리를 구원해주는 것이 바로 직관적 지능이다. 직관적 지능이 발달하면 어려워 보이는 일도 재치 있게 처리할 수 있게 된다.

지금 한창 영혼을 발달시키고 있는 사람이, 영혼이 고도로 발달된 사람에게 끌리는 것은 자연스러운 현상이다. 그 사람이 다른 사람들보다 영적 발달에 대해 민감하기 때문이다. 그런데 파괴적인 사람들은 긍정적 매력을 지닌 사람을 거부한다. 그리고 거기에서 한 걸음 더 나아가 매력적인 사람들을 미워하고 멀리하기까지 한다. 역사를 되돌아보면 이런 일들이 무수히 많이 일어났던 것을 알 수 있다. 영혼이 발달하여 대중에게 많은 가르침을 줄 수 있었던 지도자들 혹은 자신의 나라를 국민들이 살기 좋은 곳으로 만들려던 통치자들이 공격당하고 박해받고 심지어 사형에 처해진 예는 수없이 많다.

매력은 영적 발달단계 혹은 의식수준과 관련된 것이다. 지구상에 사는 동안 우리의 영혼, 즉, 우리의 매력은 겉모습을 통해서 드러난다.

우리의 몸이 우리의 의식을 마음껏 드러내게 하려면 먼저 몸에 이상이 없어야 한다. 아프거나 피로가 쌓인다면, 즉 몸에 재생의 여지를 주지 않고 식사도 제대로 하지 않는다면 매력은 절대 드러날 수 없을 것이다.

긍정적인 매력은 성공적인 삶을 만드는 요인 중 하나다. 특히 지도자나 교육자, 그리고 상담가들이 다른 사람에게 자신의 매력을 발산할 수 있다면 그들은 직업적으로 더 큰 성공을 거둘 수 있다. 지식과 경험뿐 아니라 카리스마도 성공으로 가는 험난한 길을 평탄하게 닦아준다. 위대한 인물을 만드는 것은 카리스마다. 세계적인 철학자나 위대한 예술가들에게 카리스마가 없었다면 그들도 자신의 삶의 과제를 그토록 자신 있게 수행해 나갈 수 없었을 것이다.

긍정적인 모범을 제시하는 사람이 된다

'엘리트'라는 말이 사회의 몇몇 분야에서는 조롱의 대상이 되고 있다. 아마도 이 말이 지금까지 수없이 잘못 사용되어왔기 때문일 것이다. 그렇지만 직관적 지능 계발의 관점에서 보면 영혼과 정신이 다른 사람들보다 더 발달한 엘리트들이 분명 존재한다. 역사 속에 길이 남은 유명한 사람만이 위대한 인물은 아니다. 우리들 중에도 영혼이 남달리 발달된 위대한 사람들도 많다. 이들은 주변 사람들에 비해 축복받은 사람들이다.

어떤 시대든, 그 시대의 견인차 역할을 하며 발전을 이끌어온 인물들은 항상 있었다. 야스퍼스의 말을 빌리자면 그들은 '스스로 존재하는 고귀한 정신', 즉 정신적인 엘리트들이었다. 그들은 모두 직관적 지능의 달인들이었다.

고대의 철학자 소크라테스나 아리스토텔레스, 그리고 이후 라이프니츠와 칸트 등이 거기에 해당한다. 마하트마 간디 등 위대한 시인, 화가, 작곡가들도 위대한 인물들이었고, 시대정신을 결정하고 세상을 좀 더 나은 곳으로 만들었던 여성 정치가나 군주도 있다.

수많은 실수와 오류를 거듭했지만 윤리적 · 도덕적으로 완전무결했고 세상을 좀 더 살기 좋은 곳으로 만들었던 위대한 인물들도 많다. 그들이 걸어온 길을 자세히 살펴보면 한 가지 공통점을 발견하게 된다. 바로, 이제는 낡은 것이 되어버린 윤리적 가치와 미덕을 존중했다는 점이다.

오늘날의 도덕적 · 윤리적 문제를 해결해줄 아주 '간단한' 황금률이 있다. 이 법칙은 칸트의 정언명법(定言命法)에 빗댄 것으로서 '자신이 바라지 않는 바를 남에게 행하지 말라'는 것이다. 이 격언은 '낡은 것'이 아니다. 모든 시대에 적용되는 법칙이다.

위의 말에 따르면 엘리트란 긍정적인 모범을 제시하는 사람이다. 교육이나 상담을 담당하는 사람, 그리고 지도적인 입장에 있는 사람들은 모두 타의 모범이 되기 위해 노력해야 한다. 우리는 다음 세대에 대한 책임의식을 지니고 그들에게 모범을 보여주어야 한다. 먼저 우리 스스로 올바른 윤리관과 성격, 긍정적 인생관과 삶의 기쁨과 같은 가치들을 존중해야 우리는 부모, 교사, 상담가, 지도자로서 다음 세대에게 모범을 보일 수 있을 것이다. 이로써 우리는 우리의 미래와 우리 아이들의 미래에 커다란 기여를 할 수 있다.

올바른 것들을 가르치고 올바른 곳으로 이끌기 위해서는 직관적 지능이 필요하다. 우리의 지도와 교육을 필요로 하는 아이들, 청소년, 그리고 어른들과의 관계 등 모든 종류의 대인관계에 있어 감정이입 능력과 센스는 없어서 안 될 중요한 요소들이다. 직관적 지능은 이 능력들의 기초가 되는 능력이다. 직관적 지능이 발달하면 상황을 객관적으로 평가하고, 꼭 필요한 순간에 필요한 말이나 제스처를 취할 수 있게 된다.

모범이 된다는 것은 자신부터 고쳐나가는 것이다!

개인의 생각이 모여 집단적 사고가 형성된다. 국민들의 집단적인 영적 특성은 어떤 사람이 통치자가 될 것인지도 결정한다. 우리에게는 군사력이 아니라 영적 위대함, 직관적 지능의 힘, 신과 우주의 법칙과의 연결고리, 그리고 사랑의 힘으로 창의력을 발휘할 수 있는 지도자가 필요하다.

그런 인물들이 바로 이 시대의 영적·정신적 견인차이자 세계의 엘리트들이다. 그들은 우리를 미로에서 벗어나게 해주고 살고 싶은 미래로 이끌어줄 것이다.

새로운 시대의
탄생

전 세계적으로 왜 이렇게 많은 혼란과 혼동이 일어나고 있을까?
많은 이들이 그 이유를 찾으려 한다. 그런데 상황은 점점 더 나빠질 것이다.
그러나 상황이 좋아지기 전에 먼저 나빠지는 것이 당연한 것이니 두려워할 필요는 없다.
종기를 보라. 먼저 곪아서 고름이 생겨야 터지고, 그래야 모든 독성분이 밖으로 나오지 않는가?
세상이 점점 더 나빠지는 것은 증오, 욕심, 질투, 이기심과 같은 독소가 밖으로 빠져나오고
상처가 아물기 위한 것이다. 정신을 내면을 향하게 하고 선한 것만 보면서
의식을 드높인다면 내적 평화를 얻을 것이다.

– 아일린 캐디

수많은 예언들이 전하는 최악의 시나리오에도 불구하고 우리는 우리가 지금 살고 싶은 미래로 나아가고 있다고 믿고 있다. 많은 종교나 문명이 새 시대가 올 것이라 예고했고, 우리는 지금 새 시대로 가는 과도기에 놓여 있다.

이 책이 전하고자 하는 바는, 지금까지 이어지고 있는 근본적인 진리들을 재조명해보고 새롭게 정의하며, 시대를 초월하는 그 진리들을 우리 시대에 맞게 고쳐보자는 것이다. 그중 어떤 것을 받아들이고 실행에 옮길지 결정하는 것은 각자의 몫이다.

우리 모두가 새 시대를 열어가는 데 보탬이 될 수 있다. 이를 위해 우리는 먼저 자신의 영혼이 지닌 힘, 자신이 지닌 힘에 대해 알아야 한다. 그런 다음, 그 힘을 지구와 우주의 발달에 건설적으로 활용해야 한다.

영혼이 발달할수록 더 많은 에너지와 힘이 생기고, 이 모든 에너지가 모여서 새 시대의 도래를 앞당긴다. 그러나 '시대를 앞당긴다'는 말에 있어서의 시간은 우리가 생각하는 시간과는 다른 개념이다. 그 시간은 우리가 지구에 사는 시간이 아니라 영혼이 사는 시간이다.

"너희가 믿는 대로 되어라!"라는 구절은 이미 여러 번 인용한 바 있다. 선한 것에 대한 믿음과 아름다운 미래를 만들어낼 수 있는 자신의 힘에 대한 믿음을 키워야 한다. 그러면 실제로 아름다운 미래가 나타날 것이다.

먼 미래로 가보지 않아도 이를 확인할 수 있다. 직관적 지능을 계발하기 시작해보라. 당장 내일이면 삶의 기쁨과 성공, 삶에 대한 애정과 있는 그대로의 세상에 대한 사랑이 커질 것이다.

자신은 이 세상에 둘도 없는 유일무이한 존재라는 사실을 분명히 알고, 자신의 잠재력에 대해 믿음을 가지고 기쁘게 살아가는 법을 배우라. 그러면 당신의 사고와 개인적 발전이 인류와 우주의 발전에도 도움을 줄 것이다.

자신의 존재와 행위를 선한 것과 용기, 확신과 믿음을 전파하는 데 이용하라. 영혼과 정신에 대해 터놓고 이야기할 수 있는 이웃들과 서로 경험을 교환하라. 영적 계발에 대해 생각할 수 있도록 서로를 자극하라. 실천을 통해 자신이 깨달은 바를 다른 사람들에게도 전달하라.

다른 사람들의 발전을 돕는 가장 효과적인 방법은 스스로 긍정적 모범이 되는 것이다.

직관적 지능을 계발하면 정직, 용기, 책임의식, 정의, 선함, 인내, 감사하는 마음, 겸손, 용서, 인내, 부지런함, 신용 등과 같은 미덕들은 우리에게 꽃 필 것이다. 미래를 이끌어갈 사람들이 이런 미덕들을 실천하며 모범이 될 것이다. 우리 모두가 시대정신을 앞당길 수 있다. 우리 모두가 자아 희생적 생각과 행동을 한다면, 폭력을 사용하지 않고 서로의 가치를 존중하며 서로 사랑한다면 평화의 시대를 앞당길 수 있을 것이다.

대중의 흐름을 거스를 용기를 지녀라. 죽은 고기만이 강물의 흐름을 따라 헤엄친다! 대중의 그릇된 흐름을 거스르되, 폭력을 행사해서는 안 되며 '자연스럽고 가볍게' 해야 한다.

자신의 길을 다른 사람들에게 강요하지 말고 남들보다 높은 자리에 오르려고 애쓰지 말라. 당신이 가고 싶은 길을 모두가 가고 싶어 하는 것은 아니다. 어렵더라도, 특히 그 길이 고난의 길이라 생각되더라도 다른 사람의 길을 존중하라. 사랑은 '다른 사람들이 자신과 다르다는 것을 받아들이는 것'이다.

우주의 정신, 그리고 신과 조화를 이룰 때 우리는 평화와 기쁨을 얻는다. 우리 모두가 이런 노력을 할 때 우리는 창조주의 사랑을 느낄 수 있을 것이다. 이 사랑은 우리를 채워주는 한편, 매력이 되어 겉으로 드러나기도 할 것이다. 사랑은 최고의 에너지다. 우리는 이 에너지로 살고 싶은 미래를 만들어나가는 것이다.

직관력은 어떻게 발휘되는가

초판 1쇄 발행 2011년 4월 7일
개정판 1쇄 발행 2014년 4월 30일
개정2판 1쇄 발행 2022년 2월 25일

지은이·엘프리다 뮐러 카인츠 / 크리스티네 죄닝 공저
옮긴이·강희진

발행인·양수빈
펴낸곳·타커스
등록번호·2012년 3월 2일 제313-2008-63호
주소·서울시 종로구 대학로 14길 21 민재빌딩 4층
전화·02-3142-2887
팩스·02-3142-4006
이메일·yhtak@clema.co.kr

ISBN 978-89-98658-70-0 (03320)

·값은 뒤표지에 표기되어 있습니다.
·제본이나 인쇄가 잘못된 책은 바꿔드립니다.